学ぶ人は、変えてゆく人だ。

目の前にある問題はもちろん、
人生の問いや、
社会の課題を自ら見つけ、
挑み続けるために、人は学ぶ。
「学び」で、
少しずつ世界は変えてゆける。
いつでも、どこでも、誰でも、
学ぶことができる世の中へ。

旺文社

武田塾 合格逆転

一冊逆転プロジェクト

古文読解 多読トレーニング

READING COMPREHENSION EXERCISES

学びエイド・河合塾講師
佐藤総一郎 著

武田塾教務部長
中森泰樹 監修

旺文社

はじめに

一冊逆転のための5か条

武田塾が提唱する、勉強をする際に絶対に意識してほしいことを5つにまとめました。正しいやり方を守って勉強すれば、成績が劇的に上がります。勉強のやり方から学んで逆転合格を勝ち取りましょう！

1　「わかる」「やってみる」「できる」にこだわろう

勉強は最終的に自分でやることが非常に重要です。授業を聞いたり、解説を読んで「わかった」だけで終わりにしてはいけません。実際に自分で「やってみて」、「できる」ようにして初めて本当に身につきます。

2　復習は徹底的にやろう

一度正解した問題でも、時間がたてば完全に忘れてしまいます。受験は入試当日に解けるように学習することが必要です。一週間のうち新しいことを4日で、復習を2日で、確認のテストを1日で行うことで定着を図りましょう。

3　一冊が完璧になってから先に進もう

受験に間に合わせたいというあせりから、早く先に進みたいと思ってしまいがちですが、実際に受験に合格する人に共通するのは「ミスが少ない」ことです。誰でもできることを誰もできないくらいやりこむという意気込みで一冊の参考書を完璧にしてから先に進みましょう。

4　毎日の勉強はできるようになったと思えるまでやりこもう

単語の勉強をした、数学の勉強をしたという言葉は人によって達成の基準が大きく異なる場合が多いです。その日の初めに解けなかった問題が1日の終わりにどれだけ解けるようになったのかということを達成の基準に考えましょう。できることが増えているという自信が、この先も勉強を続けていく原動力となります。

5　毎日続けて、勉強を習慣化しよう

勉強は1日だけ頑張れても、次の日からやらなくなってしまえばやったことをすぐに忘れてしまいます。受験に限らずどんなことでも毎日継続して、着実に積み上げるということは非常に重要です。毎日当たり前にやっている歯磨きのように、日々勉強をすることが当たり前になるように継続していきましょう。

武田塾　教務部長　中森泰樹

▼本書籍のおススメポイントをもっと知りたい人はこちら！

古文の文法が終わったら、次は読解です。

『古典文法スピード・インプット』では、入試に必要な文法を身につけることを最優先にしました。すでにたくさんの学生さんが取り組んでくださっていて、とてもうれしく思っています。

とはいえ、入試問題のほとんどは読解問題ですから、身につけた文法を読解の中でも使えるように練習する必要があります。もちろん、重要単語を覚えたり、未知の言葉を推測しながら読んだりといったトレーニングも大切になってきます。そこで、読解編は「多読トレーニング」という名前の通り、「習いながら慣れる」という方針にしました。「習うより慣れろ」という言葉がありますが、本書では「習う」と「慣れる」を同時にしようというわけです。

本書では、入試に頻出の作品から問題を三十題選びました。各作品の解説をつけて話の流れを知って読みやすく感じてもらうとともに、文学史問題への対応もできるよう配慮しました。それぞれが違う大学の入試問題ですので、出題のされ方も多様です。そこもあえて加工せずに採用しました。本番での対応力をつけてもらうためです。ここも「習いながら慣れ」ましょう。その意図もあって、解説もなるべくオーソドックスに、「当たり前のことをしっかりできるように」を心がけました。

というわけで、今回の「はじめに」も前回に引き続き「普通のこと」しか書いていません（笑）。やはり「普通」「当たり前」の積み重ねです。難問もそれらの組み合わせにすぎません。

本書も三回繰り返しましょう。前の回より大きい成果が待っているはずです。

本書をきっかけに、みなさんが古文学習に前向きに楽しく取り組んでくださることを願っています。

本書を著すにあたり、多くの皆様のお力添えを頂戴いたしました。相澤理先生、友次正浩先生はじめ多くの先輩講師からも引き続きアドバイスを頂戴いたしました。心より御礼申し上げます。

学びエイド講師

佐藤総一郎

▼中森教務部長と佐藤先生の対談動画を見たい人はこちら！

目次

本書の特長と使い方

本書は、大学入試に必要な読解力を身につけることを目的としています。本冊8～15頁では古文読解の学習法などについて解説し、その後に入試問題30講で実践的に学ぶことができます。各講には動画解説もついているので、そちらも是非活用してください。

登場キャラクター紹介

佐藤先生
古文講師。この本の著者であり、こぶたんの飼い主でもある。

こぶたん
佐藤先生の飼いブタ。先生の授業を聞いているうちに古文に詳しくなった。

タツヤ
高校三年生の男の子。大学受験を控えているが、古文の成績がなかなか上がらない。

別冊 問題

目標点…ここまでは確実に得点したい目標ライン。
安全点…ここまで得点すれば合格圏内の安全ライン。

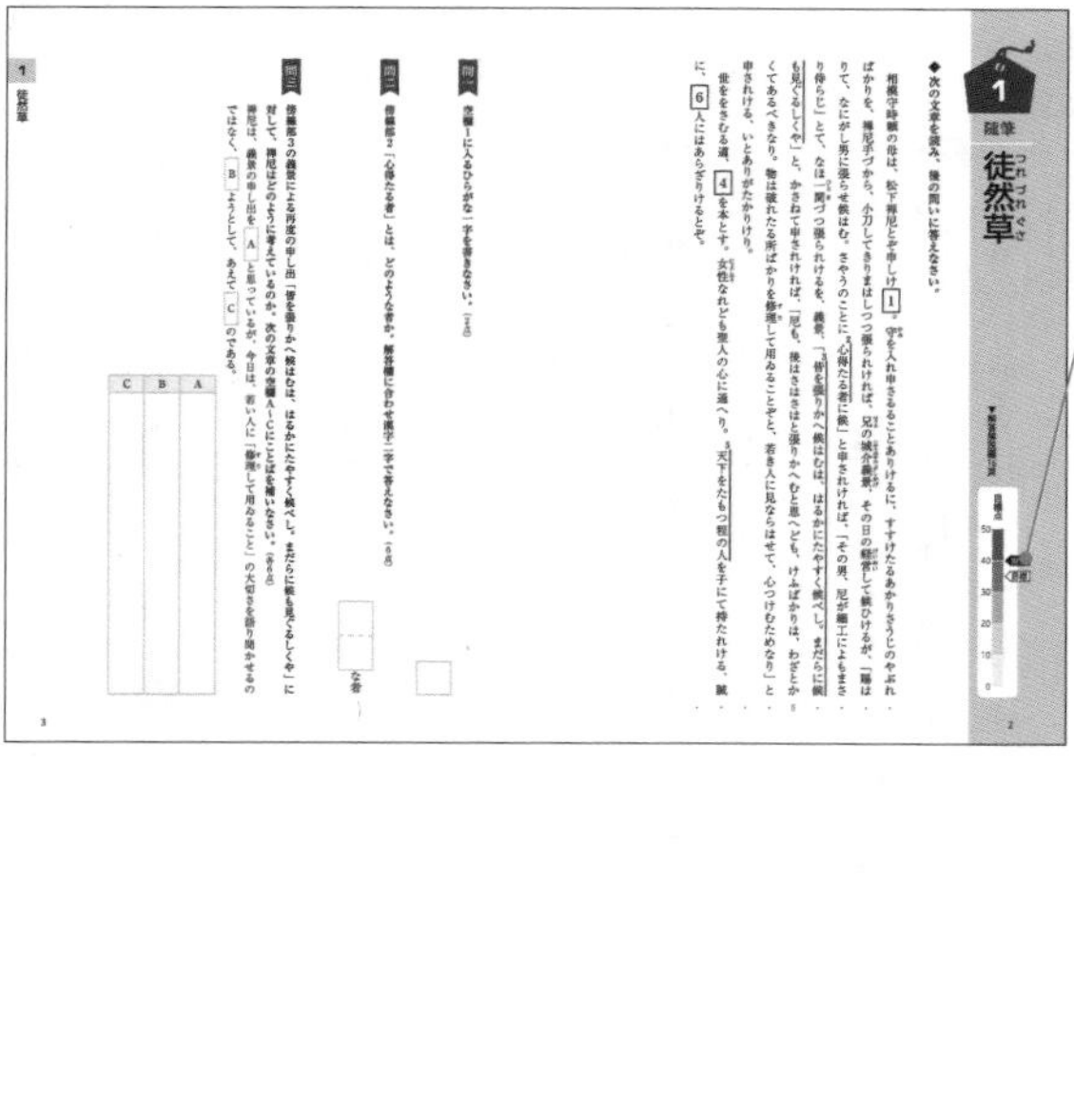

本冊　解答・解説

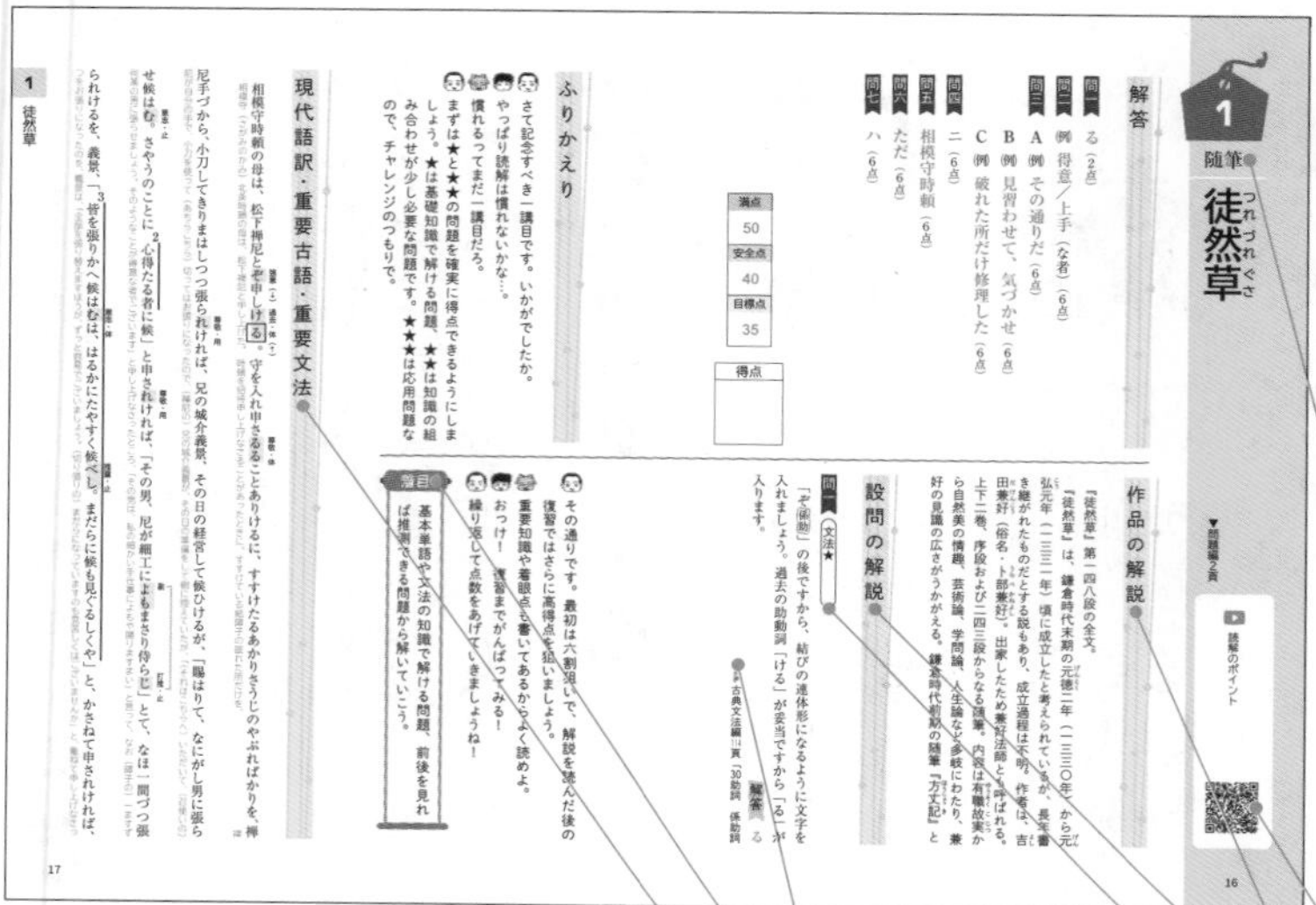

作品ジャンル…随筆／日記／説話集／物語／評論／俳諧などの作品ジャンルを掲載しています。

関連動画…QRコードから視聴できます。7頁「動画について」参照。

作品の解説…掲載作品の文学史に関する知識をまとめています。

設問の解説

（文法★）…設問の種類と難易度（★→基礎　★★→標準　★★★→応用）を示しています。

動→動詞　補動→補助動詞　形→形容詞　形動→形容動詞　名→名詞

代名→代名詞　副→副詞　連体→連体詞　感→感動詞　接続→接続詞

助動→助動詞　格助→格助詞　係助→係助詞　副助→副助詞　接助→接続助詞

終助→終助詞　尊→尊敬語　謙→謙譲語　丁→丁寧語

☞…同シリーズ『古典文法スピード・インプット』の参照ページを示しました。

着目…各講の着目すべきポイントを示しました。

現代語訳・重要古語・重要文法…別冊の古文問題文を再掲載し、その右側に重要文法事項を、左側に現代語訳を掲載し、重要語句は太字で示しました。重要文法事項の情報の示し方は次の通りです。

・動詞…活用の種類・活用形

例　ヤ行下二段活用動詞の連体形 → ヤ下二・体

・助動詞…意味・活用形

例　現在推量の助動詞「らむ」の終止形 → 現推・止

・係り結びは次のように示した。

例　ぞ（強意（↓））　みゆる（下二動・体（↑））

＊結びの省略は（↓省）。結びの流れは（↓流）。

【活用の略称】未→未然形　用→連用形　止→終止形　体→連体形

已→已然形　命→命令形

・助詞…種類（ただし、格助詞「の」は意味を示した）

動画について

本書では、著者の佐藤総一郎先生の説明動画を視聴することができます。以下の手順に沿って、動画にアクセスしてください。

QRコードから ➡ 各項目の説明動画へ

視聴したい動画タイトルの下のQRコードを読み取る

↓

シリアル番号「994523」を入力する

↓

該当の説明動画を視聴することができます。

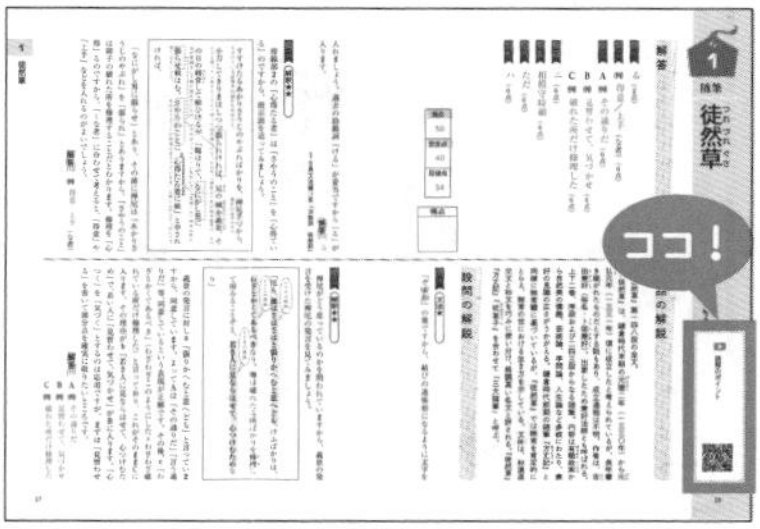

ブラウザから ➡ 説明動画一覧へ

下のQRコードを読み取るか、アドレスを入力する

https://www.manabi-aid.jp/service/gyakuten

↓

「動画を見る」をクリック

↓

シリアル番号「994523」を入力する

↓

説明動画一覧が表示されるので、視聴したい動画をクリックしてください。

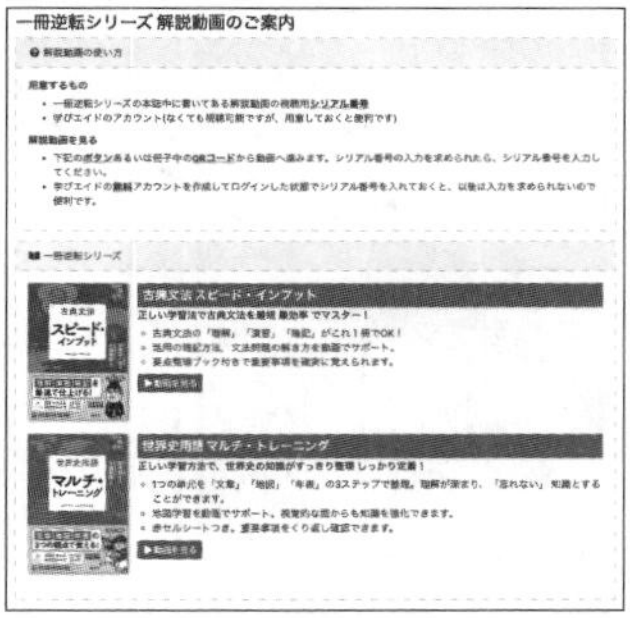

推奨環境

- PC 環境
  OS：Windows10 以降 あるいは macOS Sierra 以降
  Web ブラウザ：Chrome / Edge / Firefox / Safari
- スマートフォン / タブレット環境
  iPhone / iPad iOS12 以降の Safari / Chrome
  Android 6 以降の Chrome

古文読解の勉強法

根性
単語
あれ？タツヤさん まだ問題を解いていないんですか？
根性
う〜ん まだ文法と単語が不安なんだ…
根性
ハァ
スー
そんなんじゃ いつまでたっても 問題を解く力はつかんダロ!!
ひぃ！
習いながら慣れんかい!!
まぁまぁこぶたん 落ち着いて…
ブベー
タツヤ君 『古典文法 スピード・インプット』で紹介した「古文学習のロードマップ」をもう一度見てみましょう

古文学習のロードマップ

4つの要素を計画的に学ぼう

	4月〜6月	7月〜12月	1〜3月
単語	3か月で基礎となる300語を頭にたたきこもう！ざっくりでOK！	読解に入ってからも継続して復習し、完璧に定着させておこう。文章の中のわからない単語はノートに書きだして覚えていこう。	試験本番！ ここまできたら体調管理をしっかりしておこう！
文法	3か月で古典文法のドリルなどを1冊仕上げよう！ざっくりでOK！	本文や設問でどんなことがどう問われているかを確認し、元の参考書に戻って問題で問われていることが答えられるように復習しよう。	
古文常識	（6月）1か月で便覧などを読んでノートにまとめてみよう！	読解学習に重点を移し、未習の古文常識が登場したら、ノートにまとめて振り返ろう！	
読解		（7〜8月）読解方法を解説した参考書を1冊仕上げよう！ （9〜12月）志望大学／同レベルの大学の入試過去問を解こう。（目標50題！）	

4〜5月	6〜7月	8〜9月	10月	11〜12月
出やすいところから覚える！	悩むよりは、軽くを繰り返す！	間違いを恐れない	細部にも目を向ける	ここで初めて「完璧」を目指す

古典文法や単語・常識などを
3か月程度で学習したら
まだ完璧に頭に入っていなくても
読解の学習に移りましょうね
問題を解きながら
不足している文法や単語の知識を補う
つまり「習いながら慣れる」のです
ちょ…
はい！
古文読解の世界に
行きますよ！
スタタタタ

まず問題を読むにあたって意識しておくべきポイントがあります
大前提!!
①作品名を確認し、ジャンルを意識する！
②問題前の導入文・注には必ず目を通す！
え!! ここ大切なの？ 作品名なんて意識したことなかった…
（伊勢物語）
コラー!! ここには大切な情報がたくさんあるダロ！
勘違いして読み飛ばす人が多いんですがそう大切なんです
①作品名とジャンル
■作品とジャンルを意識すれば、話の流れをつかむヒントになる
古文のジャンルには物語・随筆・日記・説話・評論などがあります（＊）
＊詳しくは各講の「作品の解説」を読んでくださいね
さらに作品名を見て登場人物やあらすじがつかめたら断然有利ですよね！
文学史やっておかないと…
②導入文と注
■登場人物・難解語など、読解のヒントがある
なぜ導入文や注があるのかと言うとそれがないと問題を解くのが難しいと思われるからです必ず確認しましょうね
なるほど…

次に問題文を読むための大切なポイントを紹介します
問題文の読み方
① 主語を意識して読む！
② 前後の文脈から推測して読む！
古文ではしばしば人物が省略されるので主語を特定することが読解において大変重要なのですよ
① 主語を意識して読む！
敬語の有無で主語を判断
尊敬語あり
こぶたん姫
尊敬語なし
タツヤ
こぶたん姫、タツヤが歌を
こぶたん姫は、タツヤの和歌を
ご覧じて嘆息したまへば、
ご覧になってため息をおつきになったので、
誰が？
あさましくて…。
（〇〇は）驚きあきれて…。
「あさましくて」には尊敬語がついていないのでタツヤ君が主語だと判断できますね
なるほど！
① 主語を意識して読む！
古文常識で主語を判断
男性
タツヤ
女性
こぶたん姫
中垣の
誰が？
垣間見《かいまみ》し侍るに、…。
垣根から（〇〇が）のぞき見をしますと、…。
のぞき見をする人物は「男性」という古文常識を知っていれば主語が「タツヤ」だとわかりますね
ここから男女の恋が始まる場合があります
もちろん例外もあるので文脈もきちんと追わないといけませんよ

主語を判断するのに接続助詞がヒントになる場合もあります
① 主語を意識して読む！
接続助詞で主語を判断
主語A　用言 助動詞　（接続助詞） て で つつ ながら　、主語A…
下に続く文の主語は変わらないことが多い。
主語A　用言 助動詞　を に ば ど ども が　、主語B…
下に続く文の主語は変わることが多い。
これも「そうなることが多い」のできちんと文脈で判断しましょう
その通り！ では次にいきます 主語以外のことも推測しながら読む習慣をつけましょう
② 前後の文脈から推測して読む！
指示語に注意
タツヤ、慌てて走る。こぶたん「かく走らば、転びぬべし」といふ。
タツヤは、慌てて走る。こぶたんは「このように（＝慌てて）走ったら、きっと転ぶだろう」と言う。
複数の意味を持つ語に注意
「文を書きおきてまからむ」
「手紙を書き置きして退出しよう」
指示語がある場合、「何を指しているか」を意識しましょう
ここでは「かく」は「慌てて」を指していますね
現代語訳や理由説明の問題で特に大切そうだね…
そうですね 複数の意味を持つ語もはっきりさせるのがよいでしょう
助動詞「む」は一人称で「意志」と判断できますね
「む」の意味は古典文法で習った！

つまり文法・単語・古文常識
前後の流れから文脈を
つかむんですよ
エヘン
さて設問の解き方も
少しお話しましょう
設問の解き方
①問題文を読みながら
設問にも目を通す！
②本番に向けて
時間配分を意識する！
問題文を読んでいるときに
傍線部などにぶつかったら
設問も確認しましょう
すぐに判断
できる単語や
文法の設問は
すぐに解けますし、
選択肢が読解の
ヒントになる
場合があります
主語とか
わからない単語
とかね
そっか
選択肢もさっと
目を通しておくのか…
もちろん
これが絶対！というわけでは
ありません
実際の入試の
制限時間を調べて
その時間内で解く
トレーニングをしましょう
「習いながら慣れろ」
たくさんの問題に
取り組んで
経験を積むのみ!!
うんうん
最後に…！
復習は必ずすること！
おー！

古文読解　Q & A

ここでは生徒の皆さんからよくでる質問にお答えしましょう。

とにかく古文が苦手…というか、生理的にイヤなんです。
どうすればいい？

よく聞く質問です。現代語訳がかたすぎたり、文法や単語につまずいたりで嫌いになる子が多いと思います。そういう場合はまず、作品の面白さに触れてください。マンガや便覧などを読んで、全体像をつかんでみるのがよいでしょう。ハマる子も多いですよ。

問題文は一度全部読んだほうがいいの？
それとも傍線部ごとに止まって解いたほうがいいの？

問題文を読んでいて、傍線部などにぶつかったら設問も確認しましょう。その時、
・単語や文法等すぐにわかる問題→**すぐに解く**
・未知の単語や表現など、前後を見る必要がある問題→**前後で検討**
・読解問題で何か（理由など）を求められている→**「求められているもの」を探しながら読み進める**
・方針すらたたない→**保留にして読み進める**
などの判断をしましょう。練習すれば、コツもつかめてきますよ！

問題文の音読はしたほうがいいの？

是非やってみましょう！　音読で単語などの知識が整理されたり、古文に慣れたりするので、効果が期待できます。もちろん本番の入試では静かに解きましょうね(笑)。

問題文の品詞分解はやったほうがいいの？

設問に関係しないところはしなくてよいと思います。ただ、時間の取れる復習の時などに、わからない部分の品詞分解をやってみるのもよいでしょう。

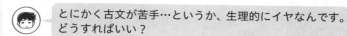

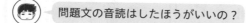

問題を読む時に、登場人物はメモなどをしたほうがいいの？

必ずメモしましょう。人物が出てきたら印をつける、人物の横に「尊敬語の有無」などの情報を書き込むなどは文脈を把握するのに有効です。また、会話文や和歌では、「誰から誰へ」のものなのかメモしましょう。わからない場合は「大将→？」などわかる範囲でも OK です。

設問を解くときに気をつけることは？

まずは「何を」問われているのかをしっかり意識しましょう。文法・単語の知識なのか、理由説明なのか、現代語訳なのか。そうすれば、解きやすくなりますよ。

なんとなく読めるのに、設問が解けないのはどうして？

そこにかならず理由があります。①文法・単語の学習不足、②正確な読解ができていない、どちらかであることが多いですね。そのためには文法・単語の基礎知識をしっかり固めながら読解学習を進めて、自分の弱点を把握しましょう。

大体話の筋はつかめたんだけど、それでも現代語訳はちゃんと読まないとダメ？

読みましょう。古文では主語や目的語など様々なものが省略されます。現代語訳ではそれらがわかりやすく補われているので、文脈をより深く理解できます。現代語訳で補われたものが何かも意識しましょうね。

問題を解き終わったあとって、どうやって復習すればいいの？

間違えた設問や自信のない設問の解説をもう一度読んで、疑問を解消しましょう。覚えるべき知識をノートにまとめたり、問題文を音読して古文と現代語訳を突き合わせたりしましょう。繰り返せばきっと効果がありますよ。

最後に、私が実際に問題文の読み方／設問の解き方を動画で解説していますので、次の QR コードからアクセスして見てくださいね。

1

随筆

徒然草《つれづれぐさ》

▼問題編2頁

読解のポイント

解答

問一 る（2点）

問二 (例)得意／上手（な者）（6点）

問三 A (例)その通りだ（6点）

B (例)見習わせて、気づかせ（6点）

C (例)破れた所だけ修理した（6点）

問四 ニ（6点）

問五 相模守時頼（6点）

問六 ただ（6点）

問七 ハ（6点）

満点
50
安全点
40
目標点
34

得点

作品の解説

『徒然草』第一四八段の全文。

『徒然草』は、鎌倉時代末期の元徳《げんとく》二年（一三三〇年）から元《げん》弘《こう》元年（一三三一年）頃に成立したと考えられているが、長年書き継がれたものだとする説もあり、成立過程は不明。作者は、吉《よし》田《だ》兼好《けんこう》（俗名・卜部《うらべ》兼好《かねよし》）。出家したため兼好法師とも呼ばれる。上下二巻、序段および二四三段からなる随筆。内容は有職故実《ゆうそくこじつ》から自然美の情趣、芸術論、学問論、人生論など多岐にわたり、兼好の見識の広さがうかがえる。鎌倉時代前期の随筆『方丈記《ほうじょうき》』と同様に無常観に基づいているが、『徒然草』では無常を肯定的にとらえ、無常の世における生き方を示している。文体は、和漢混交文と和文を巧みに使い分け、格調高い名文と評される。『徒然草』『方丈記』『枕草子《まくらのそうし》』を合わせて「三大随筆」と呼ぶ。

設問の解説

問一 文法★

「ぞ〔係助〕」の後ですから、結びの連体形になるように文字を入れましょう。過去の助動詞「ける」が妥当ですから「る」が入ります。

解答 る

古典文法編114頁「30助詞　係助詞」

問二 解釈★★

傍線部**2**の「心得たる者」は「さやうのこと」を「心得ている」のですから、指示語を追ってみましょう。

すすけたるあかりさうじのやぶればかりを、禅尼手づから、
すすけている紙障子の破れた所だけを、禅尼が自分の手で、
小刀してきりまはしつつ張られければ、兄の城介義景《せうとじやうのすけよしかげ》、そ
小刀を使って（あちらこちら）切ってはお張りになったので、（禅尼の）兄の城介義景が、その
の日の経営《けいめい》して候ひけるが、「賜はりて、なにがし男に
日の準備をして側に控えていたが、「（それはこちらへ）いただいて、（召使いの）何某の男に
張らせ候はむ。さやうのことに**2**心得たる者に候」と申され
張らせましょう。そのようなことが得意な者でございます」と申し上げなさったところ、
ければ、

「なにがし男に張らせ」とあり、その前に禅尼は「あかりさうじのやぶれ」を「張られ」とありますから、「さやうのこと」は障子の破れた所を修理することだとわかります。修理を「心得」るのですから、「～な者」に合わせて考えると、「得意」や「上手」などを入れるのがよいでしょう。

解答 (例) 得意／上手（な者）

問三 解釈★★

禅尼がどう思っているのかを問われていますから、義景の発言を受けた禅尼の発言を見てみましょう。

「尼も、**後はさはさはと張りかへむと思へども**、けふばかりは、**わざとかくてあるべき**なり。物は破れたる所ばかりを修理《すり》して用ゐることぞと、**若き人に見ならはせて、心つけむため**なり」

a＝Aの根拠　c＝Cの根拠　b＝Bの根拠

義景の発言に対し**a**「張りかへむと思へども」と言っていますから、同意しています。よってAは「その通りだ」「言う通りだ」等、同意しているという表現が正解です。その後、**c**「わざとかくてあるべき」（わざわざこのようにした＝わざわざ破れている所だけ修理した）と言っており、これがそのままCに入ります。その理由が**b**「若き人に見ならはせて、心つけむため」で、若い人に「見習わせて、気づかせ」がBに入ります。「心つく」を「気づく」とするのは応用ですが、まずは「見習わせる」を書いて部分点を確実に取りたいところです。

解答
A (例) その通りだ
B (例) 見習わせて、気づかせ
C (例) 破れた所だけ修理した

問四 解釈★★

禅尼が若い人に見せようとしたのは、障子のすべてを張り替えるのではなく破れた所だけを修理するところでした。ですからニの「倹約《けんやく》」（無駄を省いて切り詰めること）が正解になります。

解答 ニ

問五 解釈★

本文1行目に禅尼は「相模守時頼」の母とあります。よって、禅尼が「子にて持たれける」「天下をたもつ程の人」は時頼《ときより》です。「時頼」のみでもよいでしょう。

解答 相模守時頼

問六 単語★★★

本文では禅尼を「聖人の心に通へり」「天下をたもつ程の人を子にて持たれける」として、「[6]人にはあらざりける」と表現していますから、「[普通の]人ではない」としたいので「ただ人[名]〔直人・徒人〕」の「ただ」を入れます。なかなか思いうかばない言葉かもしれません。

解答 ただ

問七 解釈★

禅尼が若い人に自分の行動を見せて倹約の心を教えようとしたことを筆者は最終段落で絶賛していますので、**ハ**が正解です。

解答 ハ

ふりかえり

さて記念すべき一講目です。いかがでしたか。

やっぱり読解は慣れないかな…。

慣れるってまだ一講目だろ。

まずは★と★★の問題を確実に得点できるようにしましょう。★は基礎知識で解ける問題、★★は知識の組み合わせが少し必要な問題です。★★★は応用問題なので、チャレンジのつもりで。

★★まで取れば、大体六割以上で合格圏内ですね。

そっか…いける所をまず取ればいいのか。

その通りです。最初は六割狙いで、解説を読んだ後の復習ではさらに高得点を狙いましょう。

重要知識や着眼点も書いてあるからよく読めよ。

おっけ！　復習までがんばってみる！

繰り返して点数をあげていきましょうね！

着目

基本単語や文法の知識で解ける問題、前後を見れば推測できる問題から解いていこう。

現代語訳・重要古語・重要文法

相模守《さがみのかみ》時頼の母は、松下禅尼とぞ（強意（↓））申しける（過去・体（↑））。守を入れ申さるる（尊敬・体）ことありけるに、すすけたるあかりさうじのやぶればかりを、禅

相模守北条時頼の母は、松下禅尼と申し上げた。時頼を招待申し上げなさることがあったときに、すすけている紙障子の破れた所だけを、禅

尼手づから、小刀してきりまはしつつ張られ（尊敬・用）ければ、兄の城介義景、その日の経営して候ひけるが、「賜はりて、なにがし男に張ら

尼が自分の手で、小刀を使って（あちらこちら）切ってはお張りになったので、（禅尼の）兄の城介義景が、その日の準備をして側に控えていたが、「（それはこちらへ）いただいて、（召使いの）

せ候はむ（意志・止）。さやうのことに 2 心得たる者に候」と申され（尊敬・用）ければ、「その男、尼が細工によも（副）まさり侍らじ（打推・止）」とて、なほ一間づつ張

何某の男に張らせましょう。そのようなことが得意な者でございます」と申し上げなさったところ、「その男は、私の細かい手仕事によもや勝りますまい」と言って、なお（障子の）一ますず

られけるを、義景、「3 皆を張りかへ候はむ（意志・体）は、はるかにたやすく候べし（推量・止）。まだらに候も見ぐるしくや」と、かさねて申されければ、

つをお張りになったのを、義景は、「全部を張り替えますほうが、ずっと容易でございましょう。（切り張りの）まだらになっていますのも見苦しくはございませんか」と、重ねて申し上げなさっ

「尼も、後はさはさはと張りかへむ（意志・止）と思へども、けふばかりは、わざと**かくて**あるべき（適当・体）なり。物は破れたる所ばかりを修理して用

たところ、「私も、後にはさっぱりと張り替えようと思いますが、今日だけは、わざと**こうして**おくのがよいのです。物は破れた所だけを繕って使うのだと、

ゐることぞと、若き人に見ならはせ（使役・用）て、**心つけ**む（意志・体）ためなり」と申されける、いと**ありがたかり**けり。

若い人に見習わせて、**気づかせ**ようとするためなのです」と申し上げなさったのは、誠に**奇特な**ことであった。

世ををさむる道、**倹約**を本とす。女性なれども聖人の心に通へり（完了・止）。5 天下をたもつ程の人を子にて持たれける、誠に、**ただ**人に

世を治める道は、倹約を基本とする。（この禅尼は）女性ではあるけれど（心は）聖人の心に通じている。天下を治めるほどの人を子としてお持ちになった（禅尼は）、全く、

はあらざりけるとぞ。

並の人ではなかったということである。

2

日記

土《と》佐《さ》日《にっ》記《き》

▼問題編6頁

読解のポイント

解答

問一 aア bエ cウ（3点×3）

問二 xイ yウ zエ（2点×3）

問三 ウ（6点）

問四 ア（6点）

問五 エ（6点）

問六 イ（6点）

問七 エ（5点）

問八 Ⅰイ Ⅱア Ⅲエ（2点×3）

満点
50
安全点
40
目標点
35

得点

作品の解説

『土佐日記』の一節。

『土佐日記』は、平安時代前期の承平《じょうへい》五年（九三五年）頃に成立。作者は、紀貫之《きのつらゆき》。土佐守《とさのかみ》としての任期を終えた作者が京へ帰るまでの五十五日間の旅について、旅中の覚え書きをもとに書かれた日記形式の紀行文である。なお、土佐は現在の高知県。当時の日記は公的行事の記録を中心とした実用的なもので、男性によって漢文体で書かれていたが、『土佐日記』は女性が書いたという設定にして仮名文で書かれている。これにより、漢文体では表しきれない細やかな感情の動きが描き出されている。ユーモアにあふれ読みやすくつづられているが、根底には土佐で亡くした娘への哀惜がある。仮名文による日記という文学ジャンルを生み出した作品。紀貫之は『古今和歌集《こきんわかしゅう》』の撰者《せんじゃ》でもあり、三十六歌仙の一人としても知られる。

設問の解説

問一 単語★★★

a「ゆくりなし形」は〈思いがけない・不意だ〉という意味で頻出です。やや難しいですね。

b「もはら副」がわからなかったら、前後を訳して判断しましょう。「幣（＝捧げもの）を奉ったけれど、『もはら』風が止まないので」となり、**エ**「まったく」が正解です。「風止まで」の「で」は打消の接続助詞で、「もはら」が呼応の副詞と気がつきましたか。

c「うちつけなり形動」は〈突然だ・軽率だ〉の意味の重要語で、**ウ**「とたんに」が選べます。覚えていない人は、同じく「突然」の意味を持つ「とみ」「にはか」とあわせて覚えましょう。

解答 a ア　b エ　c ウ

問二 文法★

xは「べし助動」の前ですから終止形で**イ**「つ」が入ります。

yは「かな終助」の前ですから連体形**ウ**「つる」です。**z**は、上に「こそ係助」があり、結びの已然《いぜん》形**エ**「つれ」が入ります。

解答 x イ　y ウ　z エ

☞古典文法編78頁「19助動詞　つ・ぬ」、114頁「30助詞　係助詞」

問三 解釈★★

「例の」は〈いつもの・普通の〉などの意味がありますので、ここでは**ア**・**ウ**が残ります。後に「ほしき物ぞおはすらむ（ほしい物がおありなのでしょう）」とありますから、「欲ばり」のほうを選びましょう。

解答 ウ

問四 解釈★

「今めく動」は〈今っぽい・当世風だ〉という意味の重要語です。また「……とは、今めくものか」と上の「　」内の神について述べていますから、**ア**が選べます。

解答 ア

問五 古文常識★★

対句《ついく》は漢詩でよく使われる技巧ですが、類似した形の二つの句を並べて対比や強調をするものです。ここでは御心が「いかね」と御船が「ゆかぬ」が対応しています。

解答 エ

問六 解釈★★★

「もこそ」は〈～すると困る〉などの意味で習いますが、ここでは「も」を「こそ」で強調し「目でさえも二つある、ただ一つの鏡を差し上げる」と訳します。数として少ない鏡のほうが大切だと述べているので、**イ**が正解です。

解答 イ

問七 古文常識★★

枕詞《まくらことば》とは特定の語にかかる慣用句です。「神」にかかるのは**エ**「ちはやぶる」です。主要な枕詞は覚えておきましょう。

古典文法編154頁「39和歌の修辞法　枕詞」

解答 エ

問八 文学史★

文学史の知識でも非常に易しい内容なので、必ず正解しましょう。ちなみにⅢのアは『源氏物語《げんじものがたり》』、イは『方丈記《ほうじょうき》』、ウは『平家物語《へいけものがたり》』の冒頭です。

解答 Ⅰイ　Ⅱア　Ⅲエ

ふりかえり

今回は『土佐日記』にチャレンジです！

『土佐日記』聞いたことある！　でも教科書より読みにくいかも！

平安前期ですからね。古文の中でも古い文です。平安中期以降のものより単語がわかりにくく少し読みづらいと感じるかもしれませんが、慣れていきましょうね。

紛らわしい主語がないシーンだから、丁寧に読めばいけるダロ。

でも、対句とか知らなかったし…。「もはら」も呼応の副詞だって気づかないよ〜。

対句は古文よりも漢文でよく出会うかもしれませんね。でも、どちらでも使うものですから、この機会に覚えましょう。「もはら」を間違えても、ほかを落とさなければ合格圏内にいけますよ（笑）。とにかく復習をしっかりしましょう。

この問題集、三周はしてよ。

がんばる！

着目

読みにくい文章でも文法知識と古文常識をしっかり覚えて取り組もう！

現代語訳・重要古語・重要文法

かくいひて、**眺**めつつ来る間に、<u>ゆくりなく</u>風吹きて、漕げども漕げども、後へ退きて、ほとほとしくうちはめ

このように言って、物思いにふけりながらやってくる間に、思いがけず風が吹いて、こいでもこいでも、(船は)どんどん後ろに退いて、もう少しで(風が船を)沈めてしまいそうであ

|完了・止 推量・止|
| **つ** | **べし** |

る。

掉取りのいはく、「この住吉の明神は、**1 例の神ぞかし**。**ほしき物ぞおはすらむ**」とは、<u>今めく</u>ものか。さて、「幣を

船頭が言うことには、「この住吉の明神は、いつもの(欲ばりの)神様ですよ。ほしい物がおありなのでしょう」とは、当世風(で打算的)なことだ。そこで、「幣を

強意(↑) 現推・体(↑) 推量・体

奉り給へ」といふ。いふに従ひて、幣奉る。かく奉れども、**もはら風止まで**、いや吹きに、いや立ちに、風波の危ければ、掉取

(幣物)を差し上げてください」と言う。言うことに従って、幣を差し上げたが、やはり、うれしいとお思いになりそうな物を差し上げてくださいと言う。ま

げもの b 副 打消

りまたいはく、「幣には、**3 御心のいかねば、御船もゆかぬなり**。なほ、うれしと思ひ給ふ**べき物奉り給へ**」といふ。また、いふに

た、船頭がまた言うことには、「幣ではお心が満足しないので、お船も進まないのです。やはり、うれしいとお思いになりそうな物を差し上げてください」と言う。ま

打消・体 完了・已 推量・体

従ひて、「**いかがはせむ**」とて、「**4 眼も こそ二つあれ、ただ 一つある鏡を奉る**」とて、海にうちはめ**つれ**ば、**口惜し**。

た、言うことに従って、「どうしようもない」と言って、「眼でさえも二つある、たった一つしかない(大切な)鏡を差し上げる」と言って、海に投げ入れたので、残念だ。

類推 強意(↑) ラ変・已(↑) 完了・已(↑)

c

うちつけに、海は鏡の面のごとくなりぬれば、或人のよめる歌、

たんに、海は鏡の面のように(平らに)なったので、ある人が詠んだ歌は、

ちはやぶる 神の心を荒るる海に鏡を入れてかつ見 **つるかな**

荒れる海に鏡を投げ入れて、海がとたんに静かになるのを見ましたが、一方では、神様の欲ばりな心を鏡に映すようにはっきりと見ましたよ。

終助

いたく、住江、忘れ草、岸の姫松などいふ神にはあらず**かし**。目もうつらうつら、鏡に神の心を**こそ**は見**つれ**。

あまり、住江、忘れ草、岸の姫松などという(優美な歌語から想像される)神ではないことだよ。目ではっきりと、鏡によって神の心を見た。

強意(↑) 完了・已(↑)

掉取りの心は、(そのま

船頭の心は、(そのま

2 土佐日記

神の御心なりけり。

ま)神のお心であった。

3 歌物語

伊勢物語《いせものがたり》

▼問題編10頁

読解のポイント

解答

問一 う（6点）

問二 雷（6点）

問三 (例) 早く夜が明けてほしい〈10字〉（9点）

問四 4a女　4b男（4点×2）

問五 露（6点）

問六 (例)（后がまだ）普通の身分だった（時）〈8字〉（6点）

問七 a男　b女　c兄（3点×3）

満点
50
安全点
40
目標点
35

得点

作品の解説

『伊勢物語』六段の全文。

『伊勢物語』は、平安時代前期の成立。『古今和歌集《こきんわかしゅう》』が成立した延喜《えんぎ》五年（九〇五年）より前に原型がつくられ、増補を重ねて十世紀半ば頃に現在の形になったと考えられている。作者未詳。主人公が在原業平《ありわらのなりひら》らしく思われることから、原型部分は業平自身が作者とする説もある。一二五段からなる歌物語。多くの段が「昔、男ありけり。」ではじまっており、この「男」の初冠《ういこうぶり》（元服）から臨終までを描く一代記風の形をとっている。「男」は在原業平がモデルとされるが、作中で名前は明かされず、出来事にも虚構がまじえられている。男女、親子、兄弟、友人など、さまざまな人間関係における「愛」を描き出し、しみじみと心打たれる内容が多い。

設問の解説

問一 文法★

「得」はア行下二段活用動詞で「え／え／う／うる／うれ／

えよ」と活用するので、正解は「う」です。

☞古典文法編24頁「4動詞　正格活用」　**解答**　う

問二　単語★

「『神』までもたいそうひどく鳴り、雨も激しく降った」から、「雷」と推測できます。

解答　雷

問三　現代語訳★★

ここで重要なのは「なむ」の判別です。①「未然形＋なむ」は他者への願望の終助詞〈〜てほしい〉、②「連用形＋なむ」は完了の助動「ぬ」＋推量の助動「む」〈きっと〜だろう・〜しよう〉ですが、前の「明け」が下二段活用なので未然形と連用形の判別がつきません。そのため、文脈から考えましょう。「はや副」〈はやく〉が上にあるので、①の願望の終助詞と考えるのが妥当でしょう。

〈**採点のポイント**〉

A：「はや」を「はやく」と訳している（2点）

B：「夜が明ける」という内容が書かれている（3点）

C：「なむ」を「〜てほしい」と訳している（4点）

△C：「きっと〜だろう」は2点。

×：字数をオーバーしたものは0点。

解答　(例) 早く夜が明けてほしい

☞古典文法編166頁「43判別『なむ』『ぬ・ね』」

問四　人物特定★★

4aは「鬼」が食ったときに「あなや」と言った人物で、4bはその声を雷のために聞くことができなかった人物と読み取れます。この後に女がいなくなったとあるので、4aの主語が「女」、4bの主語が「男」とわかります。

解答　4a女　4b男

問五　解釈★★

和歌の四句目は七音です。「とこたへて」が五音なので、空欄は二音の語です。2行目の「露を、『かれは何ぞ』となむ問ひける」を手がかりにし、「消え」から推測して「露」を文中から探し出すのですが、難しいと思います。ただし、この箇所は教科書にも載っているほど有名な部分なので、わかる人も一定数いると思われます。知らなかった人は頭の隅に入れておきましょう。

☞古典文法編148頁「36和歌の修辞法　和歌のルールと句切れ」　**解答**　露

問六　解釈★★

「ただ人名」〈普通の身分の人〉などの語を連想できたかどうかです。過去の「けり助動」もあるので、皇后になる前の昔のこと、と推測もできますね。

解答　(例)(后がまだ) 普通の身分だった (時)

問七 解釈★

本文冒頭から、a「男」がb「女」をさらったことはわかります。最終段落に、鬼は実際は女をつれもどしに来た女の兄たちだったことが述べられていますので、そこからcを「兄」とします。

解答 a男　b女　c兄

ふりかえり

今回は『伊勢物語』です！

教科書で見たことあるかも！

じゃあできましたよね？

…（汗）

この「芥川《あくたがわ》」の章段は教科書にもよく載っています。でも入試本番に出ます。普段の取り組みが大事ということですね。

和歌の空欄補充、知っていれば一撃ですからね。

俺内容忘れてたんだよね…普通に解いたらキツイ（泣）

わたしはもし知らなくてもいけたけど。もちろん知ってるけどね。

今知ったなら、ここで覚えればいいんですよ(笑)。「知っていること」「できること」を増やしていきましょうね。今回は問五の和歌問題以外はそれほど難しくないはずなので、間違えた所を復習していきましょう。

ちなみに『伊勢物語』のジャンルは知ってる？

物語!!

それじゃダメ（汗）

歌物語といって、「和歌の詠まれたエピソード」が描かれています。『大和物語《やまとものがたり》』『平中物語《へいちゅうものがたり》』なども歌物語。

こちらもよくテストに出るので覚えましょう！

着目

記述問題は基礎の組み合わせ。わかることを一つずつ整理して書こう！

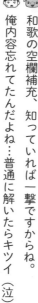

むかし、男ありけり。女の
（高貴な）女を手に入れることができそうになかった女を、長年求婚し続けてきたが、やっとのことで（その女を）盗み出して、たいそう暗い夜に逃げて

1 副 え **得まじかり**けるを、年を経て**よばひわたり**けるを、からうじて盗み出でて、いと暗きにきけり。
打推・用 完了・用 過去・体 ける 強意（↑） 過去・体 ける 過去・用（↑）

昔、男がいた。

芥川といふ川を**率**ていきければ、草の上に置きたりける露を、「**かれは何ぞ**」と**なむ**男に問ひける。
完了・用 過去・体 ける 終助 過去・体 ける

芥川という川（のほとり）を連れて行ったところ、（女は）草におりていた露を、「あれは何ですか」と男に尋ねた。

ければ、鬼ある所とも知らで、
接助 ば

2 神さへ いと **いみじう**鳴り、雨も**いたう**降りければ、
ゆくさきおほく、夜もふけにければ、鬼がいる所とも知らないで、雷までもたいそうひどく鳴り、雨も激しく降ったので、

で、鬼がいる所とも知らないで、雷までもたいそうひどく鳴り、雨も激しく降ったので、

3 はや夜も明け**なむ**と思ひつつゐたりけるに、
終助

あばらなる蔵に、女をば奥におし入れて、男、
荒れはてた蔵に、女を奥に押し入れて、男、

弓、胡籙を負ひて、戸口にをり。
弓、矢入れを背負って、戸口に（いて女を守って）いる。

早く夜が明けてほしいと思い続けて座っていたが、鬼はさっさと一口に（女を）食ってしまった。

A 鬼はや一口に食ひて**けり**。「**あなや**」と **4a** いひ
完了・用 過去・止

「あれえっ」と（女は）言っ

れど、神鳴るさわぎに、**4b** え聞かざりけり。
打消・用

たけれど、雷の鳴る音のやかましさで（男は）聞き取れなかった。

やうやう夜も明けゆくに、見れば、率て来し女もなし。足ずりをして泣けどもかひなし。
次第に夜も明けていくので、（蔵の中を）見てみると、連れてきた女もいない。地団駄を踏んで泣くけれどもどうしようもない。

白玉か何ぞと人の問ひしとき **露** とこたへて消え**な** **ましものを**
完了・未 反実仮想・体

（あれは）真珠ですか、何ですかと、あの人が尋ねたとき、露だと答えて自分も露のように消えてしまえばよかったのに。

これは、二条の后の、いとこの女御の御もとに、仕うまつるやうにてゐ給へりけるを、**かたち**のいと**めでたくおはし**ければ、
完了・用 過去・体 ける

これは、二条の后が、いとこの女御のおそばに、お仕えするようにしていらっしゃったのを、容貌がたいそうすばらしくていらっしゃったので、（男が）

盗みて負ひていでたりけるを、御兄堀河の大臣、太郎国経の大納言、まだ**下﨟**にて内へまゐり給ふに、いみじう泣く人あるを聞き
盗んで背負って逃げ出したが、（二条の后の）兄上の堀河の大臣、長兄の国経の大納言が、まだ低い身分であって宮中に参上なさる途中で、ひどく泣く人がいるのを聞きつけて、（男が連れて行くのを）

つけて、とどめてとりかへし給うて**けり**。それをかく鬼とはいふなりけり。まだいと若うて后の **6** **后のただに**おはしける時とや。
完了・用 過去・止 主格

やめさせて（二条の后を）取り返しなさったのだった。それをこのように鬼と言うのであった。まだとても若くて后が普通の身分でいらっしゃったときのことだという。

4

物語

竹《たけ》取《とり》物《もの》語《がたり》

▼問題編14頁

読解のポイント

解答

問一 (1)C (3)D (6)A （7点×3）

問二 (ア) （6点）

問三 E （7点）

問四 C （8点）

問五 D （8点）

満点
50
安全点
40
目標点
30

得点

作品の解説

『竹取物語』の一節。

『竹取物語』は、平安時代前期の九世紀末から十世紀初め頃に成立したと考えられている。作者は未詳だが、物語の内容に漢籍や仏教思想、和歌の知識がうかがえることから、知識階級の男性だと推定される。現存する日本最古の作り物語である。竹取の翁《おきな》が光る竹の中から見つけた女の子、かぐや姫をめぐる伝奇物語（実際にはありえない不思議な物語）で、内容は、かぐや姫の生い立ち、五人の貴公子と帝《みかど》の求婚、かぐや姫の昇天の三つに大きく分けられる。貴族社会をユーモアや風刺をまじえて描き出す一方で、もとは月の世界に住む天人であったかぐや姫と、人間である翁や嫗《おうな》（翁の妻）、帝との別れの切なさが印象的に描かれている。『源《げん》氏物語《じものがたり》』で「物語の出《い》で来はじめの祖《おや》」と評されているほか、後続作品に多大な影響を与えた。

設問の解説

問一 解釈★★★

(1)「めでたし形」は〈すばらしい〉という意味の重要語です。「世に似ず」ですが、ここでは「かぐや姫、かたちの」に続いていますから、「世間に類がなく〈すばらしい〉」としているCが適当でしょう。次の問いにも出てきますが、「かたち名」は〈容姿・顔立ち〉などの意味があるので覚えておきましょう。

(3)ここではかぐや姫が「よきかたちにもあらず」と言っているので、「(私の顔は、)よい顔立ちでもない」と訳します。

(6)「こはし形〔強し〕」は〈強い・固い・強情だ〉などの意味ですが、重要語とまではいえません。知らない言葉は似た言葉から推測してみましょう。

> この幼きものはこはくはべるものにて、対面すまじき
> この幼いもの（＝かぐや姫）は ? でありますもので、 対面しそうもない

対面を拒否しているかぐや姫を表す意味になるはずですから、Aの「強情なもの」が選べます。単語を知っていればいいのですが、かならずしも入試本番で全単語がわかるわけではありません。知らない単語も前後から意味を推測するなどして、得点する努力をしましょう。

解答 (1) C　(3) D　(6) A

問二 文法★★

(2)「なる」の直前の「ざ」は「ざる」の撥音便無表記と考えられます。この形をとるのは伝聞・推定の助動詞「なり」で、終止形とラ変型の連体形に接続します。同じ接続を探すと、直前の「おはす」が終止形であることから、(ア)の「なり」は伝聞・推定の助動詞であるとわかります。(イ)(エ)は形容動詞の活用語尾、(ウ)は助動詞の活用語尾＋動詞です。

☞古典文法編90頁「21助動詞　なり・めり」

解答 (ア)

問三 解釈★

「うたて副／うたてし形」は〈嫌だ・不快だ・情けない〉などの意味を持つ語です。かぐや姫との会話で用いられていますから、「(ご返事が、)残念なおっしゃり方ですねえ」と訳すことができるので、Eを選びます。

解答 E

問四 理由説明★★

傍線部の理由を答える問題です。傍線部(5)の直前に「已然形＋ば」があり、〈～ので〉と理由を示しますから、直前を訳してみましょう。

> 生める子のやうにあれど、いと心恥づかしげに、おろそかなるやうに言ひければ、(5)心のままにもえ責めず。
> （已然形＋ば〈～ので〉）

直訳すると、「（自分の）生んだ子のようであるが、とても（こちらが恥ずかしくなるほど）すばらしい感じで、『おろそかな感じで言ったので』」となります（「おろそかなり」は知らない人が多い単語なのでそのままにしました）。これを選択肢に当てはめると、「自分の生んだ子どものように」の所でAかCに絞れます。後半部の重要語「恥づかし」を〈（こちらが恥ずかしくなるほど）すばらしい・立派だ〉と判断してCを選びましょう。ちなみに「おろそかなり 形動」は〈そっけない・粗略だ・つたない〉などの意味がありますので、ここで覚えてしまいましょう。

解答 C

問五 現代語訳★★

> 仰せ事の内容
>
> 内侍「必ず見奉りて参れ、と仰せ事ありつるものを、(7)見奉らでは、いかでか帰り参らむ。国王の仰せ言を……」

本文を分析すると、「必ず（かぐや姫を）見奉りて、（国王の前に）参れ」というのが「仰せ事（言）」であるとわかります。ですから、目的語を補って、「（かぐや姫を）見申し上げないでは、（私＝内侍は）どうして帰り参ることができようか、いやできない」と訳しDを選びます。

解答 D

ふりかえり

今回は『竹取物語』、中央大学の入試問題です！

なんか見たことあるかも！

基礎単語や文法で解答できるものがありますから、そこでどこまでがんばれるかがカギですかね。

わかる単語もあるんだけど、文脈を理解するのが苦手…。

前後をしっかり読んで、補いつつ訳すことが大切です。これは練習すればできますから、しっかり復習しましょう。三回繰り返せば大丈夫！

それと、よく知られている箇所がそのままテストに出ることも多いから、教科書にあるものや、見たことのある文章は繰り返して読んだほうがいいですよ！

なるほど！ 繰り返してがんばります！

着目

主語が省略されているときは尊敬語の有無を確認

→ その次に内容から考えよう！

現代語訳・重要古語・重要文法

さて、かぐや姫、**かたち**の[主格](1)**世に似ずめでたき**ことを、帝**きこしめし**て、内侍、中臣のふさこに**のたまふ**、「多くの人の身をい**たづらになし**て**会は**ざ[打消・体](2)なる[伝推・体]かぐや姫は、いかばかりの女ぞと、**まかり**て見て参れ」とのたまふ。ふさこ、うけたまはりてまかれり。

さて、かぐや姫が、その**容貌**が**世間で他に類がなくすばらしい**ということを、帝が**お聞きあそばし**て、内侍の、中臣のふさこに**おっしゃる**には、「たくさんの人の身を**ほろぼし**ておきながら**結婚し**ないというかぐや姫は、いったいどれほどの女であるのか、**退出して行っ**て見て来い」とおっしゃる。ふさこは、（ご命令を）お受けして（竹取の翁の家に）出かけて行った。

竹取の家に、かしこまりて請じ入れて、会へり[完了・止]。

竹取の家では、恐縮して（ふさこを）招き入れて、（嫗が）会った。

女に内侍のたまふ、「仰せ言に、かぐや姫のかたち**優に**おはす(ア)なり[伝推・止]。よく見て参るべき[命令・体]よし、のたまはせつるになむ[強意（↓）]、参りつる[完了・体（↑）]」と言へば、「さらば、かく申し侍らん」と言ひて入りぬ[完了・止]。

嫗に内侍がおっしゃるには、「帝のおことばに、かぐや姫の容貌が**すぐれて**いらっしゃるということだ。よく見て来るがよいということを、おっしゃいましたので、参上しました」と言うので、「それでは、そのように（かぐや姫に）申しましょう」と言って（奥へ）入った。

かぐや姫に、「はや、かの御使ひに対面し給へ」と言へば、かぐや姫「(3)よきかたちにもあらず。いかでか[疑問（↓）]**見ゆ**べき[可能・体（↑）]」と言へば、「(4)**うたて**ものたまふかな。帝の御使をば、いかでか[疑問（↓）]おろか(イ)に[形動・用]せむ[推量・体（↑）]」と言へば、かぐや姫答ふるやう、「帝の召してのたまはん事、**かしこし**とも思はず」と言ひて、さらに[副]見ゆべく[意志・用]もあらず[打消・止]。生める子のやう(ウ)に[比況・用]あれど[ラ変・已]、いと**心恥づかしげに**、**おろそか**(エ)**なる**[形動・体]や

かぐや姫に、「すぐに、あの御使者にお会いなさい」と言うと、かぐや姫は「（私は）特別に美しい容貌でもない。どうして御使者に**お目にかかれ**ましょうか」と言うので、「（そのご返事は）**残念な**おっしゃり方ですねえ。帝の御使者を、どうしておろそかにできましょうか」と（嫗が）言うと、かぐや姫が答えるには、「帝が（私を）召すようにおっしゃることは、**恐れ多い**とも思いません」と言って、全くお目にかかろうともしない。（かぐや姫は）自分の生んだ子供のように思ってはいるが、**こちらが気がねさせられるくらい上品に**、そっ

うに言ひければ、(5)心のままにもえ責めず。
副　打消・止
けない様子で言うので、（嫗は）思うように無理強いできない。

女、内侍のもとに帰り出でて、「**口惜しく**、この幼きものは(6)**こはく**はべるものにて、対面すまじき」と申す。内侍「必ず見奉
打推・体
嫗は、内侍の所にもどって来て、「**残念ですが**、この幼い子は**強情な**ものでございまして、会いそうもないのですよ」と申し上げる。内侍は「かならず（かぐや姫に）

りて参れ、と仰せ事ありつるものを、(7)見奉らでは、いかでか帰り参らむ。国王の仰せ言を、まさに世に住み給はん人の、うけた
接助　疑問（↓）　推量・体（↑）
お会いして来い、と（帝の）ご命令があったのですから、お会いしないままでは、どうして（帝の所に）帰り参れましょうか。国王のお命じになったことを、現にこの世に住んでいらっしゃ

まはり給はでありなむや、言はれぬ事なし給ひそ」と、言葉恥づかしく言ひければ、これを聞きて、ましてかぐや姫、聞く
接助　完了・未　推量・止　疑問（↓省）　副　禁止
る人が、お受けなさらないでいられるものでしょうか、道理に合わないことをなさってはいけません」と、相手が気おくれするほど強く言ったので、これを聞いて、よけいにかぐや姫は、聞

当然・用　カ四・未　接助　完了・命　終助
べくもあらず。「国王の仰せ言を背かば、はや殺し給ひてよかし」と言ふ。この内侍帰り、この**よし**を**奏す**。
き入れるはずもない。「国王のご命令にそむくというのなら、はやく（私を）お殺しになってくださいませ」と言う。この内侍は（宮中に）帰って、この**次第**を**帝に申し上げる**。

5

説話集

宇治拾遺物語《うじしゅういものがたり》

▼問題編18頁

読解のポイント

解答

問一 インド（4点）

問二 ハ（6点）

問三 ホ（6点）

問四 イ（8点）

問五 (例)行かずにいることはできないので〈15字〉（10点）

問六 ハ（8点）

問七 **7a**親　**7b**子（4点×2）

満点
50
安全点
40
目標点
34

得点

作品の解説

『宇治拾遺物語』一六四話「亀を買《かひ》て放つ事」の全文。

『宇治拾遺物語』は、鎌倉時代前期の十三世紀前半に成立。一九七話を収める説話集。序文には源隆国《みなもとのたかくに》が編纂《へんさん》した『宇治大納言物語《うじだいなごんものがたり》』をもとにしたとあるが、諸説あり、編者は不明。同じく説話集である『今昔物語集《こんじゃくものがたりしゅう》』に比べて各話の配列は雑然としているが、連想的なつながりをもって並べられた部分もある。内容は仏教説話が約八十話、世俗説話（日常生活にもとづく説話）が約一二〇話で、世俗説話のなかには現代でもよく知られる「舌切り雀《すずめ》」「こぶとり爺《じい》さん」などの話も含まれている。中国、インドを舞台とした説話もある。『今昔物語集』とは約八十話が共通している。文体は平易な和文体で、当時の口語も多く用いられている。

設問の解説

問一　古文常識★

「天竺《てんぢく》」は現在のインドを指します。ちなみに「唐《から》／漢《から》」は現在の中国を指します。

解答 インド

問二 解釈★

「料《れう》名」は〈費用・材料・目的〉などの意味です。この後、この発言への返答として「殺して物にせんずる〈殺して物に使おう〉」とあることから、「なんの目的でしょうか＝何に使うのですか」などと訳せるでしょう。

解答 ハ

問三 解釈★

「まうく動〈設く・儲く〉」は〈準備する・用意する・持つ・得る〉の意味で頻出ですが、ここでは直前に「いみじき大切のことありて」とありますから、「用意した」の**ホ**が選べます。

解答 ホ

問四 単語★★

「あながちなり形動〈強ちなり〉」は〈強引だ・無理矢理だ〉等の意味です。「手を摺《す》りて」はそのままの意味ですから、文脈から判断しましょう。「売るまじきよし」を言われたところを、手を摺って亀を買い取ったのですから、**イ**「無理矢理に頼み込んで」と解釈できます。

解答 イ

問五 現代語訳★★

現代語訳問題は品詞分解してみましょう。

行か／で（打消の接続助詞）／ある／べき（可能・連体）／に／あら／ね（打消・已然＋ば〈～ので〉）／ば

まず「で」は、「～ずに・～ないで」など打消で訳します。「べし助動」の連体形「べき」は後に打消があるので「可能」で訳してみましょう。「已然形＋ば」を「ので」として訳すと「行かないでいることはできないので」となりますが、十六文字になってしまうので「行かずに」と変えてみましょう。

〈採点のポイント〉

A：「で」の打消の訳出（3点）
B：「べし」の可能の訳出（3点）
C：「ね」の打消の訳出（2点）
D：「ば」の理由の訳出（2点）

解答 (例) 行かずにいることはできないので

☞古典文法編60頁「14助動詞　べし」、108頁「27助動詞　接続助詞」

問六 解釈★

「その」が何を指すかがポイントですが、直前の「その銭にては、しかじか亀にかへてゆるしつれば」を指すと考えられます。よって**ハ**「亀を買って放してやったこと」となります。最後の段落にもヒントがありますね。

解答 ハ

問七 解釈★

直前の話で、子が親に謝ろうと帰ると、親はすでに「黒き衣着たる人」からお金を受け取ったと話しました。よって「**親の**もとに、**子**の帰らぬさきに……」であると推定できます。

解答 7a 親　7b 子

ふりかえり

今回は基礎が多いですしこれは…。

きたかも!!

油断大敵。ちなみに何点?

43点! すごいでしょ。

すばらしい。

どこ落とした?

天竺。言われたらわかったけどさあ…。あと問五の記述で「べき」の訳を、そのまま「べき」って書いた…。きびしくつけて減点した。

まんまだったら問題になるか。

「べき」で訳せなくもないですけどね。でも「可能」のほうがベターです。間違いを復習のきっかけにしましょう。でも、今回は合格点♪

やったね。復習しながら次は満点狙います!

着目

現代語訳の問題は品詞分解をして丁寧に取り組もう! わかっていても油断せず!

現代語訳・重要古語・重要文法

昔、1 **天竺**の人、宝を買はん（意志・体）ために、銭五十貫を子に持たせてやる。大きなる川の端を行くに、舟に乗りたる人あり。舟の方を

昔、**天竺**（＝インド）の人が、宝を買うために、銭五十貫を子に持たせて行かせる。（その子が）大きな川のほとりを進んで行くと、船に乗っている人がいる。船の方を

見やれば、舟より、亀、首をさし出したり。

　見やると、船から、亀が、首をさし出している。

銭持ちたる人、立ち止まりて、その亀をば、「[2]何の料ぞ」と問へば、「殺して物にせん
　銭を持っている人（＝子）が、立ち止まって、その亀について、「何に使うのですか」と尋ねると、（船の人は）「殺して使お

ずる」と言ふ。「[3]その亀買はん」と言へば、この舟の人言はく、

（意志・体）　（意志・止）

　うと思う」と言う。（子が）「その亀を買いましょう」と言うと、この船の人が言うには、

「いみじき大切のことありて、[3]設けたる亀なれば、いみじき価な
（完了・体）
　「たいへん大事なことがあって、用意した亀なので、どんなに高い値段

りとも、売るまじきよしを言へば、なほ[4]あながちに手を摺りて、この五十貫の銭にて、亀を買ひ取りて放ちつ。

（打消意志・体）　　　　　　　　　　　　　　　（完了・止）

　であっても、売るつもりはないということを言うので、（子は）それでもなお無理矢理に手を摺って、この五十貫の銭で、亀を買い取って逃がした。


心に思ふやう、親の、宝買ひに隣の国へやりつる銭を、亀にかへてやみぬれば、親、いかに腹立ち給はんずらむ、さりとてまた、

　　　　　　　　　　　　　　　　　　　　　　　　　　　　　　　　　　　　（強意→流）（推量・止）（推量・体）

　（子が）心に思うことには、親が、宝を買いに隣の国へ行かせた銭を、亀に換えて使いきってしまったので、親は、どんなに怒りなさるだろうか、そうかといって再び、

親のもとへ[5]行かであるべきにあらねば、親のもとへ帰り行くに、道に人あひて言ふやう、「ここに亀売りつる人は、この下の渡
　　　　　（接助）（可能・体）（打消・已）　　　　　　　　　　　　　　　　　　　　　　　　　　　　　　（完了・体）
　親のもとへ行かずにいることはできないので、親のもとへ帰って行くに、途中で人が行き会って言うことには、「ここに亀を売った人は、この下流の渡し場で、船を

りにて、舟うち返して死にぬ」となん語るを聞きて、親の家に帰り行きて、銭は亀にかへつるよし語らんと思ふほどに、親の言
　　　　　　　　　　　　（完了・已）　　　　　　　　　　　　　　　　　　　　　　　　（完了・体）　　（意志・止）
　転覆させて死んでしまった」と話すのを聞いて、（子が）親の家に帰り着いて、銭は亀に換えたということを話そうと思っているときに、親が言う

ふやう、「[何とて、この銭をば返しおこせたるぞ]」と問へば、子の言ふ、「さることなし。その銭にては、しかしか亀にかへてゆる
　　　　　　　　　　　　　　　（完了・体）　　　　　　　　　　　　　　　　　　　　　　　　　　　　　　　　（意志・止）
　ことには、「どうして、この銭を返してよこしたのだ」と尋ねるので、子が言うことには、「そんなことはない。その銭で、これこれ亀に換えて放したので、

しつれば、[6]そのよしを申さんとて、参りつるなり」と言へば、親の言ふやう、「黒き衣着たる人、同じやうなるが五人、おのお
　　　　　　　（意志・止）　　　（完了・体）
　その事情を申し上げようと思って、参ったのです」と言うと、親が言うことには、「黒い着物を着た人で、同じような（姿の）人が五人、それぞれ

の十貫づつ、持ちて来たり。これがそれだ」とて見せければ、この銭、いまだ濡れながらあり。

　　　　　　　　　　　　　　　　　　　　　（完了・体）　　　　　　　　　　　　（打消・体）

　十貫ずつ、持って来た。これがそれだ」と言って、（子に）見せたところ、この銭は、まだ濡れたまま（そこに）ある。


はや、買ひて放しつる亀の、その銭、川に落ち入るを見て、取り持ち、親のもとに、子の帰らぬさきにやりけるなり。

　　　　　　（完了・体）　主格　　　　　　　　　　　　　　　　　　（完了・体）

　なんと、買って逃がした亀が、その銭が、川に落ち入るのを見て、手に取って、親のもとに、子が帰らないうちに届けたのである。

6

物語

落窪物語《おちくぼものがたり》

▼問題編22頁

読解のポイント

解答

問一 あやしあ〜じものを（8点）

問二 3（9点）

問三 典薬（または翁）（8点）

問四 5（9点）

問五 あこぎ（から）女君（へ）（完答8点）

問六 4（8点）

満点
50
安全点
40
目標点
33

得点

作品の解説

『落窪物語』巻二の一節。

『落窪物語』は、『枕草子《まくらのそうし》』に「落窪の少将などはをかし」とあることから、『枕草子』以前、平安時代中期の十世紀末頃に成立したと考えられている。作者は未詳だが、男性知識人とみられる。四巻。作り物語。継子《ままこ》いじめの典型的物語として知られる。主人公は中納言源忠頼《みなもとのただより》の娘。実母はすでに亡くなり、継母によって床の落ちくぼんだ部屋に住まわされていたことから「落窪の君」と呼ばれる。落窪の君は、つらい環境の中で、侍女の阿漕《あこぎ》の助けも得ながら継母の仕打ちに耐え、やがて左近少将道頼《みちより》に見初められて幸福になる。継母は道頼に復讐《ふくしゅう》されるが、のちに和解し、みな栄華を極める。まとまりのある構成で、写実性にも優れた作品である。

設問の解説

問一 解釈★★

会話は、「『○○』と（とて）」などの形で書かれることが多いので、この形がないか探してみましょう。

……さしたるほどをさぐりあてず。あやしあやし。戸内《とうち》にさしたるか。翁（典薬）をかく苦しめたまふにこそありけれ。人もみな許したまへる身なれば、え逃れたまはじものを**と**言へど、たれかはいらへむ。

5行目に「と言へど」が見つかりますから、終わりはわかります。今度はどこから発言が始まっているのかを見ましょう。状況を説明している地の文に対して「あやしあやし（＝変だ変だ）」から会話調になりますから、ここが始まりと判断できます。

解答 あやしあ～じものを

問二　現代語訳★

現代語訳の問題は、まず品詞分解して意味を当てはめます。

たれ／かは／いらへ／む
「誰」　反語　「答える」　推量の助動詞

と分析できますから、直訳は「誰が答えるだろうか、いや答えない」となり3が正解です。「いらふ動」〈答える・応える〉、「かは係助」は最重要語ですので、覚えましょう。

解答 3

参照 古典文法編114頁「30助詞　係助詞」

問三　人物特定★

主語の特定では、①敬語、②文脈が手掛かりになることが多いです。ここで「板の上にゐて」には尊敬語がありませんから、地の文で尊敬語が使われていない人物を考えましょう。ここでの登場人物は、

北の方→尊敬語あり／典薬・女君・あこぎ→尊敬語なし

ですから、可能性があるのは典薬・女君・あこぎということになります。前文までで戸を開けようとしているのは典薬なので、主語は変わらず「夜ふくるまで板の上にゐる」たのは典薬と推定できます。

解答 典薬（または翁）

問四　解釈★

傍線部Cはあこぎの会話です。

〈まさか～まい〉　　　　　完了・命令
よもまうで来じ。おほとのごもりね。
まさか（典薬は）参上するまい。　おやすみになってしまってください。

「まうで来じ」の主語は典薬と考えられるため、**1**・**3**・**5**が選べます。「よも～じ」〈まさか～まい〉と「寝る」の尊敬語「おほとのごもる動」が訳されている**5**が正解です。

解答 5

問五　敬語★

ここで「侍《はべ》ら」は動詞「聞こえ」の後に使われていますから、

補助動詞となり丁寧語だとわかります。丁寧語は「書き手・話し手」から「読み手・聞き手」への敬意ですね。ここでは会話で用いられていますから、「話し手」と「聞き手」が誰かわかればいいことになります。会話の前半を探すと「あこぎ」が「おほとのごもりね」と話しかけていますから、「女君」に向けているとわかります。

解答 あこぎ（から）女君（へ）

☞古典文法編128頁「序　敬語とは」

問六 文法★

4「にけり」の「に」は完了の助動詞「ぬ」の連用形ですね。
4以外は助詞です。

解答 4

☞古典文法編170頁「45判別『に』」

ふりかえり

今回は『落窪物語』です！

知ってる!!　姫が継母にいじめられるやつ!!

実は仕返しのほうが話が長くて、継母とその子供に、姫の夫（道頼）と帯刀《たちはき》がいやがらせしまくるんですよ…。

実はそうなんです。今回は序盤の姫君がまだいじめられている話です。比較的文章が親しみやすいので、何度も読み直してくださいね。

着目

尊敬語の有無や場面状況を手がかりにして主語・目的語を考えよう！

現代語訳・重要古語・重要文法

北の方、鍵を典薬に取らせて、「人の寝しづまりたらむ時1に入りたまへ」とて、寝たまひぬ。みな人々しづまりぬるをりに、

（の：主格／たら：完了・未／む：婉曲・体／に：格助／ぬ：完了・止／ぬる：完了・体）

北の方は、鍵を典薬の助に渡して、「人が寝静まったようなときにお入りください」と言って、おやすみになった。人々が皆寝静まったときに、典薬は、鍵を持つ

典薬、鍵を取りて来て、さしたる戸あく。女君、「いかならむ」と、胸つぶる。錠あけて遣戸あくる[2]に、いとかたければ、立ち居ひろろぐほどに、あこぎ聞きて、すこし遠隠れて見たるに、上下さぐれど、さしたるほどをさぐりあてず。あやしあやし。戸内にさしたるか。翁をかく苦しめたまふにこそありけれ。人もみな許したまへる身なれば、え逃れたまはじものをと言へど、[A]たれかはいらへむ。打ち叩き、押し引けど、内外に詰めてければ、ゆるぎだにせず。「今や、今や」と、夜ふくるまで[B]板の上にゐて、冬の夜なれば、身もすくむ心地す。そのころ腹そこなひたる上[3]に、衣いと薄し。板の冷えのぼりて、腹ごほごほと鳴れば、翁、「あなさがな。冷えこそ過ぎ[4]にけれ」と言ふ[5]に、強ひてごぼめきて、びちびちと聞こゆるは、いかなるにかあらむと疑はし。かい探りて、「出でやする」とて、尻をかかへて、まどひ出づる心地に、錠をついさして、鍵をば取りて往ぬ。あこぎ、「鍵置かずなりぬるよ」と、あいなくにくく思へど、あかずなりぬるを限りなくうれしくて、遣戸のもとに寄りて、「ひりかけして往ぬれば、[C]よもまうで来じ。おほとのごもりね。曹司に帯刀まうで来たるを、君の御かへりことも聞こえ[D]侍らむ」と言ひかけて、下におりぬ。

典薬が鍵を取って来て、錠をかけてある戸を開ける。女君は、「どうなるのだろうか」と、胸がつぶれる思いである。（典薬が）錠を開けて引き戸を開けようとすると、（戸が）たいへん固いので、立ったり座ったりよろめいているうちに、あこぎが聞きつけて、少し遠くに隠れて見ていると、（典薬は引き戸の）上下を探るけれど、錠をかけてある所を探り当てない。「変だ変だ。戸の内側に錠をかけてあるのか。老人をこのように苦しめなさるのだなあ。（私は）皆が（女君との仲を）許していらっしゃる身なので、（女君は）お逃げになれないだろうに」と言うが、誰が応答するだろうか（誰も応答しない）。（戸を）打ち叩き、押したり引いたりするけれど、内も外も物をつめていたので、動きさえしない。「そのうちに、そのうちに」と、夜が更けるまで（戸口の）板の上に座っていると、冬の夜なので、（寒さで）身がすくむ思いがする。ちょうどその頃腹をこわしていたうえに、着物がたいへん薄い。板敷きの冷えが（腹の方に）上ってきて、腹がごろごろと鳴るので、典薬は、「ああ困った。冷え過ぎてしまった」と言うときに、（腹が）強くごろごろと鳴って、びちびちと（音が）聞こえるのは、どうなったのだろうかと疑わしい。（典薬は）手で探って、「（大便が）出ているだろうか」と思って、尻をかかえて、あわてて逃げ出す気持ちのなかでも、錠をさして、鍵を持って去る。あこぎは、「鍵を置かずに行ってしまったよ」と、不都合で憎らしく思うけれど、（戸が）開かないままになったことがとてもうれしくて、引き戸のもとに近寄って、「（典薬は大便を）もらしかけて行ってしまったので、まさか参り来ることはありますまい。おやすみなさいませ。部屋に帯刀が参り来ているので、少将へのお返事も申し上げましょう」と声をかけて、（あこぎは）自分の部屋に退いた。

7

物語評論

無《む》名《みょう》草《ぞう》子《し》

▼問題編26頁

読解のポイント

解答

問一 aエ　bウ（3点×2）

問二 イ（4点）

問三 オ（4点）

問四 イ（4点）

問五 1ウ　2エ　4ア　8オ（3点×4）

問六 イ・オ（完答6点）

問七 ウ（5点）

問八 ア（3点）

問九 エ（6点）

満点
50
安全点
40
目標点
35

得点

作品の解説

『無名草子』の一節。

『無名草子』は、鎌倉時代前期の成立。作者は、藤原俊成女《ふじわらのとしなりのむすめ》とする説が有力である。藤原俊成は平安時代末期から鎌倉時代の著名な歌人。俊成女は、実際には娘ではなく孫だが、俊成の養女となった。『新古今和歌集《しんこきんわかしゅう》』の代表的女流歌人で、家集『俊成卿女《しゅんぜいきょうじょ》集《しゅう》』などがある。『無名草子』は、物語や和歌、女流歌人について、女房たちが語り合うのを老尼が聞いてまとめたという形で書かれた文学評論。物語評論では『源氏物語《げんじものがたり》』『狭衣物語《さごろもものがたり》』『夜《よる》の寝覚《ねざめ》』などが取り上げられ、とくに『源氏物語』について詳しく論じられている。

設問の解説

問一　文法★★

a　直前に「こそ」があって已然形の「なれ」になっていますが、「侍《はべ》る」についているので助動詞「なり」です。助動詞「なり」は二種類ありますね。断定の「なり」は、体言・連体形に接続し、伝聞・推定の「なり」は、終止形・ラ変型の連体形に接続します。ここではラ変動詞「侍り」の連体形「侍る」に接続しているので、判断がつきません。というわけで、文脈で意味を考えましょう。次の文に「枕草子に返す返す申して侍るめれば」と過去の事例を挙げているので、**エ**「伝聞推定の助動詞」がよいとわかります。

b　こちらは体言「もの」の後についていますから、**ウ**「断定の助動詞」と判断できます。

解答　**a** エ　**b** ウ

☞古典文法編164頁「42判別『なり』」

問二　解釈★

「遥《はる》かなる世界にかき離れて、幾年《いくとせ》逢ひ見ぬ人」でも「文といふもの□見つれば、ただ今さし向かひたる心地して」とあるので、「**せめて手紙だけでも**見れば、たった今（相手と）向かい合っている心地がして」と訳す限定・最小限の願望の意味の**イ**「だに〔副助〕」が選べます。

解答　イ

☞古典文法編110頁「28助詞　副助詞」

問三　文法★

空欄**Y**の直前に「こそ」がありますから已然形を入れます。「おぼゆ」は下二段活用ですから**オ**「おぼゆれ」が正解です。

解答　オ

☞古典文法編114頁「30助詞　係助詞」

問四　文法★

空欄**Z**の後ろに「変はることなき」と否定の言葉が続いていますから、打消や否定と呼応する言葉を探しましょう。**ア**「をさをさ〔副〕」は〈ほとんど〉の意味で、**イ**「つゆ〔副〕」は〈全く・決して〉です。どちらか判断しにくいので文脈で考えましょう。「これ（＝手紙）はただ昔のままで変わることがない」というのですから、「ただ昔のまま」に対応できるのは「**全く変わることがない**」だとわかります。「ほとんど変わらない」だと少し変わっているのですから、「ただ昔のまま」とは言えませんね。

解答　イ

☞古典文法編162頁「41呼応の副詞」

問五　単語★

1「めでたし〔形〕」は〈すばらしい〉の意味です。類義語に「めづらし」「ありがたし」「かしこし」「はづかし」などがあります。全部「すばらしい」の意味なのでまとめて覚えておきましょう。

2「なかなか〔副〕」は〈かえって・なまじっか〉という意味で超頻出語です。

4「つれづれなり〔形動〕」は〈暇だ・手持ち無沙汰だ〉の意味でこれも重要語です。ここでは**ア**「所在ない」が正解です。「所在ない」という言葉自体わからなかった人は、辞書を引くなどして、現代語の語彙力もつけていきましょう。

8「よも〔副〕—じ」は呼応の表現で〈まさか〜まい〉という

意味、「侍り」は敬語（丁寧語）で〈ございます・あります〉という意味です。直訳すると「まさかありますまい」となるので、**オ**を選びます。

解答　1ウ　2エ　4ア　8オ

☞古典文法編134頁「34敬語　丁寧語」、162頁「41呼応の副詞」

問六 理由説明★★

傍線部3の「やは」を反語と考えて訳すと「面と向かっている場合と比べて劣っているでしょうか、いや劣ってはいません」となり、手紙が「面と向かっている場合」に劣っていない、と強く主張しています。語り手がそう思う理由を傍線部よりも前から探してみると「うち向かひては思ふほど……書き尽くしたるを見る心地は」までが見つかります。この部分を参考に、①面と向かっていると言いにくいことも書くことができる、②言いたいことを細かく書き尽くすことができる、この二点に該当する選択肢**イ**・**オ**を選びましょう。

解答　イ・オ

問七 解釈★

「これ」は「めでたきことなり」と称賛されていますので、今回の問題の主題が「手紙」であることがわかっていれば、おのずと**ウ**「文といふもの」が選べるでしょう。この設問は確実に正解してほしいものです。

解答　ウ

問八 古文常識★

「天竺《てんぢく》」は今のインドのことです。よく出てきますから覚えておきましょう。

解答　ア

問九 解釈★★

重要な文法「～ましかば…まし」をしっかり訳せるようにしましょう。反実仮想〈もし～たならば、…ただろうに〉で、「もしこの文字というものがなかったならば、今の世の我々のほんのわずかなことも、書き伝えられなかったでしょうに」と訳せますので、その意を表した**エ**が正解です。ほかの選択肢の**ア**・**イ**・**オ**は文字を軽んじていて×。**ウ**は迷う選択肢ですが、「伝えようという気になれる」と、気持ちの問題にしている点が×。

解答　エ

ふりかえり

今回は『無名草子』です。

なんとなくはわかるんだけど、きれいに訳せない…。

きれいに訳せなくても点は取れますよね。

えっ!?　なんで??

問一、二、三、九は基本的な文法事項だし、そのほかの単語なども難しいものはないはずですよ?

たしかに…。

単語がわからなくても前後の文章を見て推測すれば解けるでしょ。

うっ…(汗)

まあまあ。慣れていないと「食わず嫌い」もありますよね。こぶたんの言うように、まずは「取れる所から」がおすすめです。復習で繰り返して点数を上げていきましょう。

がんばってみます！

着目

すべて訳せなくても、選択肢問題は判断できる！
基礎知識と文脈から正解にたどり着け！

現代語訳・重要古語・重要文法

この世にいかで**かかる**ことあり**けむ**〔過推・体〕と、**めでたく**おぼゆることは、文**こそ**〔強意(↓)〕侍る a **なれ**〔推定・已(↑)〕。枕草子に返す返す申して侍る**めれ**〔推定・已〕ば、こ

この世にどうして**このような**ことがあったのだろうかと、**すばらしく**思われることは、手紙でしょう。(このことは)『枕草子』に繰り返し申しているようですので、

と新しく申すに及ばねど、なほいと 1 **めでたき**もの b **なり**〔断定・止〕。遥かなる世界にかき離れて、幾年逢ひ見ぬ人なれど、文といふもの

今さら改めて申すまでもありませんが、やはりたいそうすばらしいものです。はるか遠いところに離れていて、何年も会っていない人であっても、手紙というものだけでも見たな

だに見つれば、ただ今さし向かひたる心地して、2 **なかなか**、うち向かひては思ふほども続けやら**ぬ**〔打消・体〕心の**色**もあらはし、言は**まほしき**〔希望・体〕ことをもこまごまと書き尽くしたるを見る心地は、**めづらしく**、うれしく、3 あひ向かひたるに劣りて**やは**〔反語(↓)〕**ある**〔ラ変・体(↑)〕。

らばたった今(その人と)向かい合っている気持ちがして、**かえって**、直接向かい合っては思っている通りにも言い続けにくい心の中の**様子**も表し、言いたいことをも細々と書き尽くしてあるのを見る気持ちは、**すばらしく**、うれしく、面と向かっている場合と比べて劣っているでしょうか、いや劣ってはいません。

4 **つれづれなる**折、昔の人の文見出でたるは、ただその折の心地して、**いみじく**うれしく**こそ**〔強意(↓)〕**おぼゆれ**〔ヤ下二・已(↑)〕。まして亡き人などの書

所在ないときに、昔の人の手紙を見つけ出したときは、まるで手紙をもらったときの気持ちがして、**たいそう**うれしく思われます。

ましてなくなった人などが書

書きたるものなど見るは、いみじく**あはれに**、年月の多く積もりたるも、ただ今筆うち濡らして書きたるやうなる**こそ**〔強意(↓)〕、返す返す**めでたけれ**〔形・已(↑)〕。

いたものなどを見る場合は、たいそう**しみじみとして**、年月が多く経っているのに、たった今筆を濡らして書いたばかりのようであるのは、本当にすばらしいことです。

何事もただ差し向かひたるほどの情ばかりにて**こそ**〔強意(↓流)〕侍る〔補ラ変・体〕に、5 これはただ昔ながら、**つゆ**〔副〕変はることな**き**〔形(打消)〕も、いとめでたきことなり。

何事もただ面と向かっている間にだけ情愛は湧くものですが、この手紙というものは全く昔のままで、少しも変わることがないのも、たいそうすばらしいことです。

いみじかりける延喜・天暦の御時の古事も、6 **唐土・天竺**の知らぬ世のことも、7 この文字といふものなから**まし**〔反実仮想・已〕かば、今の世の我らが片端も、いかで**か**〔反語(↓)〕書き伝へ**まし**〔反実仮想・体(↑)〕、など思ふにも、なほ**かばかり**めでたきことは8 **よも**〔副〕侍ら**じ**〔打推・止〕。

すばらしかった延喜・天暦の御代《みよ》の昔の事柄も、**中国・インド**といった知らない世界のことも、この文字というものがなかったなら、今の世の我々のほんのわずかなことも、どうして書き伝えられたでしょうか、いや、書き伝えられなかったでしょう、などと思うにつけても、やはり（文字を生かした）**これほど**（＝手紙ほど）すばらしいものは（ほかには）まさかないでしょう。

8 歌物語

大和物語《やまとものがたり》

▼問題編30頁

読解のポイント

解答

問一 a 1　b 2　c 2（3点×3）

問二 1（6点）

問三 1（6点）

問四 2（6点）

問五 4（3点）

問六 (1)言はで（と）磐手　(2)1（5点×2）

問七 4（6点）

問八 2（4点）

満点	安全点	目標点	得点
50	40	35	

作品の解説

『大和物語』一五二段の全文。

『大和物語』は、平安時代中期の天暦《てんりゃく》五年（九五一年）頃に成立し、その後増補された。作者は、花山《かざん》天皇ほか諸説あるが未詳。一七〇余段からなる歌物語。内容は、前後半に分けられる。前半は、宇多《うだ》天皇が譲位した寛平《かんぴょう》九年（八九七年）から約五十年間における、宮廷貴族たちの歌が中心である。同じ歌物語である『伊《い》勢物語《せものがたり》』が、ある男の一代記という形をとっているのに対し、『大和物語』にはさまざまな人物が登場し、人物同士の関係などによる連想的な配置がなされている。後半は、民間に伝承されてきた説話が多い。全体で二九五首の和歌が含まれている。和歌とその詠まれた状況を語り伝える「歌語り」の特色を持つ作品である。

設問の解説

問一 単語・文法★

頻出の単語と文法が問われています。

aの「かしこし形」は〈恐れ多い・(恐れ多いほど) すばら

しい・とても・非常に〉などの意で頻出です。「かしこまる」ような対象への気持ちです。ここでは「かしこく好みたまひ」と「好む」にかかっていますから、**1**「非常に」という訳を選びましょう。

bの「てけり」は「て」が「完了」、「けり」が「過去」の助動詞で〈～てしまった〉と訳します。「そらす」は「御鷹《たか》」を「そらし」たのですから、「逃がす」の意味と推測できるでしょう。**2**「逃がしておしまいになった」が正解です。

cの「さらに副―打消」〈全く・決して～ない〉、「え副―打消」〈～できない〉は頻出の表現です。**2**「まったく見つけ出すことができなかった」が正解です。

古典文法編78頁「19助動詞 つ・ぬ」、162頁「41呼応の副詞」

解答 a 1　b 2　c 2

問一 解釈★★

傍線部**1**「もののたまはせず」は「(帝《みかど》は)何もおっしゃらない」と訳します。では、なぜ帝が「もののたまは」なかったのか、本文から探ってみましょう。

帝の発言は和歌の下の句「いはておもふぞ……」のみです。それを筆者は11行目で「御心にいと言ふかひなく、惜しくおぼさるるになむありける」と考察しています。直訳すると「お心の中でとてもどうしようもなく、残念だと思っていらっしゃるのだった」となりますから、**1**を選ぶことができます。

解答 1

問三 解釈★

「聞こしめしつく動」は〈お聞き及びになる〉という意味です。「聞こし召す動」〈お聞きになる〉から類推できますね。「ぬ」と「にや」に注意して品詞分解すると、

動詞・未然	打消・連体	断定・連用	疑問・反語	動詞・未然	推量・連体
聞こしめしつけ	／ぬ	／に	／や	／あら	／む

となりますから、「お聞き及びにならないのであろうか」と直訳できます。そうすると**1**が選べるはずです。

古典文法編114頁「30助詞 係助詞」

解答 1

問四 単語★★

「おもて名」は〔面〕と書き〈顔・体面〉という意味です。「まもる動」は〔守る・護る〕という漢字を当て、〈見守る・見つめる・見守って世話をする〉などの意味がありますが、〈見つめる〉でよく出題されます。この二語を知っていれば**2**が選べます。重要語ですからこの機会に覚えておきましょう。

解答 2

問五 文法★

「いますかり動」は「いますがり」と同じで、〈いらっしゃる〉という意味の尊敬語です。ラ行変格活用動詞としてもよく問われますので、確認しておきましょう。

解答 4

☞古典文法編28頁「5動詞　変格活用」、130頁「32敬語　尊敬語」

問六　和歌（掛詞）★★★

(1)は「いはて」の「て」に濁点をつけて打消の接続助詞「で」とすることに気づくのが初見では難しいかもしれません。鷹の名前の「磐手《いはて》」と「言はで」（言わないで）が掛詞《かけことば》になっていますね。この箇所はよく出題されるので、この機会に覚えてしまいましょう。

(2)は(1)の掛詞に気づけば、「言わないで思うことは言うことにつらい気持ちがまさる」と訳して**1**が正解だとわかります。

解答　(1)言はでと磐手　(2)1

☞古典文法編108頁「27助詞　接続助詞」、150頁「37和歌の修辞法　掛詞」

問七　解釈★★

帝が詠んだ「いはておもふぞ……」は七音＋七音ですから、和歌の下の句（五・七・五・七・七の後半の七・七）と考えられます。これに対して「もとをばとかくつけ」たのです。「もと」は「本」で和歌の上の句のこと。つまり、「上の句をあれやこれやとつけた」ということになります。よって**4**が選べます。なお、和歌の下の句のことは「末（すえ）」といいます。「本」「末」セットで覚えましょう。

解答　4

☞古典文法編148頁「36和歌の修辞法　和歌のルールと句切れ」

問八　文学史★

『大和物語』のジャンルは歌物語といい、和歌のエピソードを紹介する短編物語集です。同ジャンルとしては、『伊勢物語』『平中物語《へいちゅうものがたり》』がよく出題されます。非常に出やすいジャンルですので覚えておきましょう。

解答　2

ふりかえり

今回は『大和物語』です！

問題です。ジャンルは？

3講でやったし、問八も正解だったぜ！　歌物語!!

チッ。やるな。

すごい!!　私はうれしいです（泣）

えっへん。って先生、このくらいで泣かないでよ！

甘やかしちゃダメですよ。

タツヤくんが成長したのがうれしくて。さて、今回も有名な箇所ですが、解いてみた印象はいかがですか？

自分としては6割こえてまずまずだと思うけど、問四と六が…。あと問二が迷った。

前後を読んで推測しながら解釈する所ですね。

解説を読むとわかるんだけど…。

単純ですが、繰り返しが一番です。特に和歌などは普段使っている現代語とは違う言葉ですからね。復習をしっかりやりましょう。

三回繰り返します！

着目

「帝」と「大納言」、どちらの言動なのか気をつけながら読み解こう！

現代語訳・重要古語・重要文法

同じ帝、狩いと[a]**かしこく**好みたまひけり。陸奥の国、磐手の郡より奉れる御鷹、**世になく**かしこかりければ、になうおぼして
同じ帝が、狩りをたいそう**非常に**お好みになった。陸奥の国の、磐手の郡から献上した御鷹が、**世にまたとなく**賢かったので、（帝は）この世に二つとないほど（大切に）お
御手鷹にしたまひけり。名をば磐手と**なむ**（強意(↓)）つけたまへり**ける**（過去・体(↑)）。それを、かの道に心ありて、あづかり**仕うまつり**ける大納言にあづ
思いになって御手飼いの鷹になさった。名を磐手とお付けになっていた。その鷹を、鷹飼いの道に心得があって、（帝の鷹を）預かって**お世話申し上げ**ていた大納言にお預け
けたまへりける。夜昼、これをあづかりて、取り飼ひたまふほどに、**いか**（疑問(↓)）がしたまひけ**む**（過推・体(↑)）、[b]**そらしたまひ**て（完了・用）けり（過去・止）。心ぎもをまど
になっていた。（大納言は）夜も昼も、この鷹を預かって、飼育なさるうちに、どうなさったのだろうか、逃がしておしまいになった。うろたえあわてて探
はして求むるに、[c]**さらに**（副）え見いで**ず**（打消・止）。山々に人をやりつつ求めさすれど、**さらに**（副）**なし**（形(打消)）。みづからも深き山に入りて、まどひ歩き
すが、**全く**見つけ出すことができない。あちこちの山に何度も人を遣わして探させるが、まったく見つからない。（大納言）自身も深い山に入って、探しまわりなさるがそのかい
たまへどかひもなし。このことを**奏せ**で、しばしもある**べけれ**（推量・已）ど、二三日にあげずご覧ぜぬ日なし。いかがせむとて、**内にまゐり**て、
もない。このことを**帝に申し上げ**ないで、しばらくの間はいられるだろうが、（帝はこの鷹を）二三日の間を置かないで御覧にならない日はない。どうしようもないと思っ
御鷹のうせたるよし奏したまふ時に、帝、[1]**ものものたまは**せず。[2]**聞こしめし**つけぬに**や**（疑問(↓)）あら**む**（推量・体(↑)）とて、また奏したまふに、[3]**お**
て、（大納言は）**宮中**に**参上し**て、御鷹がいなくなったということを帝に申し上げなさるときに、帝は、何も**おっしゃら**ない。**お耳に入ら**ないのだろうかと思って、もう一度申し上げなさると、

もてをのみ**まもら**せたまうて、ものものたまはず。**たいだいし**と**おぼし**たるなりけりと、**われにもあらぬ**心地して、かしこまりて

（帝は大納言の）**顔**をじっと**見つめ**ていらっしゃるばかりで、何もおっしゃらない。**もってのほかだと思っ**ていらっしゃるのだと、（大納言は）**自分が自分でもないような**（気が遠くなる）気

疑問（↓）　意志・体（↑）　疑問（↓）　打消・体（↑）

4 **いますかり**て、「この御鷹の、求むるに、侍らぬことを、いかさまにかしはべらむ。**などか**おほせごともたまはぬ」と奏し

持ちがして、恐れ入って**いらっしゃっ**て、「この御鷹が、探しても、おりませんこと、どのようにしましょうか。**どうして**何もおっしゃってくださらないのですか」と申し上げなさったときに、

たまふ時に、帝、

帝は、

5 いはておもふぞいふにまされる

「磐手のことは言わないで心に思っているほうが、口に出して言うよりも、いっそうつらいのだ」

強意（↓）

とのたまひけり。かくのみのたまはせて、こと事ものたまはざりけり。御心にいと**言ふかひなく**、惜しくおぼさるるになむあり

とおっしゃった。このようにだけおっしゃって、ほかのことは何もおっしゃらなかった。御心の中でたいそう**どうしようもなく**、残念だと思っていらっしゃるのだった。

過去・体（↑）　強意（↓）　過去・体（↑）　強意（↓）　過去・体（↑）

ける。これをなむ、世の中の人、6 もとをばとかくつけける。もとはかくのみなむありける。

これを、世の中の人は、上の句をあれこれつけた。（でも）本来はこの下の句だけであったのだ。

枕草子《まくらのそうし》

▼問題編34頁

読解のポイント

解答

問一　(ア)1　(イ)4　(ウ)2　(エ)1　(オ)3　(ク)3　（3点×6）

問二　a6　b4　c1　（3点×3）

問三　4　（4点）

問四　Ⅰ1　Ⅱ1　Ⅲ2　Ⅳ1　（3点×4）

問五　(カ)せちえ　(キ)ものいみ　（2点×2）

問六　清少納言　（3点）

満点
50
安全点
40
目標点
35

得点

作品の解説

『枕草子』九十三段・九十四段の全文。

『枕草子』は、平安時代中期の長保《ちょうほう》三年（一〇〇一年）頃に成立したと考えられている。作者は、清少《せいしょう》納言《なごん》。清少納言は優れた歌人であった清原元輔《きよはらのもとすけ》の娘で、二十八歳頃から中宮定子《ていし》に仕えた。『枕草子』は宮仕え中に書かれた、日本初の随筆である。三〇〇段余りの章段があり、「ものづくし」とも呼ばれ、あるテーマに沿った事柄・内容を並べた「類聚《るいじゅう》的章段」、宮仕えの中で起きた出来事や定子の人柄について記した「日記的章段」、自然や人事について独特の視点から記した「随想的章段」の三つに分類できる。作者の細やかな感性や鋭い観察眼が描き出された傑作で、『方丈《ほうじょう》記《き》』『徒然草《つれづれぐさ》』と合わせて「三大随筆」とされる。また、同じ平安中期の『源氏《げんじ》物語《ものがたり》』が「あはれ」の文学と呼ばれるのに対し、『枕草子』は「をかし」の文学と呼ばれる。

設問の解説

問一〈単語・文法★★〉

(ア)「おほのかなり[形動]」は重要語ではないので、知らない人も多いと思います。文脈で考えましょう。上にある「さる」は〈そのような〉と訳す指示語ですから、その前の「車」を指すと考えられます。すると、車を形容する**1**が正解だとわかります。

(イ)「ところせし[形]〈所狭し〉」は重要語で〈おおげさだ・窮屈だ・重々しい〉などの意味なので、**3**も**4**も当てはまります。ここでは車が「覆《かへ》りたる（＝横転した）」ことに対して言っていますから、「**堂々として**いるのではないかと思っていたが」と訳すのが適切と考えられます。

(ウ)「あへなし」は「敢へ＋無し」から〈何かしようとしてもどうにもならない〉という意味で〈どうしようもない・がっかりだ・張り合いがない〉などと訳します。ここでは**2**が近い意味です。

(エ)「つつみもなし」は「慎み[名]（＝遠慮）」がないという意味で**1**が適切です。

(オ)「むげに[副]」は打消表現を伴って〈全く〜ない〉と訳します。

(ク)「つべし」は「つ（強意）」＋「べし（推量・意志など）」で〈きっと〜だろう・しよう〉〈〜に違いない〉などと訳します。

解答　(ア)1　(イ)4　(ウ)2　(エ)1　(オ)3　(ク)3

☞古典文法編60頁「14助動詞　べし」、78頁「19助動詞　つ・ぬ」

問二〈文法★〉

aは「まじ」にあたる意味が選択肢には「不適当」しかありませんので、楽に選べます。**b**「す」は「使役」と「尊敬」の意味が考えられますが、尊敬の補助動詞を伴っていないので「使役」と判断できます。**c**の上の「来」が「こ[未]」と読むのか「き[用]」と読むのかわからず、「完了」の「ぬ」の終止形か、「打消」の「ず」の連体形かの判別が難しいですが、こういうときは訳してみましょう。「呼びにやった人が（来てしまったor来ない）のは、残念だ」となりますから、「来ない」のが残念だ、にしないといけませんね。

解答　a6　b4　c1

☞古典文法編28頁「5動詞　変格活用」、48頁「10助動詞　す・さす・しむ」
64頁「15助動詞　まじ」

問三〈解釈★★〉

「あさまし[形]」は〈驚きあきれることだ・意外だ〉を主な意味とする多義語です。本文の「あさましきもの」の例を見てみましょう。「刺櫛《さしぐし》が折れた」「牛車の横転」「遠慮のない発言」「人を待っていたのに寝てしまった」「見せてはいけない人に手紙を見せた」「こちらの知らないことを一方的にしゃべる」「物をこぼす」となります（それ以降は「口惜しきもの」の例）。こうして見ると**4**の「見るからにみすぼらしい（＝たいへん貧弱であるさま）」だけがないことがわかりますね。牛車の横転の例が少し紛らわしいですが、「見るからに」は「一目見て」という意味ですから、転んだ一瞬で「みすぼらしい」とは言えません。

解答 4

問四 〈内容一致★★〉

「口惜し形」は〈期待はずれで残念だ・つまらない〉という意味です。本文の「口惜しきもの」の例をまとめると「五節や御仏名の日に雪ではなく雨が降る」「節会《せちえ》に物忌《ものいみ》が重なる」「楽しみにしていたことが中止になる」「呼んだ人が来ない」「人に見せたいものが見せられない」となります。Ⅲだけがありませんので**2**、それ以外は**1**となります。選択肢の順が本文に書かれている順と違うこともありますから、丁寧に照らし合わせましょう。

解答 Ⅰ1　Ⅱ1　Ⅲ2　Ⅳ1

問五 〈単語（読み）★★〉

「節会」は節句（節日）に宮中で酒食がふるまわれる行事のことをいいます。「物忌」とは陰陽道《おんみょうどう》信仰により家に籠もったり、悪い方角に行くのを避けたり、飲食などのある行為をひかえたりする風習のことです。悪い方角を避けてよい方向から移動することを「方違《かたたが》へ」といいます。

解答 (カ)せちえ　(キ)ものいみ

問六 〈文学史★〉

『枕草子』も清少納言もよく出題されます。改めて確認しましょう。

解答 清少納言

ふりかえり

今回は『枕草子』です。

わたし、清少納言に憧れているんですよ。

えー…ナニソレ…。

知的でドジでツンデレですごく魅力的です♡

そうなんだ…。

私もそう思います。有名なのは「ものづくし」のようなテーマがある「類聚的章段」ですが、「日記的章段」や「随想的章段」では、ナルホドと思ったり、クスッと笑ったりするような現在にも通じるおもしろい話も多いです。

へー、ちょっと興味あるかも。

ダロ。

でもおもしろい所は読むのが難しいんですよ。読みやすい所で練習して、おもしろい所までわかるようになってもらうのが、私のひそかな目標です（笑）

そうなったらかっこいいかな？

まずは目の前のものを繰り返しましょう。

着目
基礎単語をしっかりおさえつつ、文脈に注意しながら「べし」「まじ」などの判別をしよう！

現代語訳・重要古語・重要文法

あさましきもの。刺櫛すりて磨く程に、ものにつきさへて折りたる心地。

驚きあきれるもの。刺櫛をすって磨くうちに、物に突き当たって折ってしまった（ときの）気持ち。

車のうち覆りたる。「さる(ア)おほのかなるものは、(イ)**ところせく**や（疑問(↓)）あらむ（推量・体(↑)）」と思ひし（過去・体）に、ただ夢の心地して、あさましう(ウ)**あへなし**。

牛車の横転したの。「そんな大型の車は、**堂々としている**のではないか」と思ったが、ただ夢のような気持ちがして、意外で**期待外れだ**。

人のために、恥づかしう悪しきことを、(エ)**つつみもなく**いひゐたる。

その人にとって、恥ずかしく都合の悪いことを、**遠慮なく**しゃべっているの。

「かならず来な（完了・未）む（推量・止）」と思ふ人を、夜一夜起き明かし待ちて、**暁**がたに、**いささか**うち忘れて寝入りにけるに、烏の、いと近く「かか」と鳴くに、うち見開けたれば、昼になりにける、**いみじう**あさまし。

「きっと来るだろう」と思う人を、一晩中起きて待って、**明け方**に、**ちょっと**忘れて寝入ってしまったところ、烏が、たいへん近くで「かあかあ」と鳴くので、目を開けたところ、昼になってしまっていたのは、**この上なく**あきれる。

見すまじき人に、外へ持ていく文見せたる。

見せるべきでない人に、よそに持っていく手紙を見せたの。

(オ)**むげに**知らず、見ぬことを、人のさしむかひて、**あらがは**すべくもあらずいひたる。

全く知りもせず、見もしないことを、人が対座して、（私に）**反論**させるはずもなく言っているの。

物うちこぼしたる心地、いとあさまし。

物をこぼした気持ちは、たいそう意外でびっくりする。

口惜しきもの。五節・御仏名に雪降らで、雨の**かきくらし**降りたる。

残念なもの。五節や御仏名に雪が降らず、雨が**心を暗くして**降っているの。

(カ)節会などに、**さるべき**御(キ)**物忌**のあたりたる。

節会など（の日）に、**しかるべき**（宮中の）御**物忌**が重なったの。

いとなみ、**いつしか**と待つことの、**障り**あり、**にはかに**とまりぬる。

用意し、**早く**と待つことが、**差し支えること**があって、**急に**中止になったの。

遊びをもし、見すべきことありて、呼びにやりたる人の来ぬ、いと口惜し。

音楽の遊びをもし、見せたいことがあって、（わざわざ）呼びにやった人が来ないのは、たいそう残念だ。

男も女も法師も、宮仕へ所などより、おなじやうなる人もろともに、寺へ詣で、物へも行くに、好ましうこぼれ出で、用意よく、「あまり見苦し」とも(ク)見つべくぞあるに、さるべき人の、馬にても車にても、行きあひ見ずなりぬる、いと口惜し。

男も女も法師も、お仕えしている所などから、気の合った人が一緒に、寺へ詣でたり、見物にも行ったりするのに、（牛車から衣装が外に）感じよく出て、趣向をこらして、「あまりに見苦しい」と（ふつうの人なら）見るに違いないよう（わざとして）あるのに、（それを見るのに）ふさわしい人が、馬でも車でも、行き会って見ることもなく終わってしまうのは、まことに残念だ。

10
俳諧
おくのほそ道《みち》

▼問題編38頁

読解のポイント

解答

問一 1古墳　2的　3ぎょうじゃ　4ふもと（2点×4）
問二 エ（6点）
問三 4（6点）
問四 4（6点）
問五 D2　F1（5点×2）
問六 2（6点）
問七 3・5（4点×2）

満点
50
安全点
40
目標点
35

得点

作品の解説

『おくのほそ道』八・九の全文。

『おくのほそ道』は、江戸時代前期に成立。作者の没後、元禄《げんろく》十五年（一七〇二年）刊行。作者は、松尾《まつお》芭蕉《ばしょう》。俳諧紀行文。松尾芭蕉は、俳諧を芸術として深めるため、四十一歳から各地を行脚し、その成果を『野《の》ざらし紀行《きこう》』などの書にまとめてきた。『おくのほそ道』は、元禄二年（一六八九年）、芭蕉が四十六歳のときに、門人・曾良《そら》を伴って出かけた旅について記したものである。江戸から奥羽《おうう》・北陸の各地をめぐり、大垣に至るまでの約一五〇日間を、芭蕉の理想とした「風雅」の世界を展開するために、ときに虚構を交えて描いている。この旅で、芭蕉は「不易流行」の理念に到達した。作中には五十一句の発句が含まれ、蕉風俳句の確立を感じられる内容となっている。

設問の解説

問一 単語（書き・読み）★

古文には珍しい出題で、現代文でも出そうな問題です。1・

4は知識問題ですね。2は「マトを射し」とあるので「的」だとわかります。3の「行者《ぎょうじゃ》」は修行をする人を指します。

解答　1古墳　2的　3ぎょうじゃ　4ふもと

問二 文法★

「と」の前にある**エ**「む」だけが終止形になっています。「と」「とて」の前は言い切りの形（終止形、命令形、係り結び、など）になります。**ア〜ウ**は連体形です。

解答　エ

問三 人物特定★★

Aは桃翠《とうすい》が作者らを自宅に「伴ふ」わけですから、「桃翠」が主語です。**B**「招かれ」の「れ」は「〜に」を伴うので受身で、桃翠に招かれた主語は「作者」です。

解答　4

問四 理由説明★

直後に「雨なかりせば」とあります。「〜せば…まし」の後半が省略されていると推定できますから、そこを考えましょう。「庵《いほ》むすぶもくやし」「雨なかりせば」というのですから、「**もしも**雨がなかっ**たなら**、庵《いおり》を結ばなかっ**ただろう**」と「むすばざらまし」等が省略されていることが推定できます。よって4が選べます。

解答　4

☞古典文法編72頁「16助動詞　まし」

問五 単語★

D「おぼえず副」は〈思いがけず・いつの間にか〉の意味ですが、覚えていない人もいると思います。ここでは「おぼえず……到る」という文脈ですから、「わからないまま＝いつの間にか……に到る」と解釈できます。

F「とりあへぬ一句」とありますから、現代語の「とりあえずの一句＝即興の一句」と考えられます。

解答　D2　F1

問六 解釈★★

「庵」に関する記述を探すと8行目に「仏頂《ぶつちやう》和尚《をしやう》山居の跡」、続けて「『竪横の五尺にたらぬ草の庵……』と、いつぞや聞こえ給ふ、その跡」とありますから、2「仏頂和尚」のものとわかります。

解答　2

問七 文学史★

『おくのほそ道』の作者は「松尾芭蕉」で、門人（弟子のこと）である曾良を伴って旅に出ました。正解は3・5。それ以外の選択肢も確認しておきましょう。

1　去来…向井《むかい》去来《きょらい》、江戸時代の俳人。著作に俳論書『去来《きょらい》抄《しょう》』などがある。

2　其角…榎本《えのもと》其角《きかく》、江戸時代前期の俳人。

4　宗因…西山宗因《にしやまそういん》、江戸時代前期の連歌師・俳人。

解答　3・5

ふりかえり

今回は『おくのほそ道』です。松尾芭蕉！

冒頭部言えるか？

ナニソレ？　知らない…。

絶対学校でやってますよ（笑）

「月日は百代《はくたい》の過客《くわかく》にして行き交ふ年もまた旅人なり。」聞いたことあるかも!?

でしょ（笑）。知らない作品の問題も大切ですが、教科書に載っている作品が（場合によっては箇所まで同じで）出題されることも多いですから、作者とおおまかな内容は覚えておきましょうね。

「作品の解説」も流さないでちゃんと読んでおけよ。

う…うん。そうする！（今まで流してた）

流してたっていう人は復習のときからでもいいのでしっかりチェックしてくださいね。

着目

近世の文章を扱った問題は読解に重点を置くことが多いので、まずは「読んでみる」！

現代語訳・重要古語・重要文法

黒羽の館代浄坊寺何がしの方におとづる。思ひがけア ぬ［打消・体］あるじの悦び、日夜語りつづけて、その弟桃翠などイ いふが朝夕勤め**と**

黒羽の領主の留守居役である浄坊寺なんとかという人の所を訪問する。思いがけない（私たちの訪問に対する）主人の喜びに、昼も夜も話しつづけて、その弟の桃翠などという人が朝夕き

ぶらひ、自らの家にもA 伴ひて、親属の方にもB 招かれ、日をウ **ふる**ままに、一日郊外に**逍遥し**て、犬追物の跡を一見し、那須の

ちんと**訪問し**て、自分の家にも（私たちを）連れていき、親戚の家にも招かれ、**日数を重ねていく**につれ、ある日（黒羽の）郊外に**散策し**て、犬追物の跡をちょっと見て、那須の篠原を（篠を）

篠原をわけて、玉藻の前の1 コフンを**とふ**。それより八幡宮に詣づ。与一扇の2 マトを射し時、「別しては我が国の氏神正八幡」と

分けて（通り）、玉藻《たまも》の前《まえ》の古い塚を**訪ねる**。そこから八幡宮《はちまん》に参詣する。（那須《なす》の）与一《よいち》が扇の的を射たとき、「とりわけてわが郷国の（わが家の）氏神である八

ちかひしもこの神社にて侍ると聞けば、感応**殊に**しきりに覚え**らる**。暮るれば、桃翠宅に帰る。 自発・止

幡様」と誓いを立て祈ったのもこの神社でございますと聞くと、ありがたさを**ひとしおに**感じないではいられない。日が暮れたので、桃翠の家へと帰る。

修験光明寺といふあり。そこに招かれて3行者堂を拝す。

修験の寺である光明寺という寺が（近くに）ある。そこに招かれて行者堂を拝（み、次の句を詠）む。

夏山に足駄を拝む首途かな

陸奥《むつ》の夏の山々への門出にあたり、峰々を踏み越えた役《えん》の行者《ぎょうじゃ》にあやかるべく、行者の高足駄を拝むことだ。

当国雲岸寺の奥に仏頂和尚山居の跡あり。

この（下野の）国の雲岸寺の奥に（私の禅の師である）仏頂和尚の山住まいの庵の跡がある。

「竪横の五尺にたらぬ草の庵むすぶもCくやし雨なかり**せ** **ば** 過去・未 接助

「五尺四方にも足りない小さな庵を作ったのも残念なことだ。雨が降らなければ作らなくてもいいのに。

と松の炭して岩に書き付け侍り」と、いつぞ**や**聞こえ**給ふ**、その跡見エ**む**と雲岸寺に杖を曳けば、人々進んで共に**いざなひ**、若き 疑問（↓） 補八四・体（↑） 意志・止

と松の炭を使って（近くの）岩に書きつけてあります」と、いつだったかおっしゃった、その跡を見ようと雲岸寺に杖をついて出かけていくと、人々も自発的に一緒に**誘い**合い、若い人々が

人おほく道のほど打ちさわぎて、Dおぼえずかの4麓に到る。山は奥ある**けしき**に**て**、谷道遥かに、松杉黒く苔したたりて、卯月 断定・用

多く道中も賑やかで、いつの間にかあの（寺のある）麓に到着する。山は奥深い**様子**で、谷沿いの道が遠くまで続き、松や杉が小暗く茂り苔《こけ》（の緑）が滴（るばかりで

の天、今なほ寒し。十景尽くる所、橋を渡つて山門に入る。

あ）って、四月の空が、今なお寒々しい。（雲岸寺）十景が終わるところにある橋を渡って寺の山門に入る。

さて、かの跡はいづくのほど**に** **や**と、後の山によぢのぼれば、石上の小庵、岩窟にむすびかけたり。妙禅師の死関、法雲法師 断定・用 疑問（↓省）

さて、あの（仏頂和尚の庵の）跡はどのあたりかと、寺の後ろの山によじ登ると、石の上の小さな庵が、岩屋を背にして作ってある。（話に聞いている中国の）妙禅寺の死

の石室を見るがごとし。
比況・止

関や、法雲《ほううん》法師の岩上の庵を（目の当たりに）見るようである。

木啄も E 庵はやぶらず夏木立

（きつつきが木をつつく音がしきりに聞こえるが、）きつつきも仏頂和尚の庵をつつき破ることはなく、庵は（無事な姿を保って）夏木立に囲まれていることだ。

と、F とりあへぬ一句を柱に残し侍りし。
打消・体　過去・体

と、即席の一句を庵の柱に掛けて残しましたよ。

11

軍記物語

曾我物語《そがものがたり》

▼問題編42頁

読解のポイント

解答

問一 a ③ b ⑤ c ① （2点×3）

問二 1 ① 4 ② （4点×2）

問三 5 ③ 6 ① （3点×2）

問四 X せんざい Y むやく （3点×2）

問五 2 ⑤ 3 ③ 7 ① （3点×3）

問六 ア (例)幼児が誰の子か尋ねても、女房が隠して言わないこと。

イ (例)自分の許可なく娘が誰かとの間にもうけた子であること。

ウ (例)娘の生んだ子の父親が、平家の敵である源氏の頼朝であること。（5点×3）

満点
50
安全点
40
目標点
35

得点

作品の解説

『曾我物語』巻二の一節。

『曾我物語』は、鎌倉時代末期から室町時代初期頃に成立。作者未詳。十巻または十二巻からなる。軍記物語。曾我十郎《じゅうろう》・五郎《ごろう》兄弟の敵討ちを描いている。兄弟は幼いとき父を殺され、十八年の忍苦の末に、父の敵・工藤祐経《くどうすけつね》を討ち果たすが、十郎はその場で斬られ、五郎は捕らえられたのち処刑された。兄弟の悲劇的運命が人々の心をつかみ、「曾我物」と呼ばれる歌舞伎などの演劇作品の題材となった。

設問の解説

問一 文法★

それぞれ終止形はa「ず」、b「なり」、c「き」ですね。こういう易しい問題で確実に得点しましょう。

解答 a ③ b ⑤ c ①

問二 解釈★★★

1「か係助」があり、ここでは反語で「どうして知ることができるだろうか、いやできない（という）ことなので」と直訳できますから、つまり「知ることができないので」という意味だと考えられます。よって①が選べます。ちなみに肯定文での「いかで」は〈どうにかして・なんとかして〉となりますので覚えておきましょう。

4「もてあつかふ」も「あつかふ」もほぼ同じ意味で〈世話を焼く・もてあます〉という意味ですが、それだけでは選択肢を絞りきれませんから、文脈を見ましょう。前に「娘数多《あまた》持ちて」とあって、後に「いくらも迷ひ行く乞食《こつじき》・修行者をば婿に取るとも」とありますから、娘の婿取りを「もてあつかふ」のだとわかります。「もてあつかふものならば」乞食や修行者を婿に取ってもいい、というのです。つい①を選びたくなりますが、後の文脈から②が正解です。「もてあます」を「苦労をする」と意訳したのですね。

解答 1① 4②

古典文法編114頁「30助詞 係助詞」

問三 単語★

「当時」は〈現在・今〉という意味で頻出。③「この今の時代」が正解です。「下知」は「命令」の意味で①が正解です。知らなかった人はこの機会に覚えましょう。

解答 5③ 6①

問四 単語(読み)★★

X「前栽」は、庭にある植木や植え込みの花壇のようなもの。

Y「無益」は漢字のとおり〈益が無い（＝役に立たない）こと〉転じて〈しゃくにさわること〉という意味です。この二語は意味より読みで問われることが多い言葉です。

解答 Xせんざい Yむやく

問五 人物特定★

> 「あれは誰が子ぞ」と問ひければ、御守の女童、返事なくして逃げ失せけり。すなはち、内へ入り、女房に向かひ、「ここに三つばかりなる幼き者の、いつきもてなしつるを、誰が子ぞと問へば、返事もせずして2逃げつるは、誰人の子ぞや」。

2 誰が逃げたのかたどると、「御守《おもり》の女童《めのわらは》」とわかります。よって⑤「女童」を選びましょう。

3 直前に「殿のいつきかしづき給ふ姫が」とありますから、③「姫」とわかります。

7 この主語は「『〜』とて」と述べている人物と同じですから、発言者が誰かさかのぼりましょう。若君を連れていって「沈めよ」と言っている人物です。伊東入道が若党と雑色に命令している会話でしたから、①「伊東入道」であるとわかります。

解答　2 ⑤　3 ③　7 ①

問六　理由説明★★

ア　入道が怒っているのは「女房、しばしは隠して物も言はざりつる」に対してです。女房が何を「隠して」いたのかは、直前で聞いている「誰人の子ぞや」だとわかりますから、その二要素を書けばいいということになります。

> 「ここに三つばかりなる幼き者の、いつきもてなしつるを、誰が子ぞと問へば、返事もせずして2逃げつるは、誰人の子ぞや」。女房、しばしは隠して物も言はざりつるに、入道、大きにア怒つて責め問へば、
>
> （入道の質問）（入道の質問に対しての女房の行動）

〈**採点のポイント**〉

A：「女房が隠している／何も言わない」ことが書かれている（2点）

B：Aで隠している内容が「（幼児が）誰の子なのか」が書かれている（3点）

イ　こちらは直前に書かれている点をまとめればよいでしょう。

> 「……姫が、京上りの後にて制すれども3聞かずして、いつくしき殿をして儲けたる児ぞや」と語りければ、入道いよいよイ腹を立て、
>
> （「ければ」の上に理由を書いている！）（已然形＋ば〈～ので〉）

〈**採点のポイント**〉

A：「姫が制止をきかず（許可なく）」という内容が書かれている（2点）

B：「誰か（愛する男性）ともうけた子供である」という内容が書かれている（3点）

△：「いつくしき殿と」というものはBのポイントから1点減点

ウ　「已然形＋ば」で理由が示されていることから「（子供の）父は兵衛佐である」ことに対して怒っているとわかります。また、その後の入道の発言から、「兵衛佐は源氏の流人であり、平氏から咎《とが》めがあると困る」という事情がわかります。この両ポイントを書けばよいでしょう。

> 「兵衛佐《ひやうゑのすけ》殿よ」と言ひければ、入道いよいよウ腹を立て、「……世になし源氏の流人を婿に取りて子を産ませ、平家方より御《お》咎《とが》めある時は、何とか答へ申すべき。……」
>
> （已然形＋ば〈～ので〉）

〈採点のポイント〉
A：「子供の父は兵衛佐（頼朝《よりとも》）だった」という内容が書かれている（3点）
B：「頼朝は平氏と敵対する源氏（の流人）である」という内容が書かれている（2点）

解答
ア (例) 幼児が誰の子か尋ねても、女房が隠して言わないこと。
イ (例) 自分の許可なく娘が誰かとの間にもうけた子であること。
ウ (例) 娘の生んだ子の父親が、平家の敵である源氏の頼朝であること。

ふりかえり

『曾我物語』です。軍記物語！

記述が三問はつらい！

気合を入れなさい！

でも、★一つも多いですし、記述も傍線部の前後をよく見れば部分点は取れると思います。そこをがんばれたかどうかで、勝敗が決したかなと思います。

たしかに解説見ると、記述も部分点は取れそう…。ちょっとびびっちゃったかも。

できないと思い込んで取りこぼすともったいないですよ。

その通り。「受験生ができなそうな問題」はほとんど出されませんから、一見難しそうでも品詞分解したり前後から推測したりで粘ることです。案外得点できるものですよ。

たしかに…。復習でまたがんばってみる！

着目
敬語で人物が特定できない場合は前後の内容から判断しよう！　丁寧に読み解けばヒントはある！

現代語訳・重要古語・重要文法

伊東、末代のなりゆかんやう、凡夫の身として[1]いかでか知るべきなれば、京より下りて[X]**前栽**を見めぐりけるに、折節、若君は人にいだかれ給ひ、賤が子どもを召し**具し**て、千草の花に戯ぶれ給ふ。伊東入道これを見て、「あれは誰が子ぞ」と問ひければ、御守の女童、返事なくして逃げ失せけり。**すなはち**、内へ入り、女房に向かひ、「ここに三つばかりなる幼き者の、いつき**もてなしつる**を、誰が子ぞと問へば、返事もせずして[2]逃げつるは、誰人の子ぞや」。女房、しばしは隠して物も言はざりつるに、入道、大きに[ア]怒つて責め問へば、力及ばずして答へけるは、「あれこそ、殿の**いつきかしづき**給ふ姫が、京上りの後にて制すれども[3]聞かずして、いつくしき殿をして儲けたる児ぞや」と語りければ、入道いよいよ[イ]腹を立て、「**いかに**。親の知らぬ婿やあるべき。いかなる人ぞ。不思議さよ」と怒りければ、とても隠し遂ぐべきことなら[a]ねば、女房、涙とともに、「兵衛佐殿よ」と言ひければ、入道いよいよ[ウ]腹を立て、「娘数多持ちて、[4]**もてあつかふ**ものならば、いくらも迷ひ行く乞食・修行者をば婿に取るとも、[5]**当時**、

伊東は、将来がどうなってゆくか、（神仏ではない）普通の人間の身でわかるはずもないので、京からもどって**庭の草木**を見回っていたところ、ちょうどその時、若君は人に抱かれなさり、下々の子供を召し**連れ**て、さまざまな花と遊んでいらっしゃる。伊東入道はこれを見て、「あれは誰の子か」と尋ねたところ、子守りの少女は、返事もしないで逃げ去ってしまった。**すぐに**、家のなかに入り、女房に向かって、「ここに三歳ぐらいの幼い子で、大切に**世話をし**ていたのを、誰の子かと尋ねると、（子守りが）返事もしないで逃げたのだが、誰の子か」（と言う）。女房は、しばらくは隠して何も言わなかったので、入道が、おおいに怒って詰問すると、（女房が）仕方なく答えたことには、「あの子こそは、殿が**大切に育て世話して**いらっしゃる姫君が、殿が京に上った後で止めても聞かないで、ご立派な殿との間にもうけた子ですよ」と語ったので、入道はますます腹を立てて、「**なんとしたことか**。親の知らない婿などあってよいものか。どのような人だ。けしからん」と怒ったので、とても隠しおおせることではないので、女房は、涙を流しながら、「兵衛佐殿ですよ」と言ったところ、入道はますます腹を立て、「娘をたくさん持って、婿探しに**苦労をする**というなら、いくらでも世間をうろついている乞食や修行者を婿に取ることがあっても、**今の時代**、落ちぶれた源氏の流人を婿に取って子を

世になし源氏の流人を婿に取りて子を産ませ、平家方より御咎めある時は、何とか答へ申すべき。しかも、敵持ちたる我ぞかし。『毒蛇をば、脳を砕きて髄を見よ。敵の末をば、首を切つて魂を奪へ』とこそ申し伝ふれ。Y**無益**なり」とて、次の日**やがて**、女を娘の方へ遣はして、若君を賺し寄せつつ、若党二人、雑色二人に6**下知**して、「伊東荘松川の奥、岩倉の滝山の蜘が淵に石を付けて沈めよ」とて、さも**いはけなくうるはしげなる**を、武士の手に渡しつつ、松川の奥へと7差し遣はしけるこそ悲しけれ。乃往過去の古、いかなる罪の報ひbにて、三歳の春を待ちかねて、底の水屑となり給ふらん。痛はしかりcし次第なり。

生ませ、平家方からおとがめがあるときには、どう申し開きができようか。しかも、敵を持つ我が身である。『毒蛇は、脳を砕いて髄を見よ。敵の子孫は、首を斬って魂を奪え』と申し伝えている。**ろくなことはないのだ**」と言って、次の日**すぐに**、女を娘の所へ遣わして、若君をだまして連れ出し、若党二人と、下人二人に**命令**して、「伊東荘松川の奥、岩倉の滝山の蜘が淵に石をつけて沈めよ」と言って、本当に**幼くかわいらしい**子を、武士の手に渡して、松川の奥へと差し向けたのは悲しいことよ。今より昔、どのような前世の罪の報いで、三歳の春を待つこともできず、川底に沈むことになるのだろう。**気の毒だっ**たことである。

発心集《ほっしんしゅう》

▼問題編46頁

読解のポイント

解答

問一　1（4点）
問二　3（4点）
問三　5（4点）
問四　2（3点）
問五　4（4点）
問六　3（3点）
問七　1（3点）
問八　1（3点）
問九　(例)差し上げよう〈6字〉（6点）
問十　2（4点）
問十一　(イ)1　(ロ)1　(ハ)1　(ニ)2（2点×4）
問十二　3（4点）

満点
50
安全点
40
目標点
35

得点

作品の解説

『発心集』「第六の七　永秀法師、数奇の事」の一節。

『発心集』は、鎌倉時代前期の成立。建保《けんぽう》三年（一二一五年）頃の成立とも言われるが諸説ある。編者は、鴨長明《かものちょうめい》。八巻からなり、約一〇〇話をおさめる仏教説話集である。内容は、発心出家して仏道に入った人々の説話や、往生を遂げた、あるいは現世への未練により往生に失敗した人々について述べたものが多い。長明による批評・感想が長めに添えられており、随筆的な面もある。後続の仏教説話集『閑居友《かんきょのとも》』などに大きな影響を与えた。鴨長明は、随筆『方丈記《ほうじょうき》』、歌論書『無名抄《むみょうしょう》』などの著者でもある。

設問の解説

問一　解釈★★

傍線部(1)を品詞分解すると「心[名]／すけ[?]／り[助動]／ける[助動]」となり、動詞と思われる「すけ」が何かですが、後の「り」から已然形と推測されます。つまり「すく〔好く〕」という動詞で、重要語「好き[名]」〈風流・好色〉の関連語と推測でき、直後に「夜昼、笛を吹くより外の事なし」とありますから、これは1「風流心があった」だとわかります。

☞古典文法編88頁「20助動詞　り・たり」

解答　1

問二　解釈★★

「さらに副―打消」は〈全く・決して〜ない〉です。ここで問題は「いたまず」の何が「いたま」ないのかです。直前からみると「やかましさに耐えられない隣家が、だんだん立ち去った後には、人もいなくなったけれど、全く**いたまない**」ですから、「心が痛まない」「気にしない」などと推測でき、3が正解とわかります。

☞古典文法編162頁「41呼応の副詞」

解答　3

問三　解釈★★

直訳すると「そうでない人」となりますので、文脈で考えましょう。「どうして何事もおっしゃらないのですか。私がこのようであるので、そうでない人でさえ、事あるごとにそう申し承ります」と直訳できます。どうやら「そうでない人」でさえいろいろお願いしてくるのだから、あなたもお願いをおっしゃってください、と言っているようですね。そうすると「そうでない人」は「あなたほど親密でない人」、選択肢のなかで考えると5「縁もゆかりもない人」と考えられます。次の**問四**もヒントになりますね。

解答　5

問四　単語★

「うとし形」は〈疎遠だ・よそよそしい・不案内だ〉等の意味で重要語です。「よそよそしくお思いになりますな」と訳せますので、正解は2。

解答　2

問五　解釈★★

「うるさし形」は〈わずらわしい・立派だ〉等のプラスとマイナスの意味がある重要語です。ここでは前に「よしなき情をかけて（つまらない情をかけて）」と言っていますから、マイナスの意味の「わずらわしいこと」、つまり4「面倒なこと」が選べます。

解答　4

問六　解釈★

直前に「と」がありますから、その前の会話「彼の身のほどには……あらん」が「思ひあなづりて」の内容だと考えられます。「この身分で、どれほどのことがあるだろうか、大したことはないだろう」です。よって3が正解です。

解答　3

問七　解釈★

「あさからぬ所望侍る」は「浅くない望みがある」ということです。それを「一日の仰せを悦びて」言いに来たというのですから、「一日の仰せ」は「願い事を言ってください」という主旨の頼清《よりきよ》の言葉で、1が正解です。「一日」は「先日」と訳すのがよいでしょう。

解答 1

問八 理由説明★

10行目で頼清は「疑ひなく、所知など望むべきなめり（疑いなく、領地などを望むのだろう）」と考えていますが、それに比べて「漢竹の笛」は、13行目にあるように「いといとやすき事（たいそう簡単なこと）」だったということです。よって**1**が正解です。

解答 1

問九 現代語訳★

本動詞の「奉る」はほとんどの場合、謙譲の「差し上げる」の意味でしたね。「べし〔助動〕」はここでは一人称で意志と考えられますから、「差し上げよう」等と訳しましょう。

解答 (例) 差し上げよう

古典文法編60頁「14助動詞　べし」、132頁「33敬語　謙譲語」

問十 現代語訳★

「などかは承らざらん」を「かは」を反語として訳すと「どうして承らないでしょうか、いや承ります」となり、**2**が選べますね。

解答 2

問十一 人物特定★★

敬語等で判別できないので、内容で考える必要があります。

(イ)は**問六**をヒントにすると**1**「頼清」とわかります。(ロ)は永秀を出迎えていますから、これも**1**「頼清」です。(ハ)は**問八**をヒントとして、「思ひの外」と思った側ですからこれも**1**「頼清」です。(ニ)は「さらに望むところなし（全く望みはありません）」と言っているのですから、お願いする側、つまり**2**「永秀」ということになります。

解答 (イ)1　(ロ)1　(ハ)1　(ニ)2

問十二 文法★

傍線部前は「何事にか……うるさき事やいひかけられん」とあります。「何事だろう」とあやしんでいる内容ですから、「言いかけ**られる**」でないと意味が通りません。ここは受身を選びましょう。

解答 3

ふりかえり

今回は『発心集』、立教大学の入試問題です！

立教むずい！　一発できる問題が少ない！

いいところに気づきましたね。立教大学は内容を読ませて答えさせる問いが多いですね。

選択肢も練ってありますよね。わたしを倒すには足りませんが。

そうそう！　むずい！

考える学生に入学してほしいのでしょうね。基礎学力はあって当たり前、ということかもしれません。ここで勝負できるようになれば安心です。

満点じゃなくても受かるんだから粘れ！

俺まずこの問題目標にするわ。ここできれば何でもいける気がする。

何でもはいけないけどな（汗）

いいですね。まず目標の難易度を決める。この問題なら不足無しです。タツヤくん成長しましたね。

えへ。…よし、調子乗ってないで復習がんばろ！

着目

内容と選択肢を細かく照らし合わせよう！　ここで40点以上なら、難関大も目指せる！

現代語訳・重要古語・重要文法

八幡《はちまん》別当頼清が遠流にて、永秀法師といふ者ありけり。家貧しくて、(1)心すけりける。夜昼、笛を吹くより外の事なし。かしか

八幡別当頼清の遠い親類で、永秀法師という者がいた。家は貧しくて、風流心があった。夜となく昼となく、笛を吹くよりほかのことはなかった。(そ

ましさにたへぬ隣り家、やうやう立ち去りて後には、人もなくなりにけれど、(2)さらにいたまず。さこそ貧しけれど、落ちぶれた

の笛の音の)やかましさに耐えられない隣の家が、次第に立ち去った後には、(周りに住む)人もいなくなってしまったが、全く気にしなかった。いくら貧しくても、落ちぶれた(者のするよ

る振る舞ひなどはせざりければ、さすがに人いやしむべき事なし。頼清聞き、あはれみて使ひやりて、「などかは何事ものたまは

うな卑しい)振る舞いなどはしなかったので、そうはいってもやはり人が軽蔑することはなかった。頼清が(この永秀法師のことを)聞いて、同情して使いの者をやって、「どうして何もおっ

せぬ。かやうに侍れば、(3)さらぬ人だに、事にふれてさのみこそ申し承る事にて侍れ。(4)うとくおぼすべからず。便りあらん事は、

しゃらないのですか。(私は)こうして(八幡の別当をして)いますので、そうでない(=縁もゆかりもない)人でさえ、何かにつけてご依頼がございますのに。(私を)よそよそしくお思い

憚らずのたまはせよ」といはせたりければ、「返す返す、かしこまり侍り。年来も申さばやと思ひながら、身のあやしさに、かつ

くださいますな。頼りにするようなときは、遠慮なくおっしゃってください」と(使いの者を通して)言わせたところ、「重ね重ね、恐縮いたします。数年来申し上げたいと思いながら、わが

は恐れ、かつは憚りてまかり過ぎ侍るなり。深く望み申すべき事侍り。すみやかに参りて申し侍るべし」といふ。「何事にか、よ

身の卑しさを思い、一方では恐縮し、一方では遠慮して(日を)過ごしてまいりました。(実は)切にお願い申し上げたいことがございます。すぐに参上して申し上げるつもりです」と(手紙

しなき情をかけて、(5)うるさき事やいひかけられん」と(イ)思へど、「彼の身のほどには、いかばかりの事かあらん」と(6)思ひあなづ

で)言う。「何事であろうか、つまらない同情をして、面倒なことでも言いかけられるのだろうか」と思うが、「彼の生活程度では、どれほどのことがあろうか」と高をくくって過ごすうちに、

りて過す程に、ある片夕暮れに出で来たれり。則ち出で合ひて、「何事に」など(ロ)いふ。「あさからぬ所望侍るを、思ひ給へてまか

ある(日の)夕暮れ近くに(永秀が)やって来た。すぐに面会して、「何のご用ですか」などと言う。「浅くない望みがありますのを、思いまして過ご

り過ぎ侍りし程に、(7)一日の仰せを悦びて、**左右なく**参りて侍る」といふ。「疑ひなく、所知など望むべきなめり」と思ひて、

しておりましたところ、先日のお言葉を喜んで、**ためらわず**参上しました」と言う。「(これは)疑いなく、領地などを望むのに違いないようだ」と思って、

これを尋ぬれば、「筑紫に御領多く侍れば、漢竹の笛の、事よろしく侍らん一つ召して給はらん。これ、身に取りてきはまれる望

望みを尋ねると、「筑紫にあなたの領地が多くございますから、(そちらの)漢竹の笛で、よい出来のものを一つお取り寄せになっていただきたいのです。これが、私にとって最高

みにて侍れど、**あやし**の身には得がたき物にて、年来えまうけ侍らず」といふ。

の望みでございますが、(私のような)**卑しい**身には手に入れるのが難しいものでございまして、長年入手できません」と言う。

(8)思ひの外に、いと**あはれに**(ハ)覚えて、「いといと**やすき**事にこそ。すみやかに尋ねて、(9)奉るべし。その外、御用ならん事は侍

意外なことで、たいそう**しみじみと**思われて、「(それは)たいそう**たやすい**ことです。早速探し求めて、差し上げましょう。そのほか、ご入用であるようなものは

らずや。月日を送り給ふらん事も心にくからずこそ侍るに、さやうの事も、(10)などかは承らざらん」といへば、「御志はかしこま

ございませんか。月日をお送りなさるような(日常生活にかかわる)ことも困っているようですが、そのようなことも、どうしてお引き受けしないことがありましょうか」と言うと、「お気持

り侍り。されど、それは事欠け侍らず。二三月に、かく帷一つまうけつれば、十月までは、さらに望むところなし。又、朝夕の事は、

ちはありがたく存じます。しかし、そうしたことに関しては何の不足もございません。二月か三月に、このようにひとえの着物を一枚用意したので、十月までは、(それ以上)全く望むことも

おのづからあるに任せつつ、とてもかくても過ぎ侍り」と(ニ)いふ。

ありません。また、朝夕の食べ物は、成り行きにまかせて、どうにかこうにか過ごしております」と言う。

「げに、**すきもの**にこそ」と、あはれに**ありがたく**覚えて、笛いそぎ尋ねつつ送りけり。

「なるほど、**風流人**であることよ」と、(頼清は)しみじみと**めったにない**(すばらしい)ことに思われて、笛を急いで探し求めて(永秀に)送った。

13

随筆

方丈記《ほうじょうき》

▼問題編52頁

読解のポイント

解答

問一 d（7点）
問二 e（7点）
問三 a（7点）
問四 c（7点）
問五 d（7点）
問六 e（7点）
問七 Ⅰc Ⅱd（4点×2）

満点
50
安全点
40
目標点
32

得点

作品の解説

『方丈記』の一節。

『方丈記』は、鎌倉時代前期の建暦《けんりゃく》二年（一二一二年）に成立。作者は、鴨長明《かものちょうめい》。五十歳頃に出家した作者が後に住んだ「方丈の庵《いおり》」で著した随筆。無常観を基調としており、洗練された和漢混交文で書かれている。前半は、安元《あんげん》の大火、治承《じしょう》の辻風《つじかぜ》、福原《ふくはら》遷都、養和《ようわ》の大飢饉《ききん》、元暦《げんりゃく》の大地震という、自身の体験した五つの厄災について臨場感あふれる筆致で描く。この体験が無常観へとつながっている。後半は、これまでの生涯を振り返り、方丈の庵における閑寂な暮らしについて語る。そして、庵での生活をよしとしながらも、それに執着することの是非を自らに問いかけて作品を結んでいる。「三大随筆」の一つ。鴨長明には、『方丈記』のほかに歌論書『無名抄《むみょうしょう》』、仏教説話集『発心集《ほっしんしゅう》』などの著作もある。

設問の解説

問一 単語★

「あからさま」は「あからさまなり形動」の語幹用法で、〈ほんのちょっと・ほんの少しの間〉等の意味なので、正解はd。重要語なので覚えましょう。

解答 d

問二 単語★★

「まして副」は「AましてB」の形で「AならばBになるのは当然だ、言うまでもない」という意味です。正解のe「いはむや」は漢文に頻出で「況や」と書き、同じ意味〈～は当然で言うまでもない〉となります。ほかの選択肢a「ひとへに」〈ひたすらに〉、b「ことさらに」〈わざわざ〉、c「かつは」〈一方では〉、d「たとひ」〈もし・かりに〉も重要語です。入試本番までに十分に身につきます。覚えておきましょう。

解答 e

問三 解釈★

指示語を追う問題です。前に「やむごとなき人のかくれ給へるもあまた聞ゆ。まして その数ならぬたぐひ、尽して」とあり、「まして」の前後で対比されています。「高貴な人でお亡くなりになった人も大勢と聞く。言うまでもなくとるに足りない人たちすべての『これ』を知ることはできない」と訳せますから、「これ」が指すのは「亡くなった人の数」と考えられます。「かくる」は「亡くなる」という意味の重要語で、類義語に「はかなくなる」「むなしくなる」「けぶりとなる」「いたづらになる」等がありますから、まとめて覚えておきましょう。

解答 a

問四 解釈(比喩)★

比喩が何を表すか、本文から探してみましょう。

本文に「やどかりが『小さき貝』を好むのは『事』を知るからだ」とあり、「事」が何かを追うと、「ただ仮の庵のみ……不足なし」を指すとわかりますから、「仮の庵」が正解候補になります。「荒磯」は荒波の打ち寄せる海岸で、これもさびしい住まいの比喩と考えられるので、やはり筆者の「仮の庵」を表すと考えてよいでしょう。

解答 c

問五 解釈★

何を「むすぶ」のかを追っていくと、直前の指示語の「これ」は8行目の「すみか」だとわかります。選択肢の中で「すみか」と言えるのはd「庵」ですから、これが正解です。「むすぶ」には〈組んで作る〉の意味がありますが、難しいと思うので、ここは文脈から判断しましょう。

解答 d

問六 解釈★★

「しかじ」は、「しく」〈同じだ〉の打消で、〈～に及ばない・～のほうがよい〉という意味になります。よって傍線部⑦を直訳すると「糸竹花月を友としようとするのには及ばない」となりますから、eが選べます。

解答 e

☞古典文法編98頁「25助動詞　ごとし」

問七 文学史★

『方丈記』のジャンルは随筆で、作者鴨長明は頻出です。Ⅱの選択肢の人物の代表的な作品を紹介しますので、覚えましょう。

a 藤原道綱の母《ふじわらのみちつなのはは》―『蜻蛉日記《かげろうにっき》』
b 兼好《けんこう》法師―『徒然草《つれづれぐさ》』
c 阿仏尼《あぶつに》―『十六夜日記《いざよいにっき》』
e 松尾芭蕉《まつおばしょう》―『おくのほそ道《みち》』

解答 Ⅰ c　Ⅱ d

ふりかえり

今回は比喩表現が出てきましたが、基本事項も多かったので、得点はしやすかったでしょうか。

単語や文法で一発でいけるのも多いし、近くにヒントが書いてあるのも多かったから、けっこういけた！

調子にのるな。ちなみに何点だったの？

35点！

まだまだな。

むかつく――！　文学史まだやってなかったんだもん。

ほかはどこを間違えましたか？

問四ミスった!!　★なのに…比喩むずい。

比喩は慣れていきましょう。問題集を何度も解いて理解を深めましょう。基本ができてきたのはいいですね。がんばりましょうね。

そうだよね！　最後はこぶたんに勝つ！

いつでもかかってこい。

着目

比喩解釈はとにかく練習の積み重ね！　復習を決して怠らないこと！

現代語訳・重要古語・重要文法

おほかたこの所に住みはじめし時は①**あからさま**と思ひしか〔過去・已〕ども、今すでに五年を経たり〔完了・止〕。仮の庵も**ややふるさと**となりて、軒に朽葉ふかく、土居に苔むせり〔存続・止〕。**おのづから**ことの**たより**に都を聞けば、この山にこもりゐて後、**やむごとなき**人の〔同格〕**かくれ**給へるもあまた聞ゆ。②**まして**その数ならぬたぐひ、尽して③これを知るべから〔可能・未〕ず〔打消・止〕。たびたびの炎上にほろびたる家またいくそばくぞ。ただ仮の庵のみ**のどけく**しておそれなし。ほど狭しといへども、夜臥す床あり、昼ゐる座あり。一身を宿すに不足なし。寄居は④小さき貝を好む。これ事知れる〔存続・体〕によりてなり。みさごは⑤荒磯にゐる。すなはち人をおそるるがゆゑなり。われまた**かくのごとし**。事を知り、世を知れれ〔存続・已〕ば、願はず、わしらず、ただ静かなるを望みとし、**憂へ**無きを楽しみとす。

およそ（都を離れた）この場所に住み始めたときは、**ほんの少しの間**と思ったのだが、今はもう五年を経過してしまった。仮の庵も**次第に住み慣れた所**となって、軒には朽ち葉が厚く積もり、土台には苔《こけ》が生えている。**たまたま**何かの**ついで**に都（の様子）を聞くと、（私が）この日野山に隠れ入ってから後に、**高貴な**人でお**亡くなり**になった人も**大勢**おられるとのことである。**言うまでもなく**取るに足りない連中は、すべてこれ（＝亡くなった人の数）を知ることができない。度重なる火事で焼失した家もまたどれほどあったか（見当もつかない）。ただこの仮の庵だけは**平穏で**何の心配もない。狭いといっても、夜寝る床があり、昼座る場所もある。我が身一つを宿すのに不足はない。やどかりは小さい貝（に住むこと）を好む。これは（小さい貝のほうが安全だという）ことを知っているからである。みさごは荒磯《ありそ》に住み着いている。それは人（に近づくこと）を恐れるからである。私もまたやどかりやみさごと**同じだ**。（都に住むことが危ういという）ことを知り、世の中（が無常だということ）を知っているから、欲をおこさず、あくせくせず、ただ静かであることを望みとし、**心配事**のないのを楽しみとしている。

すべて世の人のすみかを作る**ならひ**、必ずしも事のためにせず。あるいは妻子眷属のために作り、あるいは親昵朋友のために作る。あるいは主君師匠および財宝牛馬のためにさへこれを作る。われ今、身のために⑥むすべり〔完了・止〕。人のために作らず。**ゆゑ**いかんとな

総じて世間の人が家を作る**やり方**は、かならずしも（我が身の安住という）一大事のためにするのではない。ある人は妻子や一族のために作り、ある人は親しい者や友人のために作る。ある人は主君や師匠、さらに財宝や牛馬のためにまで家を作る。私は今、自分のためにこの庵を作った。他人のために作ったのではない。**理由**はどんなことかと

れば、今の世のならひ、この身のありさま、ともなふべき〔適当・体〕人もなく、頼むべき奴もなし。たとひひろく作れり〔完了・止〕とも、誰を宿し、誰をか〔疑問(↓)〕据ゑん〔推量・体(↑)〕。それ、人の友とあるものは富めるをたふとみ、**ねむごろなる**を先とす。必ずしもなさけあると、すなほなるとをば愛せず。ただ⑦糸竹花月を友とせん〔意志・体〕にはしかじ〔打推・止〕。

いえば、今の世の状況や、我が身の状態では、生活をともにすべき家族もいないし、頼りにできる召使いもいない（からである）。たとえ（家を）広く作ったとしても、誰を泊まらせ、誰を住まわせようというのか。そもそも、（世間で）友人というと財産のある人を尊び、**愛想のよい**人とまず親しくなるのだ。かならずしも思いやりのある人や、正直な人を愛するわけではない。（それなら、友人など作らず）ともかく音楽や自然だけを友とするほうがましだろう。

大鏡《おおかがみ》

▼問題編56頁

読解のポイント

解答

問一 ⑤（7点）
問二 ④（7点）
問三 佐理（大弐）（7点）
問四 ②（7点）
問五 ③（7点）
問六 ⑤（8点）
問七 ⑤（7点）

満点
50
安全点
42
目標点
35

得点

作品の解説

『大鏡』（列伝　太政《だじょう》大臣実頼《さねより》）の一節。

『大鏡』は、平安時代後期の十二世紀初め頃までに成立したと考えられている。作者は未詳だが、歴史や仏教に造詣が深い男性貴族と推測される。文徳《もんとく》天皇が即位した嘉祥《かしょう》三年（八五〇年）から後一条《ごいちじょう》天皇の御代《みよ》である万寿《まんじゅ》二年（一〇二五年）までの出来事を描いた歴史物語。中国の歴史書『史記《しき》』にならった紀伝体（人物の歴史を中心とする形式）で、内容は、序、本紀（帝紀：文徳天皇から後一条天皇までの各天皇の伝記）、列伝（藤原冬嗣《ふじわらのふゆつぐ》から道長《みちなが》までの摂関大臣二十名の伝記）、藤氏物語（藤原氏の始祖・鎌足《かまたり》から道長の子・頼道《よりみち》までの藤原氏の繁栄の歴史）、雑々《くさぐさ》物語（昔物語：風流事や信仰に関わる内容）の五つに大きく分けられる。

　なかでも藤原道長に関する逸話が多い。物語は、一九〇歳の大宅《おおやけの》世継《よつぎ》、一八〇歳の夏山繁《なつやまのしげ》樹《き》という二老人が語る歴史を、三十歳ほどの若侍が批判や質問を加えながら聞くという形で進む。同じく歴史物語の『今鏡《いまかがみ》』『水鏡《みずかがみ》』『増鏡《ますかがみ》』と合わせて「四鏡《しきょう》」と呼ばれる。

設問の解説

問一 解釈★

「さる」の内容を探すと、直前に「神の御祟《たたり》」とありますから、「神の祟りを受けるべきこともない」と直訳でき、⑤が正解です。

解答 ⑤

問二 解釈★

「なべて副」は〔並べて〕と書き、〈ふつう・すべて〉等の意味があります。また「書かせむ」の「せ」は使役だと考えられますから、「ふつうの手に書かせるような」と直訳できます。よって「ふつう」と同義の「ありふれた」の④が選べます。

解答 ④

問三 解釈★★

「われ」というと〈私〉の意味が思い浮かびますが、〈お前・あなた〉という意味もあります。ここでは翁《おきな》の会話のなかで「われに書かせたてまつらむ」と謙譲語が使われていますから、「われ」は自分ではなく相手を指すと考えられます。ここでの会話の相手は佐理大弐《すけまさのだいに》ですから、佐理大弐を指すと推測できます。

解答 佐理（大弐）

☞古典文法編132頁「33敬語　謙譲語」

問四 解釈★

注や文脈から翁は大山祇《おおやまづみ》神社の神様だと推測できますから、②が選べます。なお、「かしこまる動〔畏まる〕」は、神のような大きな存在に対して恐れ敬ったり恐縮したりすることです。「かしこし形」〈こちらがかしこまるくらい相手がすばらしい・おそれおおい〉も頻出です。

解答 ②

問五 解釈★

「さらにもいはず」は〈言うまでもない〉の意味の重要語ですが、ここでは「何が」言うまでもないのかが問われています。**問三**でも触れられているように、翁は佐理に（神社の）額の字を書くことをお願いしていますから、③「書くことを決めたのは、言うまでもない」となります。

解答 ③

問六 解釈★★

指示語「これ」の内容が問われています。「これにぞ、いとど日本第一の御手のおぼえはとりたまへりし」とありますから、「これ」のおかげで「日本一の御手（＝書き手）の評判をおとりになった」と訳せます。本文には、三島の翁（神）にお願いされたいきさつが書かれていますから、⑤が正解です。

解答 ⑤

問七 文学史★★★

文学史を勉強していないと難しいかもしれません。三跡（三蹟）は、小野道風《おののみちかぜ》（野跡《やせき》）、藤原佐理（佐跡《させき》）、藤原行成《ゆきなり》（権跡《ごんせき》）の三名で平安時代中期に活躍した能書家です。ちなみに平安時代初期に活躍した能書家三名を「三筆《さんぴつ》」といいます。そちらは嵯峨《さが》天皇、空海《くうかい》（弘法大師《こうぼうだいし》）、橘逸勢《たちばなのはやなり》です。あわせて覚えておきましょう。

解答 ⑤

ふりかえり

今回は難関大の一つ、明治大学政治経済学部にチャレンジです！

力入った!! でも思ったよりがんばれたかも！

冷静に見ると基礎問題も多いよね。

そうなのです。難関大でも問題がすべて難しいとは限りません。★一つや二つレベルも多いですから、覚えるべきものを繰り返して、本文にも慣れて、コツコツ粘って得点しましょう。今回は内容を丁寧にとれば★の多い問題もいけますね。文学史は難しかったけれど。

そう思った！ 入試本番に向けてモチベーション上がったかも！

ちなみに文学史といえば、『大鏡』のジャンルは歴史物語といって、史実に基づいて物語風に描いたものです。歴史物語の作品として『栄花物語《えいがものがたり》』『今鏡』『水鏡』『増鏡』などがよく問われるので気をつけて！

メモメモ！

着目

基礎知識の問題と文脈判断でコツコツ得点しよう！ 難関大でも古文を得点源に！

現代語訳・重要古語・重要文法

敦敏の少将の子なり、佐理大弐、世の手書の上手。任はてて上られける**に**（接助）、伊予国のまへなる泊まりにて、日**いみじう**荒れ、海

敦敏《あつとし》の少将の子供である、佐理大弐は、この世のなかの書道が巧みな人。（大宰大弐の）任が終わって都へお上りになったときに、伊予国《いよのくに》の手前にある港で、天候が**ひどく**荒れ、海面

のおもてあしくて、風おそろしく吹きなどするを、少しなほりて出でむとしたまへば、また同じやうになりぬ。かくのみしつつ日
が悪くて、風が恐ろしく吹きなどするので、少し回復して船出しようとなさると、また同じようになった。このようにばかりしな

頃過ぐれば、いとあやしく思して、もの問ひたまへば、「神の御祟」とのみ言ふに、[1]さるべきこともなし。いかなることにかと、
がら幾日も過ぎるので、とても不思議にお思いになって、占ってもらいなさると、「神の御祟」とばかり言うが、そうであるはずのこともない（＝神の祟りを受けるようなおぼえもない）。ど

怖れたまひける夢に見えたまひけるやう、いみじうけだかきさましたる男のおはして、「この日の荒れて、日頃ここに経たまふは、
ういうことであるのだろうかと、恐れていらっしゃった夢にお見えになったことには、たいそう気高い様子をした男がいらっしゃって、「この天候が荒れて、幾日もここでお過ごしになるのは、

おのれがしはべることなり。よろづの社に額のかかりたるに、おのれがもとにしもなきがあしければ、かけむと思ふに、[2]なべて
私がすることです。すべての社に額がかかっているのに、私のもとに限ってないことが悪いので、かけようと思うが、ありふれた筆跡で書かせるとしたら不都合でござ

の手して書かせむがわろくはべれば、[3]われに書かせたてまつらむと思ふにより、この折ならではいつかはとて、とどめたてまつ
いますから、あなたに書かせ申し上げようと思うことにより、このときでなくてはいつ（書いていただけようか）と思って、お留め申し上げた

りたるなり」とのたまふに、「たれとか申す」と問ひ申したまへば、「この浦の三島にはべる翁なり」とのたまふに、夢のうちに
のである」とおっしゃるので、（大弐が）「（あなたは）誰と申し上げるのか」とお尋ね申し上げなさると、「この浦の三島におります翁《おきな》である」とおっしゃるので、夢のなかでもた

もいみじう[4]かしこまり申すと思すに、おどろきたまひて、また[5]さらにもいはず。
いそう恐れ謹み申し上げるとお思いになるが、お目ざめになって、また（恐れ謹んで、お受け申し上げることは）言うまでもない。

さて、伊与へわたりたまふに、多くの日荒れつる日ともなく、うらうらとなりて、そなたざまに追風吹きて、飛ぶがごとくまう
そうして、伊与へお渡りになると、何日もの間荒れた天候とも思われないくらい、うららかになって、そちらのほうに追風が吹いて、飛ぶように参り着きなさった。

で着きたまひぬ。湯度々浴み、いみじう潔斎して、清まはりて、昼の装束して、やがて神の御前にて書きたまふ。神司ども召し出
湯を度々浴び、念入りに心身を清め、清浄になって、束帯を身に付けて、そのまますぐに神の御前で（額を）お書きになる。神官たちを呼び出しな

副　形（打消）

だして打たせなど、よく法のごとくして帰りたまふに、つゆ怖るることなくて、すゑずゑの船にいたるまで、たひらかに上りたま

さって（額を社殿に）打たせ（て掲げさせ）るなど、しっかり作法通りにしてお帰りになると、まったく恐れることもなく、下々の船にいたるまで、無事に都にお上りになった。

完了・用　過去・止　強意（↓）　ラ変・已（↑）　婉曲・体　強意（↓省）

ひにき。わがすることを人間にほめ崇むる**だに**興あることにてこそあれ、まして神の御心に**さ**までほしく思しけむこそ、いかに

自分がすることを世間で褒め尊敬すること**だけでも**おもしろいことであるのに、ましてや神の御心に**そこ**までほしいとお思いになったとかいうことは、（佐理は）

過推・体　強意（↓）　完了・用　過去・体（↑）

御心おごりしたまひけむ。また、おほよそ 6 これにぞ、**いとど**日本第一の御手のおぼえはとりたまへりし。六波羅蜜寺の額も、こ

どれほど得意におなりになっただろう。また、およそこの一件で、**ますます**日本第一の御筆跡という評判をおとりになった。

六波羅蜜寺の額も、この大弐が

の大弐の書きたまへるなり。されば、かの三島の社の額と、この寺のとは同じ御手にはべり。

お書きになったのである。だから、あの三島の神社の額と、この寺の（額）とは同じ御筆跡でございます。

15

説話集

古今著聞集《ここんちょもんじゅう》

▼問題編60頁

読解のポイント

解答

問一 (1) 1　(2) 7　(3) 6（5点×3）

問二 4（8点）

問三 3（8点）

問四 2（9点）

問五 5（5点）

問六 3（5点）

満点
50
安全点
40
目標点
35

得点

作品の解説

『古今著聞集』巻七「嵯峨《さが》天皇、弘法大師《こうぼうだいし》と手跡を争ふ事」の全文。

『古今著聞集』は、鎌倉時代中期の建長《けんちょう》六年（一二五四年）に成立。編者は、橘成季《たちばなのなりすえ》。二十巻。平安時代中期頃から鎌倉時代初期の世俗説話約七〇〇話を、神祇《じんぎ》、釈教、政道忠臣など三十編に分類して年代順に並べた説話集。序文に『宇治大納言物語《うじだいなごんものがたり》』、『江談抄《ごうだんしょう》』（ともに平安時代後期の説話集）を継承するものだとあり、王朝貴族文化への強い憧れがうかがえる内容となっている。いっぽうで、笑い話を集めた編などには、貴族的とはいえない中世らしい人間も登場している。

設問の解説

問一 単語・文法★★

(1)「あまた」は動詞（「取り出《いだ》す」の未然形「取り出さ」）を修飾しているので1「副詞」です。〈たくさん〉の意味の重要語です。(2)「則ち」は「すなはち」と読み、〈すぐに・たちまち〉

の意味の副詞、〈そこで・つまり〉の意味の接続詞、〈そのとき〉の意味の名詞です。文脈からどの品詞か判断しましょう。前文で「書をはなしてご覧ください」と言われ「則ちはなちて御覧ずる」なので、正解は**7**「接続詞」で意味は〈そこで〉。(3)「ごとし」は**6**「助動詞」ですね。文法知識を用いる、文脈で判断するなど柔軟に対応しましょう。

解答 (1) 1　(2) 7　(3) 6

☞古典文法編20頁「2 品詞の分類」

問二 単語★★★

「はしたてても」とあることから、「立てるもの」と考え、「柱」「梯子《はしご》」までは絞れるでしょうか。「およぶべからず」から「梯子をたててもかなわない」と推測できれば正解できます。「柱」と迷う人が多いかもしれません。

解答 4

問三 人物特定★★

二人とも尊敬語が用いられているので、文脈で判断しましょう。**イ**の前の会話は不審に思った天皇の「いかでか……」で、それに答えているので、**イ**は「大師」だと考えられます。**ロ**は大師の発言を受けて「この時御信仰ありて(＝お信じになって)」というわけですから、「天皇」が入ります。**ハ**は大師の説明を聞いて「お恥じになってそれ以降筆跡争いをしなくなった」ので、これも「天皇」で**3**が正解です。

解答 3

問四 解釈★★

全体の話の流れがつかめていれば、容易に**2**を選ぶことができます。そのほかの選択肢も確認してみましょう。

1「筆の勢いが違って到底かなわないと悟った」が誤りです。空海は、中国と日本で筆跡を変えており、そのことに天皇は恥じ入ったのです。

3「天皇は……筆勢が異なると気づいた」が誤りです。空海の指摘により判明しました。

4 たしかに日本と中国の書き方は異なりますが、「真の書家になれると……学んだ」とまでは本文に示されていないので、誤りです。

5「たとえ無名の書家の手本でも」が誤りです。

6 本文に一切記述がなく、すべて誤りです。

解答 2

問五 文学史★

『古今著聞集』の編者は**5**「橘成季」。そのほかの選択肢と重要な作品を挙げておきます。この機会に覚えてしまいましょう。

1 西行《さいぎょう》―『山家集《さんかしゅう》』
2 慈円《じえん》―『愚管抄《ぐかんしょう》』
3 鴨長明《かものちょうめい》―『方丈記《ほうじょうき》』『発心集《ほっしんしゅう》』『無名抄《むみょうしょう》』
6 北畠親房《きたばたけちかふさ》―『神皇正統記《じんのうしょうとうき》』

解答 5

問六 文学史★

『古今著聞集』の成立は一二五四年の鎌倉時代中期です。

解答 3

ふりかえり

『古今著聞集』です！ 5講『宇治拾遺物語《うじしゅういものがたり》』、12講『発心集』と同様、説話集ですね！

説話って何？

簡単にいうと昔話ですね。伝えたいテーマがあって、多くの人に伝わるように読みやすい内容が多いですよ。

へー。読みやすいのいいね。

それはそうと、今回は登場人物両方に尊敬語が使われていたので、人物特定が難しそうに見えたと思います。でも、「天皇に使う言葉」がわかると、実は簡単だったんですよ。「叡覧《えいらん》」の「叡」、「勅定《ちょくじょう》」の「勅」などは天皇（上皇）にだけ使う言葉ですし、「奏す」の目的語も天皇（上皇）になります。ほかには「行幸《ぎょうこう》《みゆき》（天皇がお出かけになる）」「竜顔（天皇のお顔）」なども知っておくといいでしょう。

メモメモ…たしかに知っていると人物がわかって楽かも。

そうそう。このあたりがわかると上級者ですよ。こういうヒント、大切にしましょうね。

着目

「奏す」「叡覧」など、敬意の対象が特定の語を覚えておこう。

現代語訳・重要古語・重要文法

嵯峨《さが》天皇と弘法大師《こうぼうだいし》とつねに御手跡をあらそはせ（尊敬・用）給ひ（補八四・用）けり。或る時、御手本を(1)**あまた**取り出させ給ひて、大師に見せまゐらせ

嵯峨天皇と弘法大師とはいつも書のご筆跡（の巧拙）を争いなさっていた。あるとき、（天皇が）お手本を**たくさん**取り出しなさって、大師に見せてさし上げなさった。

尊敬・用
られけり。その中に殊勝の一巻ありけるを、天皇仰せごとありけるは、「これは唐人の**手跡**なり。その名を知らず。いかにもかくは**学び**がたし。**めでたき**重宝なり」と、頻りに御秘蔵ありけるを、大師よくよくいはせまゐらせて後、「これは空海がつかうまつりて候ふものを」と**奏せ**させ給ひたりければ、天皇さらに御信用なし。（副・形（打消））大きに御不審ありて、「いかでかさる事あらん。（反語（↓）・推量・体（↑））当時書かるる様に、はなはだ異するなり。はしたててもおよぶべからず」（可能・未）と**勅定**ありければ、大師、「御不審まことにその謂候ふ。軸をはなちてあはせ目を**叡覧**候ふべし」（命令・止）と申させ給ひければ、(2)**則ち**はなちて御覧ずるに、「その年その日、青龍寺においてこれを書す、沙門空海」と記せられたり。天皇この時御信仰ありて、「誠に我にはまさられたりけり。それにとりて、いかにかく当時のいきほひにはふつとかはりたるぞ」と尋ね仰せられければ、「その事は国によりて書きかへて候ふなり。唐土は大国なれば、所に相応していきほひかくの(3)ごとし。日本は小国なれば、それにしたがひて当時のやうをつかうまつり候ふなり」と申させ給ひければ、天皇おほきに恥ぢさせ給ひて、そののちは御手跡あらそひなかりけり。

そのなかに特にすぐれた筆跡が一巻あったのを、天皇がおっしゃったことは、「これは中国人の**手によるもの**だ。その名を知らない。どうしてもこのようには**真似**できない。**すばらしい**宝である」と、たいそう大切にお持ちになっていたので、大師は天皇にじゅうぶんに（賛辞を）言わせてさし上げてから、「これは空海（＝私）がお書きしたものですが」と**申し上げ**なさったところ、天皇はまったく信用なさらない。大いにご不審にお思いで、「どうしてそのようなことがあるだろうか、いや、あろうはずがない。現在書いておられる筆跡と、たいそう違っている。梯子を立てても及ぶものではないだろう」と**お言葉**があったので、大師は、「ご不審はまことにもっともでございます。軸を紙からはなして合わせ目を**ご覧**くださいませ」と申し上げなさったので、**そこで**はなしてご覧になったところ、「その年その日、青龍寺においてこれを書す、沙門空海」と記されていた。天皇はこのときお信じになって、「ほんとうに私よりもすぐれていらっしゃる。それにしても、どうしてこのように当時の筆勢とは完全に変わってしまったのか」とおたずねになったので、「そのことは国によって書きかえるものでございます。中国は大国ですから、所にふさわしく筆の勢いもこのようでございます。日本は小国ですから、それにしたがって現在の書き方をいたしているのです」と申し上げなさったので、天皇は大いに恥じ入りなさって、その後ご筆跡争いはなかった。

16

物語

とりかへばや物語《ものがたり》

▼問題編64頁

読解のポイント

解答

問一 C（4点）
問二 A（6点）
問三 B（4点）
問四 D（6点）
問五 E（6点）
問六 A（4点）
問七 B（4点）
問八 B（6点）
問九 C（6点）
問十 E（4点）

満点	安全点	目標点
50	40	36

得点

作品の解説

『とりかへばや物語』巻一の一節。

『とりかへばや物語』は、平安時代後期の十一世紀後半頃に成立。作者未詳。三巻または四巻からなる。作り物語（事実に基づかない物語）。主人公は、ある大納言の異腹の兄妹。兄は女性的、妹は男性的な性格だったため、父大納言は二人を「とりかへばや（取りかえたい）」と考え、兄を女性、妹を男性として育てた。成人した二人はそれぞれ宮中に出仕し、さまざまな出来事を乗り越えてやがて本来の性別の姿にもどり、幸福な結末を迎える。社会における男女のあり方・規範を主題とした作品といえる。

設問の解説

問一 解釈★

若君はあさましうもの恥ぢをのみしたまひて、ア女房などにだに、すこし御前遠きには見えたまふこともなく

若君は情けないことに物怖じばかりして、女房にさえ、御前近くにいない者には姿を見せず、

「だに副助」〈～さえ・せめて～だけでも〉、「たまふ補動」に着目しましょう。「たまふ」の後に「こと」がついていますので連体形ですから、この「たまふ」は四段活用、尊敬の意味になることがわかります（下二段活用だと謙譲の意味でしたね！）。「だに」の訳が出ているのがA～C、「たまふ」を尊敬で訳しているのがB～Eで、BとCが残るので、「お見えになる」のか「お見せになる」のかで判断します。若君は「もの恥ぢ」をなさっているのですから、「お見せになる」のほうがよいでしょう。ちなみに「見ゆ」には〈見る〉以外にも〈会う・姿を見せる〉等の意味があります。 解答 C

☞古典文法編110頁「28助詞 副助詞」、130頁「32敬語 尊敬語」

問二 人物特定★★

主語の判別は一般的に①**敬語**、②**文脈**で判断していくといいでしょう。今回は尊敬語がついているものばかりですから、文脈から判断します。**a**は「さるべきことどもなど教へきこえたまへど」と、「男性に必要な教養などを教えて（注に訳があります）」いる人ですから、「父殿」と考えてよいでしょう。**b**は**a**の「父殿」をうけて「ただいと恥づかしとのみ思《おぼ》して……貝覆《おほ》ひなどしたまふ」わけですから、「若君」です。**c**は几帳《きちょう》に隠れて恥ずかしがっているわけですから、これも「若君」でよいでしょう。この時点で選択肢Aしか残りません。 解答 A

問三 文法・解釈★

「さる」は「さ（指示語）＋ある」から成立したと言われていて、同様に「さらぬ連体」は「さ＋あらぬ」から転じた〈そうではない・それ以外の〉の意味の重要語です。よって正解はB。C、Dの「去らぬ」の訳にすると文脈上おかしくなり、Eは「『女房』を省略」が誤り。 解答 B

問四 単語★★

「さがなし形」は「性無し」と漢字を当て、意味は〈性格が悪い・口が悪い・やんちゃだ〉等。選択肢にすべてあるので、ここでは文脈を考えましょう。7行目に「外《と》にのみつとおはして（＝外にばかりいらっしゃって）」とありますから、ここは「やんちゃだ」の意味が適切です。 解答 D

問五 解釈★★

「をさをさ副―打消」は〈ほとんど～ない〉と訳し、「ものす」はさまざまな動詞の代わりとなるので、文脈から訳を考えます。ここでは「さがなし」「外にのみつとおはして」など前後の情報から「ほとんど（屋敷の）なかにもいらっしゃらず」と解釈するのがよいでしょう。満たしている選択肢はEです。 解答 E

問六 解釈★

「めづ〔動〕」は「愛づ」と書き〈ほめる・かわいがる〉等の意味です。「うつくし〔形〕」は〈かわいらしい〉の意で入試頻出です。ここでは「うつくしむ」と動詞ですが、音から「かわいがる」と類推できます。そこに謙譲の補助動詞「きこゆ」がついているので、「褒めてはおかわいがり申し上げて」のAと判断できます。

解答 A

問七 文法★

「え制しきこえたまは」と呼応の副詞「え」がありますから、打消と接続する必要があります。また、「たまは」の後なので未然形接続の語、「ば〔接助〕」の前なので未然形or已然《いぜん》形が入ります。該当するのは「ね」（打消の「ず〔助動〕」の已然形）です。

解答 B

☞古典文法編162頁「41呼応の副詞」

問八 解釈★★

指示語「さ」が何を指すかと、使役の助動詞「せ」に気づいたかがポイントです。「さ」の直前に「ただ若君とのみ思ひて」とありますから、「さ」は「ただ若君とのみ」を指すと考えられます。「せ」は使役〈〜させる〉ですから、この二つを満たす選択肢はAとBです。「皆に思わせた」のはこの文を含む一文のはじめに示された主語、「殿」＝父殿と判断でき、正解はBです。

解答 B

問九 文法★★

「ばや」は未然形につく終助詞で〈〜したい〉の意味があります。「未然形＋ば〔接助〕＋や〔係助〕」との判別が難しいですが、意味を代入して考えましょう。ここで終助詞（言い切り）かつ〈〜したい〉と訳せるのはCとなります。参考までに各選択肢の訳例を99ページに挙げておきましたので確認してください。

解答 C

☞古典文法編108頁「27助詞　接続助詞」、112頁「29助詞　終助詞」

問十 文学史★

『とりかへばや物語』は事実に基づかない「作り物語」ですね。それと同じジャンルの作品はEの『夜《よる》の寝覚《ねざめ》』。そのほかの作品のジャンルは次の通り。

A　『栄花物語《えいがものがたり》』―歴史物語
B　『大和物語《やまとものがたり》』―歌物語
C　『保元物語《ほうげんものがたり》』―軍記物語
D　『とはずがたり』―日記

解答 E

ふりかえり

今回は『とりかへばや物語』です！

どんな話か知ってますか？

知らない…。

よく読めましたね…。

文法と前後を推測してとれそうな問題だけ…。

息子（若君）が女の子っぽくて、娘（姫君）が男の子っぽくて、父が「とりかへばや（取りかえたい）」と思う話だから「とりかへばや」。

おお！　知ってたらだいぶわかるじゃん!!

そうですね。おおまかな流れを知っていると有利なものもありますから、文学史の勉強もしておきましょう。

着目

話の大筋をおさえると有利なので、文学史も一通り勉強しておこう！

現代語訳・重要古語・重要文法

いづれも**やうやう**大人びたまふままに、若君は**あさましう**もの恥ぢをのみしたまひて、ア女房などに**だに**、すこし御前遠きには

どちらの御子様も**次第に**成長なさるにつれて、若君は**あきれるほど**人見知りをなさるばかりで、侍女などに**さえ**、あまりなじみのない者にはお顔をお見

見えたまふこともなく、父殿をも**うとく**恥づかしく**のみ**思して、やうやう御文習はし、**さるべき**ことどもなど a教へ**きこえたま**へど、

せになることもなく、父君に対しても**よそよそしく**恥ずかしいと**ばかり**お思いになっていて、（父君は）次第に漢籍を学ばせ、**ふさわしい**こと（男性に必要な教養）などを**お教え**

思しもかけず、ただいと恥づかしとのみ**思して**、御帳のうちにのみ埋もれ入りつつ、絵かき、雛遊び、貝覆ひなど bしたまふを、

申し上げなさるけれど、（若君は学ぶことを）お心にかけず、ただ本当に恥ずかしいとばかり**お思いになって**、御帳のなかにいつも隠れ入っては、絵を描き、人形遊び、貝覆いなどなさるのを、

殿はいとあさましきことに思しのたまはせて常に**さいなみ**たまへば、果て果ては涙をさへこぼして、あさましう**つつまし**とのみ思

父君はたいそうあきれかえることにお思いになり（そのように不満を）おっしゃっていつもお**叱り**になるので、（若君は）しまいには涙までこぼして、情けなく**気が引ける**とばかりお思いにな

しつつ、ただ母上、御乳母、イさらぬはむげに小さき童などにぞ見えたまふ。さらぬ女房などの、御前へも参れば、御几帳にcま

りながら、ただ母君、御乳母、それ以外はとても小さい召使いの女の子などにのみお会いになる。そうでない侍女などが、（若君の）御前に参上すると、御几帳に身を隠して、恥ずかしく困っ

つはれて恥づかしいみじとのみ思したるを、いとめづらかなることに思し嘆くに、また姫君は、今よりいとウさがなくて、エをさ

たことばかりお思いになっていらっしゃるのを、（父君は）本当に奇妙なことだとお嘆きになるが、いっぽう姫君は、今からひどくやんちゃで、すこしも部屋のなかにじっとしていらっしゃ

をさうちにもものしたまはず、外にのみつとおはして、若き男ども、童などと、鞠、小弓などをのみもて遊びたまふ。御出居にも、

らず、外にばかりずっといらっしゃって、若い男たちや、召使いの子供などと、鞠、小弓などでばかりお遊びになる。（客と対面する）お

人々参りて文作り笛吹き歌うたひなどするにも、走り出でたまひて、もろともに、人も教へきこえぬ琴笛の音もいみじう吹きたて

座敷でも、人々が参上して漢詩文を作り笛を吹き歌を朗詠なさるときにも、走り出ていらっしゃって、一緒に、人もお教え申し上げない琴や笛を音もすばらしく吹き立て弾き鳴らしなさ

弾き鳴らしたまふ。ものうち誦じ歌うたひなどしたまふを、参りたまふ殿上人、上達部などはオめでうつくしみきこえつつ、かた

る。（姫君が）詩を吟じ歌を朗詠などなさるのを、参上なさっている殿上人や、上達部などはほめてはおかわいがり申し上げ、いっぽうではお教え申し

へは教へたてまつりて、この御腹のをば姫君ときこえしは僻言なりけりなどぞ、皆思ひあへる。殿の見あひたまへる折こそ取りと

上げて、こちらの母君の御子を姫君と申し上げたのは間違いだったなどと、皆思い合った。父君が一緒に見ていらっしゃるときは（男子のよ

どめても隠したまへ、人々の参るには、殿の御装束などしたまふほど、まづ走り出でたまひてかく馴れ遊びたまへば、なかなかえ

うな振る舞いを）引きとどめても隠しなさるが、人々が参上すると、父君がお着物などお召しになっている間、（姫君は）まず走り出ていらっしゃってこのようにうちとけて遊んでいらっしゃ

制しきこえたまはねば、ただ若君とのみ思ひてもて興じうつくしみきこえあへるを、キさ思はせてのみものしたまふ。御心のう

るので、（父君も）とてもお止め申し上げなさることができないため、（人々が）ただ若君とばかり思っておもしろがっておかわいがり申し上げ合っているのを、（父君は）そのように思わせる

ちにぞ、いとあさましく、かへすがへす、クとりかへばやとd思されける。

ばかりでいらっしゃる。お心のなかでは、とても嘆かわしく、返す返すも、（二人の子供を）取りかえたいものだと思っていらっしゃるのだった。

〈問九の選択肢〉

A　心あてに折らばや折らむ初霜の置きまどはせる白菊の花　(『古今和歌集』)
もし手折るならば、あてずっぽうに折ってみようか。真っ白な初霜が降りて見分けがつかなくなっている白菊の花を。

B　思ひつつ寝ればや人の見えつらむ夢と知りせば覚めざらましを　(『古今和歌集』)
思いながら眠りについたので、あの人が夢に現れたのだろうか。もし夢とわかっていたなら(夢から)覚めなかったろうに。

C　梅の花たが袖ふれしにほひぞと春や昔の月に問はばや　(『新古今和歌集』)
梅の花の香りが袖からしている。いったい誰の袖が触れたというのだろう? 昔から変わらないあの春の月に尋ねてみたい。

D　夕されば蛍よりけに燃ゆれどもひかり見ねばや人のつれなき　(『古今和歌集』)
夕方になると、自分の思いは蛍より燃えているのに、光が見えないのか、あの人はそっけない。

E　なれゆくはうき世なればや須磨の海人の塩焼き衣まどほなるらん　(『新古今和歌集』)
馴れ親しむにつれて古びてしまうのが、この世の(男と女の)ならいだからでしょうか、須磨《すま》の海人《あま》の塩焼き衣のように、私とあなたの仲は間遠なのでしょう。

17

軍記物語

平家物語《へいけものがたり》

▼問題編70頁

読解のポイント

解答

問一　オ（5点）
問二　ア（6点）
問三　ア（6点）
問四　ウ（5点）
問五　ウ（6点）
問六　イ（6点）
問七　ウ（5点）
問八　ア（6点）
問九　エ（5点）

満点
50
安全点
40
目標点
35

得点

作品の解説

『平家物語』の一節。

『平家物語』は、古くは三巻ほどの内容であったらしいが、多くの人の手により増補されて、鎌倉時代の十三世紀中頃に、現在一般的に読まれている十二巻の形になったと考えられている。作者は、『徒然草《つれづれぐさ》』第二二六段に、信濃前司《しなののぜんじ》行長《ゆきなが》が作ったとあるが、諸説ある。内容は、平清盛《たいらのきよもり》を中心とする平家一門の興亡を描いた軍記物語。平家の繁栄から清盛の死までを描いた前半部と、平家一門が都を追われ滅亡するまでを描いた後半部に分けられる。文体は和漢混交文。擬音語・擬態語を豊富に用いて合戦の躍動感を表現するいっぽうで、情緒的な場面では和文体によって悲哀を表すなど、文体の使い分けが巧みである。古くは琵琶《びわ》法師が琵琶の伴奏に合わせて語る「平曲」という形で広く伝えられた。軍記物語の傑作として、文学的価値を認められ、後続の軍記物語だけでなく、謡曲、浄瑠璃《じょうるり》、歌舞伎などの芸能にも多くの影響を与えた。

設問の解説

問一 単語★

「辞す動」は漢文にも出てくる表現で、〈挨拶をして下がる・辞退する〉等の意味があります。現代でも「辞任」などの言葉で残っていますね。傍線部(1)を直訳すると「辞退申し上げることに及ばないで」ですから、**オ**が選べます。

解答 オ

問二 解釈★★

「んずる」が「むず」の連体形だと気づけたでしょうか。「むず」≒「む」で、ここは頼政《よりまさ》が思った内容で一人称ですから意志で訳して〈～よう〉となるわけです。直訳すると「弓と髻《もとどり》とは、すぐに切り捨てようとしたものを」となります。武士が弓を切るということは武士をやめる比喩でしょうし、髻を切る（＝髪を切る）というのは出家を指しますから、「出家しよう」となるわけです。**ア**が正解となります。

解答 ア

古典文法編56頁「12助動詞　む・むず」

問三 解釈★★

「ずは」が打消の順接の仮定条件〈もし～でないならば〉であることに注目すると、「源氏をお見捨てにならないならば」と直訳でき、八幡大菩薩《ぼさつ》に祈っている場面なので、主語は「八幡の神」とわかり、**ア**が正解です。

解答 ア

古典文法編108頁「27助詞　接続助詞」

問四 文法★

「射る」はヤ行上一段活用です。頻出ですから忘れた人はかならず覚えましょう。

解答 ウ

古典文法編24頁「4動詞　正格活用」

問五 解釈★

傍線部(5)直前に「射切つて」とあり、直後に「得たり」「矢叫びする」などとありますから、ここでは矢が当たった「手ごたえ」であると推測できます。よって、「手ごたえが感じられたので」と訳して**ウ**を選びます。

解答 ウ

問六 解釈★★

太上天皇からの褒美を取り次ぐ役の左大臣は、頼政に「連歌をしかけ」る前に「やすらひて」いるわけですから、休んでいるというわけではなさそうです。「考えて」いると思われるので、「たたずんで」の**イ**が最も適しているでしょう。ちなみに「やすらふ動〔休らふ〕」は〈休む・たたずむ・ためらう・しばらく滞在する〉など「休んでいる」を広くとらえたような意味です。

解答 イ

問七 文法★

「聞こしめす」は尊敬語ですね。尊敬語は主語への敬意を表しますから、ここでは主語の左大臣への敬意です。

☞古典文法編130頁「32敬語　尊敬語」

解答 ウ

問八 解釈★★★

和歌を繰り返して詠じたのち、「『……今の頼政は……』とぞ、ほめたりける」とありますから、ほめていることがわかります。何を「あらはせ」ば、ほめることになるでしょうか。選択肢を見ると、「名」ならば「名誉を示した」となり、ほめることになるとわかります。

解答 ア

問九 文学史★

『平家物語』は軍記物語として有名です。軍記物語にはほかに『太平記《たいへいき》』『曾我物語《そがものがたり》』などがあります。頻出ですので覚えておきましょう。

解答 エ

ふりかえり

今回は『平家物語』にチャレンジです！

先生！　よくわかんないけど読みにくい!!

漢文訓読体だからだろ。

でた！　かんぶんくんどくたい（泣）。古文じゃないみたい…。

古文ど真ん中です。

まあまあ。漢文訓読体は慣れないと読みにくく感じるかもしれません。ほかにも『竹取物語《たけとりものがたり》』や『土佐日記《とさにっき》』、江戸時代の武士の文章など（「候ふ」が多い）は苦手という人が多いですね。でも、問題は基礎的な内容のはずですから、本文にさえ慣れればかならず解けますよ。

たしかに解説読むと納得できる所も多いです…。

じゃあ嘆くよりやったほうが早くない？　てか、問一、四、五、七、九とか基本だから取れるし、問二、三も文法で習ったことでは？

うう…。そうだけど…。

「できた所が増えたら自分をほめる」の精神で三回繰り返してみてください。十分得点できるはずですよ。

たしかにできそうな所多いし、ポジティブにやります！

着目

本文が読みにくくても恐れるな！　基礎知識を駆使して、得点できる所から取り組もう！

現代語訳・重要古語・重要文法

鳥羽院の御時、鵼と申す化鳥が竹の御坪に鳴くこと、たび重なりければ、天聴をおどろかし**たてまつる**。公卿詮議あつて、武士

鳥羽院の御代、鵼《ぬえ》と申します怪鳥が宮中の中庭で鳴くことが、度重なったので、上皇を驚かせ**申し上げる**。公卿の会議が開かれて、武士に**命**

に**仰せ**て射るべきに定まりて、頼政を召して、「仕れ」と、仰せくださる。昔より、内裏を守護して奉公しける間、(1)**辞し**申すに

じて射るのがよいと決まって、頼政をお呼びになり、「退治せよ」とご命令が下った。昔から、内裏を守護して奉公していたので、お**断り**申し上げることもできない

及ばず、「かしこまりて承りさうらひぬ」とて、仕るべきになりぬ。頼政思ひけるは、「今朝、八幡へ参りたりつるが、最後にてあ

で、「慎んでお受けいたしました」と言って、退治しなければならなくなった。頼政が思ったことは、「今朝、八幡に参ったのが、最後であった。

りけり。これを射外しつるものならば、(2)弓と髻とは、ただいま切り捨てんずるものを」とて、「八幡大菩薩、(3)源氏を捨てさせた

これを射はずしたものならば、弓と髻は、すぐさま切り捨てて（出家して）しまうつもりだが」と思って、「八幡大菩薩、源氏をお見捨てにならないのであれ

まはずは、弓矢にたちかけり守らせたまへ」と、祈誓して、重籐の弓に、鏑矢二筋取り**具し**て、竹の坪へ**参る**。見物の上下諸人、

ば、弓矢に力を添えてお守りください」と、祈願して、重籐《しげどう》の弓に、鏑矢《かぶらや》二本を取り**そろえ**て、宮中の中庭に**参上する**。見物の上下諸人が、瞬き

目もあへず見るほどに、夜更け、人しづまりて後、**例の**化鳥、二声ばかり訪れて、雲居はるかに飛び上がる。頼政押ししづめて、

もせずに見ているうちに、夜が更けて、人が寝静まった後で、**いつもの**怪鳥が、二回ほど鳴いて現れ、空高く飛び上がる。頼政は心を落ちつかせて、

一の矢に大きなる鏑をうちくはせて、よつ引きて、しばしかためて、ひやうど(4)**射**たり。大鳴りして、雲の上へあがりければ、化鳥、

最初の矢として鏑矢をつがえて、十分に引き絞って、しばらく狙いを定めて、ひゅうっと**射**た。（矢が）大きな音を立て、雲の上に上がっていったので、怪

鏑の音におどろきて、上へはあがらず、下へ違ひて飛び下がる。頼政これを見て、二の矢に小鏑を取りてつがひ、小引きに引きて

鳥は、鏑の音に驚いて、上には上がらず、下にすれ違って飛び下がる。頼政はこれを見て、二本目の矢として小さい鏑矢を取ってつがえて、小さく引いて狙いを定め、

差し当て、ひやうど射たり。ひふつと、真中を射切つて落としたり。(5)**手もとにこたへて覚えければ**、「得たり。おふ」と、矢叫びする。

ひゅうっと射た。ひゅう、ぐさっと、真ん中を射切って落とした。たしかな手応えがあったので、「しとめたぞ。おう」と、歓声を上げた。

太上天皇、御感のあまりに、御衣を一襲、**かづけ**させおはしますとて、御前の階をなからばかり下りたまふ。ころは五月の二十日あまりのことなる**に**〔接助〕、左大臣(6)**しばしやすらひて**、

太上天皇は、感心のあまりに、お召し物を一襲、お**与え**になるということで、御前の階段を半分ほど下りられる。ときは五月の二十日過ぎのことで、(取り次ぎの)左大臣はしばらく**立ち止まって**、

五月闇 **名** をあらはせる今宵かな

何も見えない五月の闇のなかで、あなたが武勇の名を現した今宵ですよ。

と、連歌をしかけられたりければ、御階に右の膝をつきて、左の袖を広げて、御衣を賜るとて、頼政、好むくちなれば、

と、連歌をお詠みかけになったので、階段に右の膝を付けて、左の袖を広げて、お召し物をいただくということで、頼政は、歌を好むので、

たそがれ時も過ぎ**ぬ**〔完了・止〕と思ふに

あれは誰かとわからないたそがれどきも過ぎたと思いますのに(、名を現しました)。

と**ぞ**〔強意(↓)〕、付けたり**ける**〔過去・体(↑)〕。左大臣これを(7)**聞こしめして**、あまりのおもしろさに、立ち帰らせたまはず、しばしやすらひて、

と、つけた。左大臣はこれを**お聞きになっ**て、あまりのおもしろさに、お帰りにならず、しばらくたたずんで、

五月闇 **名** をあらはせる今宵かなたそがれ時も過ぎぬと思ふに

何も見えない五月の闇のなかで、武勇の名を現した今宵ですよ。あれは誰かとわからないたそがれどきも過ぎたと思いますのに。

「昔の養由は、雲の外に雁を聞きて、寄る声を射る。今の頼政は、雨の中に鵺を得たり」

（そして、）「昔の養由《ようゆう》は、雲の上に雁の鳴き声を聞いて、寄ってきた声を射る。今の頼政は、雨のなかで鵺を射た」と、ほ

と、押し返し押し返し詠じたまひたりけり。

と繰り返し繰り返しお詠みになっていた。

強意（↓）　過去・体（↑）

とぞ、ほめたりける。

めた。

18
随筆
玉《たま》勝《かつ》間《ま》

▼問題編76頁

読解のポイント

解答

問一 イ③　ロ②　ハ①（5点×3）

問二 ③（7点）

問三 (例)「火揚命像」という絵が甲斐の国の酒折の宮の屋根の隙間で発見されたというのは、まったく根拠のないことであると言っている。（20点）

問四 ④（8点）

満点
50
安全点
40
目標点
30

得点

作品の解説

『玉勝間』巻八の一節。

『玉勝間』は、江戸時代後期の寛政《かんせい》七年（一七九五年）から文《ぶん》化《か》九年（一八一二年）にかけて刊行された。作者は、本居宣長《もとおりのりなが》。本居宣長は、医業を営むかたわら国学研究に注力し、『源氏物語《げんじものがたり》玉《たま》の小櫛《おぐし》』、『古事記伝《こじきでん》』ほか多数の著作がある。賀茂真淵《かものまぶち》を国学の師とする。『玉勝間』は、宣長が、起稿してから享和《きょうわ》元年（一八〇一年）に没するまで書き続けた随筆集である。十四巻、一〇〇五項目からなる。研究から得た知見や考証、思想信条を幅広い分野にわたって記したもので、宣長の人生観、学問観を知ることができる。

設問の解説

問一 単語★

イ「さらにもいはず」は〈それ以上言うまでもない・もちろんである〉という意味で、「さらなり」「いへばさらなり」「いふもさらなり」なども似た意味となります。まとめて覚えておきましょう。

ロ「つきづきし形（付き付きし）」は対象にぴったり付くイメージで、〈ぴったりだ・ふさわしい・似つかわしい〉などの意味を持つ重要語です。傍線部を直訳すると「ふさわしい感じに自分で作り出して」となりますから、②が選べます。

ハ「はやく副」は〈思った通り～だった・なんとまあ～・実は～だった〉などの意味で教科書レベルの語ではありません。そこで文脈的に考えてみると、直前に「しるし形」の連用形「しるく」があります。これは〈はっきりしている・予想通り〉という重要語なので、その流れから消去法的に①が正解だとわかります。

解答 イ③　ロ②　ハ①

問二 解釈★★

解釈問題はまず、重要な品詞を確認しましょう。

> なほ／いかに／ぞ／や（疑問）、／疑はしく／はた／おぼえ／しか／ば
> （しか：過去の助動詞「き」已然形＋ば）

疑問の「や」と「已然形＋ば」（～ので）に気をつけて直訳すると「やはりどうなのか、疑わしくそれでもやはり感じたので」となります。「ので」が訳せている①・③・④が残り、さらに「なほ」「はた」を訳出している③が選べます。

解答 ③

古典文法編108頁「27助詞　接続助詞」、114頁「30助詞　係助詞」

問三 解釈（内容説明）★★★

記述問題は嫌われがちですが、設問の指示に従って本文から必要な要素を探せば、思ったよりも得点しやすいものです。まずは設問の要求をチェックしましょう。「『さらにかたもなき事なり』について、何がどうであると言っているのか」とありますから、(1)**何が**、(2)**どうである**、という探し方が有効です。傍線部**2**を直訳すると「全く『かた』もない事である」となりますから、(2)は「かた」が何かを示すことがポイントになりそうです。本文から(1)を探してみましょう。

> さいつころ、(1)いにしへ甲斐の国の酒折の宮にして倭建の命の御歌の末をつぎたりし、火ともしの翁の図、）A「火揚命像」としるしたる物を、Bかの酒折の社の屋根の板のはざまより近き年出でたるなりとて、うつしたるを人の見せたる、……(2)さらにかたもなき事なり、といひおこせたりき。

段落の冒頭までもどって整理してみると、

(1) A：「火揚命像」という絵が、（5点）
B：甲斐の国の酒折の宮の屋根の隙間で発見されたというこ

と〈5点〉

となります。そうすると「かたもなし」は「根拠がない」「形跡がない」などと訳すのがよさそうです〈現代語でも「〜もかたなしだね」などと言うと、〈本来の価値がなくなる・台無し〉という意味ですね〉。よって

(2) C：「さらに副―なし」〈全く〜ない〉が訳されている〈5点〉

D：「かた」を「根拠」「形跡」などと訳している〈5点〉

以上を採点のポイントとします。

☞古典文法編162頁「41呼応の副詞」

解答 (例)「火揚命像」という絵が甲斐の国の酒折の宮の屋根の隙間で発見されたというのは、まったく根拠のないことであると言っている。

問四 解釈★★

傍線部3を直訳すると、「すべてこのような類のものは、今ではにわかには受け入れ難いことである」となります。「このような類のもの」が示すのは、本文冒頭の一文にある「古代を懐しむ風潮に乗じて偽物が出回っていること」ですから、最も近い内容の④が正解です。

解答 ④

ふりかえり

今回は近世の作品『玉勝間』です。設問は少ないですし、本文は読みやすいほうだと思いますが、なかなかやりがいのある設問でしたね。

記述つらい…。

弱音を吐いてはいけません。

解説でも書きましたが、かならず手がかりがあります。基本の単語、文法、設問の指示するものが本文の中にあるなど。解けない問題は出題されないのですから。

みんながができない問題だと試験になりませんからね。

たしかに。

まずは★と★★の問題をしっかり取るようにしましょう。あとは記述で部分点をコツコツ取る。

うん…。

練習すればできるようになるんだから、復習をきちんとしなさいよ。問三も部分点なら取れるでしょ。

そうですね（笑）。記述問題は最初食わず嫌いなだけで、慣れれば得点源ですよ。がんばりましょうね。

がんばるぞおおおお!!

着目

記述は配点が大きい場合があるので、あきらめずにわかる範囲で解答して、部分点を狙おう！

現代語訳・重要古語・重要文法

近きころは、いにしへを**しのぶともがら**世に多くして、何物にまれ（連語（係助＋ラ変・命））、古代の物としいへば、もてはや**しめづる**から、国々より、あるは古き社古き寺などに伝はり来たる物、あるは土の中より掘り出でなど、八百とせ千とせに久しくうづもれたりし物どもも、つぎつぎに現はれ出で来るたぐひ多し。さて、しか古くめづらしき物の出で来れば、その物はイ**さらにもいはず**、図をさへにうつして、つぎつぎ遠きさかひまでもうつし伝へてもてあそぶを、また世にはあやしく偽りする**烏滸**の者のありて、これはその国のその社にをさまれる物ぞ、その国のなにがしの山より掘り出でたる何の図ぞなど、古き物をも図をもロ**つきづきしく**おのれ造り出でて、人を惑はすたぐひもまた多きは、いといと**あぢきなく心うき**わざなり。

最近は、昔を**懐かしむ仲間**が世の中に多くて、何事にでもあれ、昔の物とさえ言えば、もてはやして**愛好する**ので、諸国より、ある場合は古い神社や古い寺などに伝わってきた物、ある場合は土の中から掘り出してきた物など、八百年千年という間久しく埋もれていた品々も、次々に現れ出てくる類が多い。そして、そのように古く珍しい物が出てくると、その物自体は**言うまでもなく**、図に写してまで、次々にはるか遠い所まで伝えて愛好しているが、また世のなかには怪しげに偽る**愚か**な者がいて、これはその国のその神社に納められていた物であるよ、その国の某山より掘り出してきたものの図であるよなどと言って、古い物も図も**それらしく**自分の手で創作して、人を惑わす連中もまた多いことは、たいそう**無意味で憂慮すべき**ことである。

さいつころ、いにしへ甲斐の国の酒折の宮に（格助）して倭建の命の御歌の末をつぎたりし、火ともしの翁の図、「火揚命像」としるしたる物を、かの酒折の社の屋根の板のはざまより近き年出でたるなりとて、うつしたるを人の見せたる、**げに**上つ代の人のしわざ

先ごろ、昔の甲斐《かい》の国の酒折の宮に伝わる倭建命《やまとたけるのみこと》の歌の後に歌を付けたという、御火焼《みひたき》の翁《おきな》の絵図で、「火揚命像《ひあげのみこと》」と記した物を、あの酒折の神社の屋根の板の間から近年出てきたものであると言って、写したものをある人が見せてくれたのが、**なるほど**上代の人の仕業のようで、

と見えて、そのさまいみじく古めきたりければ、めづらかにおぼえて、おのれもうつしおきたりしを、1なほいかにぞや、疑はし

その様子がたいそう古めいていたので、珍重すべきだと思われて、私も写していたのだが、やはり本物かどうか、疑わしいとそ

くはたおぼえしかば、かの国にその社近き里に弟子のあるが許へ、しかじかの物得たるはいかなるにか、と問ひにやりたりしもし

れでもやはり思われたので、その（甲斐の）国のその酒折神社に近い里に弟子がいたのでその弟子のもとに、「かくかくしかじかの物を手に入れたが（真偽のほどは）どうであろうか」

るく、ハはやくいつはりにて、すなはちかの社の神主飯田氏にも問ひしに、2さらにかたもなき事なり、といひおこせたりき。ま

と尋ねにやったが思った通り、案の定偽物で、すぐにその神社の神主の飯田氏にも問い合わせたところ、「まったく何の根拠もないことです」と言ってよこしてきた。ま

た同じころ、檜垣の嫗がみづから刻みたる小さき木の像の、肥後の国の、忘れたり、何とかいふところより、近く掘り出でたるう

た同じころ、檜垣《ひがき》の嫗《おうな》が自分で刻んだ小さな木像で、肥後の国の、地名は忘れたが、何とかいう所より、最近掘り出した像の写しといって、あちこちに写

つしとて、ここかしこにうつし伝へてひろまりたる、これはた、出でたるもとを尋ぬるに、確かなるやうには聞こゆれど、なほ心

し伝えて流布しているものは、これもまた、出てきた所を尋ねると、確かなようには聞こえるが、やはり納

得ぬことありて、疑はしくなむ。

得がいかないことがあって、疑わしく思われる。

3すべてかうやうのたぐひ、今はゆくりかにはうけがたきわざなり。心すべし。

総じてこのような類は、最近ではにわかには承認し難いことである。心すべきことである。

19

物語

堤《つつみ》中《ちゅう》納《な》言《ごん》物語《ものがたり》

▼問題編80頁

読解のポイント

解答

問一 3（6点）

問二 (例)厳しいもう一人の妻がいたのだろうか（10点）

問三 C1　D3　F2（6点×3）

問四 子（と）籠／火取（と）一人（6点×2）

問五 しか（4点）

満点	安全点	目標点	得点
50	40	32	

作品の解説

『堤中納言物語』「このついで」の一節。

『堤中納言物語』は、平安時代末期から鎌倉時代にかけて成立したと考えられている。「花桜折る少将」「このついで」「虫めづる姫君」「ほどほどの懸想《けそう》」「逢坂《おうさか》越えぬ権中納言」「貝合せ」「思はぬ方に泊りする少将」「はなだの女御」「はいずみ」「よしなしごと」の一〇編の短編と、一編の断章からなる短編物語集。「逢坂越えぬ権中納言」は小式部《こしきぶ》という女房が作者で、天喜《てんぎ》三年（一〇五五年）に成立したことがわかっている。その他の作品の作者、成立年は未詳。おおむね平安時代末期までに成立したとみられているが、「よしなしごと」のみ、鎌倉時代の成立とする説がある。また、短編集にまとめあげた編者も不明。人生の断面を巧みに切り取った作品が集められており、機知に富んだユニークな短編集となっている。

設問の解説

問一 人物特定★

ここでの登場人物は中宮と女房たち（この時点の固有名詞では中将の君と宰相の君）です。中宮を囲んでの会話で「退屈にお思いになって」というのですから、主語は中宮だと考えられますね。なお、「つれづれなり 形動」は〈退屈だ・暇だ・手持無沙汰だ〉などの意味の重要語ですから覚えておきましょう。

解答 3

問二 現代語訳★★

まずは傍線部の品詞分解をしてみましょう。

> 「きびしい」きびしき ／ 「片方？」片つ方 ／ 疑問・反語 や ／ 「ある」あり ／ 過去推量 けむ

直訳すると「きびしい『片方』がいたのだろうか」となりますが、この「片方」が何を指すのか文脈から見てみましょう。前を見ると「忍んで通う人が、かわいらしい子供が生まれたので、いとおしいと思い申し上げながら」とあり、「きびしい『片方』がいたのだろうか」、「（通いが）絶える間がありがちで……」と続きます。ここから「片方」は「もう一方の妻・もう片方の女性」などと推測できます。

〈採点のポイント〉

A：「片つ方」を「もう一方の妻」などと訳している（5点）

B：「や」を疑問で訳している（3点）

C：「けむ」を過去の推量で訳している（2点）

解答 (例) 厳しいもう一人の妻がいたのだろうか

☞古典文法編96頁「24助動詞 らむ・けむ」、114頁「30助詞 係助詞」

問三 人物特定★★

C 直前に「ほど経てたちよりたりしかば（＝児の父がしばらく経ってから立ち寄ったところ）」とあるので、「さびしげ」である可能性は児《ちご》も児の母もありますが、直後に「かきなでつつ」となでられていますから、子供である1「児」が正解です。

D 直前に「かき抱きて出でけるを」とあり、児の父が児を抱いて出ていこうとする場面だとわかります。ここで見送っているのは3「児の母」であると推測できるでしょう。

F Dの場面がわかれば簡単です。児を抱いていたのは父ですから、「かへし」たのも2「児の父」とわかります。

解答 C1 D3 F2

問四 和歌（掛詞）★★★

子供を連れていかれて一人残される場面なので、「一人」と「火取」は見つけやすいですね。「子」と「籠」はかなり難しいと思います。「籠」は「こ」とも読むので、「子」と掛詞になるのです。まずは「ひとり」を答えられるかがポイントです。

解答　子（と）籠／火取（と）一人

☞古典文法編150頁「37和歌の修辞法　掛詞」

問五　文法★

「ば」の前は未然形か已然形ですから、意味を当てはめて考えましょう。未然形だと仮定の意味になるので、「時間が経《た》って、**もし**立ちよった**としたら**、とてもさみしげで」となりますが、未来の仮定に過去を使うのは不自然ですね。いっぽう已然形だと確定条件になり「時間が経って立ち寄った**ところ**、とてもさみしげで」となり意味が通ります。已然形の「しか」を入れましょう。

解答　しか

☞古典文法編108頁「27助詞　接続助詞」

ふりかえり

今回は会話中に「お話」が入るというユニークな構成でしたね。ただ、合格ラインには★と★★の基礎問題が解ければ到達できるはずです。

先生、主語がわかりにくかったよ～（泣）

丁寧に読めばわかるダロ。

そうですね。前後から、誰が何をしているのかを丁寧に読み取る必要がありました。ただ、難しい単語があったわけではないので、丁寧に読めば解けるはずです。うまくいかなかった人は繰り返して読んでみてね。

さっそくもう一回やってみます！

着目

「会話文中の『お話』という構造に気がつくかがポイント！　主語や「　」を補ってわかりやすくしよう。

現代語訳・重要古語・重要文法

中将の君、

中将の君は、

「この御火取のついでに、**あはれ**と思ひて、人の〔主格〕語りしことこそ〔強意(↓)〕、思ひ出でられ〔自発・用〕はべれ〔補ラ変・已(↑)〕」

「このお火取の香炉をきっかけに、**しみじみと心に感じて**、(ある)人が語ったことが、自然と思い出されます」

とのたまへば、おとなだつ宰相の君、

とおっしゃると、年配で分別ありげな宰相の君が、

「何事にか〔疑問(↓)〕はべらむ〔推量・体(↑)〕。**つれづれに**(A)おぼしめされてはべるに、申させ〔尊敬・用〕たまへ〔補八四・命〕」

「どんなことでございましょうか。(中宮が)**退屈に**お思いになっていますから、申し上げなさいませ」

とそそのかせば、

と催促すると、

「さらばついたまはむとすや」とて、

「では(私の後に)続いて(話して)くださるのでしょうね」と言って(語り始める)、

「ある君達に、しのびて通ふ人や〔疑問(↓)〕ありけむ〔過推・体(↑)〕。いと**うつくしき**児さへ出できにければ、**あはれ**とは思ひきこえながら、(B)きびしき**片つ方**や〔疑問(↓)〕ありけむ〔過推・体(↑)〕、絶え間がちにてあるほどに、思ひも忘れず、**いみじう**慕ふがうつくしう、ときどきは、ある所に渡しなどする

「ある姫君に、忍んで通う人があったのだろうか。たいへん**かわいらしい**子供までできたので、**いとおしい**とお思い申し上げながら、厳しい**もう一人の妻**がいたのだろうか、(通うのが)途絶えがちになるうちに、(子供は父のことを)忘れずにいて、**たいそう**慕うのがかわいらしく、時々は、自分の住まいに連れて行ったりするの

接助

をも、『いま』なども言はでありしを、ほど経てたちよりたりし

（を、『早く(返してください)』とも(女は)言わなかったが、しばらく訪れが途絶えてから立ち寄ると、）

過去・已
しか ば、いと C さびしげにて、めづらしくや思ひけむ、かきなでつ
疑問(↑)　過去・推・体(↑)

（(子供は)とてもさびしげで、(父を)珍しく思ったのだろうか、(父は子の）

（頭)なでて見ていたが、とどまることができない用事があって出て行くと、『で）

副　打消・体
つ見ゐたりしを、え立ちとまらぬことありて出づるを、ならひにければ、例のいたう慕ふがあはれにおぼえて、しばし立ちどまりて、

（習慣になっていたので、いつものようにひどく慕うのがいとおしく思えて、しばらく立ち止まって、『で）

副
『さらば、いざよ』とて、かき抱きて出でけるを、いと心苦しげに D 見おくりて、前なる火取を手まさぐりにして、

（は、一緒に」と言って、抱いて出て行ったのを、(女は)たいへん苦しげに見送って、前にあった火取の香炉を手まさぐって、）

E
こだにかくあくがれ出でば薫物のひとりや いとど思ひこがれむ
疑問(↑)　推量・体(↑)

（子供まで、このように(あなたを)慕って出て行くならば、薫物の火取ではありませんが、私は一人でいっそう思い焦がれるでしょう。）

現推・体
と、しのびやかに言ふを、屏風のうしろにて聞きて、いみじうあはれにおぼえければ、児も、かへして F そのままになむ ぬられ
強意(↓)　尊敬・用

（(男は)屏風の後ろで聞いて、とてもいとおしく思ったので、子供も返して、そのまま(その夜は)お泊まりになった、とい）

完了・用 過去・体(↑)
に し
打推・止
と。『いかばかりあはれと思ふらむ』と、『おぼろけならじ』と言ひしかど、誰とも言はで、いみじく笑ひまぎらはして

（『(男は)どれほど(女を)いとおしく思ったのだろう』と、また、『並み一通りの仲ではないだろう』と言ったけれども、(その人は)誰のことだとも言わないで、大笑い）

完了・用 過去・已(↑)
に し か
強意(↓)
こそ 止みに しか。』

（してごまかしてしまった。』）

20
歌論
無《む》名《みょう》抄《しょう》

▼問題編84頁

読解のポイント

解答

問一 A（4点）

問二 B（5点）

問三 E（5点）

問四 (例) 俊頼朝臣が詠んだ歌に違いない（と心得て。）〈14字〉（10点）

問五 A（6点）

問六 ア A　イ B　ウ B　エ A　オ B（4点×5）

満点
50
安全点
40
目標点
28

得点

作品の解説

『無名抄』の「俊頼基俊《としよりもととし》いどむ事」「腰句手文字事」の全文。

『無名抄』は、鎌倉時代前期の建暦《けんりゃく》元年（一二一一年）頃に成立。作者は、鴨長明《かものちょうめい》。随筆風に記された歌論書である。約八十段からなる。和歌の技法や心得、和歌や歌人にまつわる説話、長明の和歌の師であった俊恵《しゅんえ》との思い出などが記されている。なかでも、藤原俊成《ふじわらのとしなり》の歌論において重要な用語であった「幽玄」について論じ、新たに定義した点などが注目される。鴨長明は、随筆『方丈《ほうじょう》記《き》』、仏教説話集『発心集《ほっしんしゅう》』などの著者でもある。

設問の解説

問一　文法★★

選択肢を見ると⑴は「尊敬」「受身」のどちらかですので、そこを検討しましょう。「人に～される」という文脈ではないので、⑴は「受身」でなく「尊敬」だと考えられます。とするとAかBになるので、⑺が「尊敬」か「受身」かということになります。⑺は「笑はれ」となっているので「自発」の可能性もありますが選択肢にありません。基俊《もととし》がやりこめられる様子を見ており、俊頼《としより》は笑われているのではなく、笑っているはずなので、「受身」ではなく「尊敬」と判断できます。Aが正解です。

解答 A

☞古典文法編46頁「9助動詞　る・らる」

問二 解釈★★

注をチェックすればヒントになります。「蚊虻《もんまう》」は「漢詩に暗い」と注がありますから、基俊が俊頼を「漢詩に暗く和歌の才能もない」と批判した発言に対して俊頼が反論しているわけです。反論を見てみると、「漢詩の名人が詠んだよい和歌はない。和歌の名人が作ったよい漢詩はない（だから漢詩が苦手な私が和歌がうまくてもよいではないか）」と意訳でき、Bが正解とわかります。

解答 B

問三 解釈★★

まず傍線部を品詞分解すると「明け／ぬ／とも」となります。「明く動」が下二段活用ですから、「明け」が未然形か連用形かわからず、「ぬ助動」が打消の「ず」の連体形か、完了の「ぬ」かで迷うところです。つまり「夜が明けないとしても」か「夜が明けたとしても」ということになります。後を見てみると、「なほ秋風のおとづれて野辺のけしきよ面《おも》がはりすな」（それでもなお秋風が来てくれて野辺の様子よ変わらないでくれ）とありますから、「秋のまま変わらないでくれ」ということです。「夜が明けないとしても変わらないでくれ」ではおかしいですから、「冬になる夜が明けたとしても変わらないでくれ」の完了の意味だろうと推定できます。よって「秋の最後の夜が明けてしまって、冬になっても」というEが選べます。

解答 E

問四 解釈★★

「さ」は指示語ですから、指示する内容を本文から探してみましょう。

> 雲居寺《うんごじ》の聖《ひじり》のもとにて、秋の暮れの心を、俊頼朝臣《あそん》、
>
> 　　明けぬとも……
>
> 名を隠したりけれど、これを『さよ』(4)と心得て、基俊いどむ人にて、難じていはく、

俊頼が名前を隠して詠んだが、この歌を「そうだよ」と思った。つまり俊頼の詠んだ和歌だと基俊は気がついたのです。これをまとめましょう。

〈採点のポイント〉

A：「和歌を詠んだのは（和歌の作者は）」という内容がある（5点）

B：「俊頼に違いない／俊頼だろう」という内容がある（5点）

解答 ㈲ 俊頼朝臣が詠んだ歌に違いない

問五 解釈★★★

ここの主語が琳賢《りんけん》であることに注意です。琳賢は、腰の句（第三句）に「て（で）」を据えた歌にはよいものはないと俊頼を非難した基俊の発言を受けて、反例を挙げ、そこで「で」の音を長々と詠み上げたわけです。選択肢が少し紛らわしいですが、Aが正解です。琳賢は自分が非難されたわけではないので敵意は持ちようがありません。B「揶揄《やゆ》」、D「嘲笑《ちょうしょう》」、E「皮肉」は基俊の意見に反する部分を長く詠じていることから読み取れます。それは一方的に非難されている俊頼へのC「同情」とも言えるでしょう。

解答 A

問六 解釈★★★

ア「口開かすべくもなく難ぜられければ、俊頼はともかくも言はざりけり」とあることから、合致します。

イ 琳賢は証歌を提示はしましたが、その過程で自信の有無や口ぶりについては書かれていません。

ウ 8行目の「いでいで、……あらじ」（さあさあ、お聞きしましょう。まさかよい歌ではないでしょう）と矛盾しますね。

エ 注より証歌は紀貫之《きのつらゆき》の歌とわかりますので本文に合致します。

オ 基俊は最終文で「色真青《まさを》になりて、ものも言はずうつぶきたりける」（真っ青になって、ものも言わずにうつむいた）とありますから、「頑固に」「認めなかった」とは言えないことになります。

解答 アA イB ウB エA オB

ふりかえり

今回は『無名抄』です！

問題！『無名抄』の作者は？

へへへ…知ってるよ！鴨長明！12講『発心集』、13講『方丈記』の著者でもあるよね。

おお！すごい!!

鴨長明の思想は○○観？ヒント：兼好《けんこう》法師もこの思想！

なんだっけ…。もこもこ感！

ぬいぐるみか!!

だって知らないし!!

…(笑)。おもしろいですね、二人とも。答えは「無常観」です。世の中は一定でないという考えですね。定期試験にも入試にもよく出ます。読者のみんなも覚えておきましょう。

無情と無常、間違えそう…。

だから「世の中が一定ではない」って言ってるダロ。「常」がなくて「無常」。

そっか！ 覚えやすいね。

着目

★★★の配点が大きいので、★と★★は確実に得点して、差をつけよう！

現代語訳・重要古語・重要文法

ある人いはく、「基俊は俊頼をば蚊虻の人とて、『さは言ふとも、駒の道行くにてこそあらめ』と言は(1)れければ、俊頼は返り聞きて、『(2)文時・朝綱詠みたる秀歌なし。躬恒・貫之作りたる秀句なし』とぞのたまひける」。

こそ　強意（↓）　あら　ラ変・未　め　推量・已（↑）　(1)れ　尊敬・用　ぞ　強意（↓）　ける　過去・体（↑）

ある人が言うことには、「基俊は俊頼のことを漢詩に暗い人であるとけなして、『歌人とは言っても、老いた馬が道をよく覚えているような（俊頼は経験だけで和歌を詠んでいる）ものだろう』とおっしゃったので、俊頼はそれを聞いて『（高名な漢詩人の）文時《ふみとき》・朝綱《あさつな》が詠んだ秀歌はない。（高名な歌人の）躬恒《みつね》・貫之《つらゆき》が作った優れた漢詩はない』とおっしゃった」（と言った）。

またいはく、「雲居寺の聖のもとにて、秋の暮れの心を、俊頼朝臣、

また次のように言う、「雲居寺の僧の瞻西《せんさい》が催した歌合において、秋の暮れの趣を、俊頼朝臣が（詠んだ歌）、

(3)明けぬともなほ秋風のおとづれて野辺のけしきよ面がはりすな

ぬ　完了・止

秋の最後の夜が明けてしまって（冬になって）も、やはり秋風は吹いてきて、野辺の秋景色よ、（荒涼たる冬景色に）変わってくれるなよ。

名を隠したりけれど、これを『(4)さよ』と心得て、基俊いどむ人にて、難じていはく、『いかにも歌は腰の句の末に、て文字据ゑつるに、**はかばかしき**ことなし。障へて**いみじう**聞きにくきものなり』と、口開かすべくもなく難ぜ(5)られければ、俊頼はともか

つる　完了・体　べく　可能・用　(5)られ　尊敬・用　けれ　過去・已

（歌の詠み手の）名を隠してあったけれども、この歌を『そうだ（俊頼朝臣が詠んだ歌だ）』と（基俊は）気づいて、基俊は競争心の強い人なので、（この歌を）非難して言うことには、『どうしても歌は第三句の末尾に、「て」の文字を置いてしまうと、**とりたててよい**ことはない。（歌の調子が）つっかえて**ひどく**聞きにくいものである』と、（相手が）反駁《はんばく》の口を開くことができな

くも言はざりけり。その座に伊勢の君琳賢がゐたりけるなむ〔強意（↓省）〕、『ことやうなる証歌こそ〔強意（↓）〕一つ覚え侍れ〔補ラ変・已（↑）〕』と言ひ出でたりければ、『い

いほど厳しく非難なさったので、俊頼はとやかく言わずにいた。その（歌合の）席に伊勢の君琳賢が座っていたが、（彼が）『一風変わった証拠となる歌を一首覚えております』と口に出した

でいで、うけたまはらむ〔意志・止〕。よも〔副〕ことよろしき歌にはあらじ〔打推・止〕』と言ふに、

ので、（基俊が）『さあさあ、お聞きしましょう。まさかよい歌ではないでしょう』と言うので、

桜散る木の下風は寒からで〔接助〕

桜の花の散る木の下を吹いてくる風は寒くなくて

と、はてのて文字を(6)ながながとながめたるに、色真青になりて、ものも言はずうつぶきたりける時に、俊頼朝臣はしのびに笑は

と、（琳賢が第三句の）最後の「で」の文字を長々と引いて詠み上げたので、（貫之の秀歌にも第三句に「て」を据えたものがあると知った基俊は）顔色が真っ青になって、何も言えずにうつ

(7)れ〔尊敬・用〕けり〔過去・止〕」。

むいていたときに、俊頼朝臣はこっそりとお笑いになった（ということだ）」。

太平記《たいへいき》

▼問題編88頁

読解のポイント

解答

問一 (1) 2 (2) 5 (3) 1 （5点×3）

問二 a 2 b 5 （5点×2）

問三 沙汰の理非 （6点）

問四 4 （5点）

問五 (例) 商人の元へ渡っても世の中から失われずにすんでいる〈24字〉（8点）

問六 3 （6点）

満点
50
安全点
40
目標点
35

得点

作品の解説

『太平記』巻三十八の一節。

『太平記』は、南北朝時代の十四世紀後半頃に成立したとされる。作者は、小島《こじま》法師とする説もあるが未詳。四十巻。後醍醐《ごだいご》天皇の即位から約五十年間の南北朝の動乱を描いた軍記物語である。内容は、後醍醐天皇の倒幕計画から鎌倉幕府滅亡までを描いた第一部（巻一～十一）、建武《けんむ》政権の成立から後醍醐天皇の死までを描いた第二部（巻十二～二十一）、後村上《ごむらかみ》天皇の即位から細川頼之《ほそかわよりゆき》が将軍補佐となり太平が訪れるまでを描いた第三部（巻二十二～四十）に分けられる。第三部は当時の社会・政治に対する批判の色が濃い。華麗な和漢混交文で書かれている。江戸時代初期には、『太平記』を講釈する「太平記読み」が現れ、彼らは講談の源流と言われている。

設問の解説

問一 単語★★★

(1)「沙汰」は重要語ではないので、文脈から考えます。「地《ち》下《げ》の公文《くもん》と、相模守《さがみのかみ》と訴陳に番《つが》ふ」とあり、これは訴えが起きたと考えられますので**2**「訴訟」が正解。

(2)直前の会話の冒頭で「御辺《ごへん》たちは愚かにて……民を恵む心無き人なれ」（あなた方は愚かで……民を恵む心がわからない人だ）と言っていますから、**5**「不快そうに」と推測します。ただ、これは難しい。「爪弾き」をどういうときにするか、というのもマニアックな古文知識です。ちなみに不満だったりイライラしたりするときにしたそうです。

(3)「笑ひつるかたへの人々」（笑っていた側の人々）が「舌を振り」感じた（感じ入った）、というのですから、**1**「恐れ入って」がいいでしょう。これも習ったことがない人の多い言葉だと思います。現在の「舌を巻く」に近いので、そこから類推した人もいたでしょうか。

解答 (1)2　(2)5　(3)1

問二 文法★★

a「けん（＝けむ）」は**2**「過去推量」ですね。**b**「べかり」は「べし」の連用形ですから、「意志」か「当然」です。三人称の「べし」は「当然」の意味ですので、**5**「当然」を選びましょう。

解答 a 2　b 5

☞古典文法編60頁「14助動詞　べし」、96頁「24助動詞　らむ・けむ」

問三 解釈★★

設問にしたがって、「どのような意図で」「何をしたのか」が両方書かれている文を探しましょう。まず、傍線部**A**を直訳すると、「お上（相模殿）の御悪名（悪いご評判）をとめて差し上げた」となります。青砥左衛門《あおとさえもん》は具体的に何をしたのでしょう？

> 青砥左衛門これを見て大いに怒り、「沙汰の理非を申しつる（←何をしたのか）は相模殿を思ひ奉るゆゑ（←意図（〜ゆゑ））なり。全く地下の公文を引くにあらず。もし引出物を取るべくは、**A**上の御悪名を申し留めぬれ（お上の御悪名（悪いご評判）をとめて差し上げた）ば、

青砥左衛門の会話冒頭にありましたね。「訴訟の道理を申し上げた（公文を勝ちとした）のは相模殿（お上）を思ったからだ」というのです。公平な訴訟の結果は最終的にお上の名誉になるという彼の信念なのですね。

解答 沙汰の理非

問四 解釈★★

傍線部**B**を直訳すると「よい。そのままであれよ」となり「?・?・?」な感じですが、「川へ落としても金額が少しなので」という文脈ですから、「それはそれで仕方がない」と意訳できますね。「**5** まあ、よくあることだ。」も迷いますが、「よくあること」といった内容は前後から読み取れないので×です。

問五 解釈★★

解答 4

まず「あに〜ずや（豈に〜ずや）」は漢文に頻出で「どうして〜ないことがあろうか」という打消の反語の意味になります。ここに至る会話の内容を訳してみましょう。

「十文は今探さなければ、滑川《なめりがわ》の底に沈んで長く失われるだろう。私が松明《たいまつ》を買わせた五十文は、商人の家に留まり長く失われまい。私の損は商人の利である。彼の所と私の所になんの違いがあろうか。こうして六十文は一文も失われない、どうして天下の利でないことがあるだろうか（いや、天下の利である）」

青砥左衛門は「自分のお金が商人の所へ行っても、世の中全体としてお金が失われずにすんだ」ことを「天下の利」と言っているようです。これを解答に活かしてみましょう。

〈採点のポイント〉

A：「（お金が）商人の元へ渡っても」という内容があること（3点）

B：「天下／世の中としてみれば失われていない（ので）」という内容があること（3点）

C：「利益である／Bですんだ」という内容があること（2点）

解答 (例) 商人の元へ渡っても世の中から失われずにすんでいる

問六 解釈★★

本文では青砥左衛門の二つのエピソードが書かれていました。

①相模守と地下の公文との訴訟で、忖度《そんたく》なく公平に地下の公文を勝たせる。

②川に落とした十文のために五十文で松明を買って探させる。その意図を「十文が見つからなければ天下の損失だが、五十文を払って十文を見つけたならば、天下としてはお金を失わない。五十文は自分の元にあっても商人の元にあっても同じことだ」と述べる。

二つのエピソードから、彼は公平で天下（＝世の中全体）の道理を考える人物とわかります。よって3が正解です。

解答 3

ふりかえり

今回は『太平記』です。ちょっと難しめの問題が多いかな。

それもそうだし、なんか読みにくい…。

読みにくいって気づいたの偉い！ これは漢文訓読体《かんぶんくんどくたい》ですから、慣れが必要ですね。

17講『平家物語《へいけものがたり》』で習った、漢文の書き下しのような文章だよね？

そうです！　よく覚えていましたね。

漢文訓読体でも難しい単語は少ないダロ。

前後読めばいいだろうってのはわかるんだけど、心が折れる…。

一回目は予習だというくらいの気持ちでいいのです。訳や解説を読んで、どこなら点が取れそうか、覚える所はどこか学んで、二度目、三度目で取れるようになればOKです。あくまで入試本番で点が取れることが最大目標です。

たしかに！　復習あるのみ！　だね！

着目

難易度の高い設問が多いときこそ、文法・単語などの基礎を大切に、前後を含めて丁寧に読もう！

現代語訳・重要古語・重要文法

報光寺・最勝園寺二代の相州に仕へて、引付の人数に列なりける青砥左衛門といふ者有り。数十箇所の所領を知行して、財宝豊

報光寺（＝北条時宗《ほうじょうときむね》）・最勝園寺（＝北条貞時《さだとき》）二代の執権に仕えて、引付衆の人員に加わった青砥左衛門という者がいる。数十か所の所領を治めて、財産は豊かであったが、衣

かなりけれども、衣裳には細布の直垂、布の大口、飯の菜には焼きたる塩、干したる魚一つよりほかはせざりけり。出仕の時は、

服には麻の粗布の直垂《ひたたれ》、布の大口（＝裾の広い袴《はかま》）、飯のおかずには焼いた塩、干した魚一つ以外（のこと）はしなかった。出仕のときは、塗

木鞘巻の刀を差し、木太刀を持たせけるが、叙爵の後は、この太刀に弦袋をぞ付けたりける。かやうにわが身のためには、いささ

強意（↓）　過去・体（↑）

りを施さない鞘《さや》の小刀を（腰に）差し、白木の鞘の太刀を（従者に）持たせたが、五位に昇進してからは、この太刀に弦袋（＝予備の弓弦を持ち歩く道具）を付けていた。このように自分自

かも過差なる事をせずして、公方の事には千金・万玉をも惜しまず。また飢ゑたる乞食、疲れたる訴訟人などを見ては、分に従ひ

身のためには、少しも分不相応に贅沢《ぜいたく》なことをしないで、公のことには千金・万玉をも惜しまない。また飢えている乞食、疲れている訴訟人などを見ては、程度にしたがい身分に応じて、米

品によりて、米銭・絹布の類ひを与へければ、仏菩薩の悲願に等しき慈悲にて**ぞありける。**ある時、徳宗領に(1)**沙汰**出で来て、地下の公文と、相模守と訴陳に番ふ事あり。理非懸隔して、公文が申すところ道理なりけれども、奉行・頭人・評定衆、皆徳宗領に憚つて、公文を負かしけるを、青砥左衛門ただ一人、権門にも恐れず、**ことわり**の当たるところをつぶさに申し立てて、つひに相模守をぞ負かしける。公文不慮に得利して、所帯に安堵したりけるが、その恩を報ぜんとや思ひ a けん、銭を三百貫俵につつみて、後の山よりひそかに青砥左衛門が坪の内へ**ぞ**入れたりける。青砥左衛門これを見て大いに怒り、「沙汰の理非を申し立つるは相模殿を思ひ奉る**ゆゑ**なり。全く地下の公文を引くにあらず。もし引出物を取るべくは、A上の御悪名を申し留めぬれば、相模殿よりこそ喜びをばしたまふべけれ。沙汰に勝ちたる公文が引出物をす**べき様なし**」とて、一銭をもつひに用ひず、はるかに遠き田舎まで持ち送らせてぞ返しける。

後のある時、この青砥左衛門夜に入りて出仕しけるに、いつも燧袋に入れて持ちたる銭を十文取りはづして、滑川へぞ落し入れたりけるを、少事の物なれば、B**よし**さてもあれかしとて**こそ**行き過ぐ b **べかり**しが、以つてのほかあわてて、その辺の町屋へ人

語釈・現代語訳

強意（↓）／過去・体（↑）
銭・絹布の類ひを与へたので、仏菩薩の誓願（＝人々を煩悩から救おうとする誓願）に等しい慈悲（の心の持ち主）であった。あるとき、北条氏宗家の所領に訴訟が起こって、現地の

強意（↓）／過去・体（↑）
役人と、相模守（＝執権）とが原告と被告として対立することがあった。どちらが道理にかなっているか否かがはっきりしていて、役人の申すところは道理であったが、奉行・頭人・評定

強意（↓）／過去・体（↑）
衆は、みんな北条氏宗家の所領（であること）に遠慮して、役人を負けにした。青砥左衛門ただ一人は、権力のある家柄にも恐れず、道理の当てはまるところを細かく申し立てて、とうと

強意（↓）／過去・体（↑）／意志・止／疑問（↓）／過推・体（↑）
う相模守を負けにした。役人は思いがけず利を得て、領地として所有を公認されたが、その恩に報いようと思ったのであろうか、銭を三百貫俵に包んで、

強意（↓）／過去・体（↑）／完了・体
からこっそりと青砥左衛門の（家の）中庭へ（運び）入れた。青砥左衛門はこれを見て大いに怒り、「（私が）訴訟の理非を申したのは相模殿をお思

推量・用／完了・已
い申し上げるからである。決して現地の役人をひいきするのではない。もし（私が）贈り物をもらうことになるなら、お上の悪い評判を止めてさしあげたのだから、相模守殿から（私

当然・已（↑）／当然・体
に）お礼をなさらなければならない。訴訟に勝った役人が贈り物をしなければならない理由はない」と言って、（役人が運び込んだ三百貫を）一銭ともう使わず、はるかに遠

強意（↓）／過去・体（↑）
い田舎まで持っていかせて（役人に）返した。

過去・体（↑）／強意（↓）
またある時、この青砥左衛門が夜になって出仕したときに、いつも火打ち道具を入れる袋に入れて持っている銭を十文つかみそこなって、滑川へ落としてしまったのを、

過去・体（↑）／強意・流／当然・用
あるので、（普通の人なら）まあそのままにしておけよと言って通り過ぎるはずだったが、（青砥左衛門は）思いがけず慌てて、そのあたりの町屋（＝商家

に人

を走らかし、銭五十文を以つて松明を十把買ひて下り、これ燃してつひに十文の銭をぞ《強意(↓)》求め得たりける《過去・体(↑)》。後日にこれを聞きて、「十

や住宅）へ人を走らせ、銭五十文で松明を十束買って（川に）下り、これ（＝松明）をともしてとうとう十文の銭を探すことができた。後日（人々が）これを聞いて、「十文

文の銭を求めん《意志・止》とて、五十にて松明を買ひて燃したるは小利大損かな」と笑ひければ、青砥左衛門眉をひそめて、「さればこそ《強意(↓)》御

の銭を探そうとして、五十文で松明を買ってともしたのはわずかな利益のために大きな損をしたなあ」と笑ったところ、青砥左衛門は眉をひそめて「そうだからあなたた

辺たちは愚かにて、世の費えをも知らず、民を恵む心無き人なれ《断定・已(↑)》。銭十文はただ今求めずは、滑川の底に沈みて永く失せぬ《完了・止》べし《推量・止》。

ちは愚かで、世のなかの損失もわからず、民に恵みを与える心もない人間なのだ。銭十文はすぐにも探さなければ、滑川の底に沈んで永久に失われてしまうに違いない。

それがしが松明を買はせ《使役・用》つる《完了・体》五十の銭は、商人の家に止まつて永く失すべから《推量・未》ず。わが損は商人の利なり。かれとわれとなにの

私が松明を買わせた五十文の銭は、商人の家にとどまって永久に失われないに違いない。私の損は商人の利益である。その人（＝商人）と私とどんな違いがあるか（いや、同じことだ）。その

差別か《疑問(↓)》ある《ラ変・体(↑)》。かれこれ六十の銭を一つをも失はず、あにC天下の利にあらずや」と、(2)爪弾きをして申しければ、難じて笑ひつる《完了・体》

人と私は（あわせて）六十文の銭を一銭も失わず、（これが）どうして天下の利益でないのか（いや、利益であるはずだ）」と、（腹立たしそうに）爪を弾いて申したので、悪口を言って笑って

かたへの人々、(3)舌を振りてぞ《強意(↓)》感じける《過去・体(↑)》。

いた**仲間**の人々は、舌を巻いて感心した。

22

能楽評論

風姿花伝《ふうしかでん》

▼問題編92頁

読解のポイント

解答

問一 D（8点）
問二 C（6点）
問三 B（4点）
問四 B（4点）
問五 D（4点）
問六 C（8点）
問七 A（4点）
問八 B（4点）
問九 B（6点）
問十 B（2点）

満点
50
安全点
40
目標点
34

得点

作品の解説

『風姿花伝』「第三　問答条々」の一節。

『風姿花伝』は、室町時代の応永《おうえい》七〜九年（一四〇〇〜一四〇二年）頃に成立。作者は、世阿弥《ぜあみ》。世阿弥は、父・観阿弥《かんあみ》とともに、将軍足利義満《あしかがよしみつ》の庇護《ひご》を受けて活躍した能役者・能作者。『高砂《たかさご》』『井筒《いづつ》』ほか五十曲近い謡曲を書いている。『風姿花伝』は、観阿弥の教えに基づいて、能の心構えや、年齢別の稽古法、女、老人といった役柄ごとの演技法、演出論や美学論、能の歴史などを、七編に分けて記した能楽評論。とくに能の生命とされる「花」について解明しようとした考察が有名。略称は『花伝』、俗称を『花伝書』と言う。

設問の解説

問一　解釈★★★

傍線1を直訳すると「これもただ、よいぐらいの上手の事での料簡である」となるので（ほぼそのままですね）、「これ」の内容を追ってみましょう。前の段落が問いかけで「下手な役者でも上手な役者より優れた所（得意芸）があり、これを上手な役者がまねしないのはできないことなのだろうか。またはしてはいけないからなのだろうか」とあるので、傍線1の「これ」は「自分より下手な役者の得意芸をしないこと」だと推測できます。そうするとCとDが残ります。この二つを比べると「まことの上手」か「まずまずの上手」かとなりますので、後を見ると、「まことに能と工夫との極まりたらん上手は」と説明が始まるので、その前である傍線1は「まずまずの上手」の説明だと考えられます。Dが正解です。

解答 D

問二 解釈★★

演者の「上手」「下手」を論じていて「これを見る人もなし」と言った後に「主も知らず」と言うのですから、「見る人」との対比から、見られる側である役者自身つまり「本人、自分自身」が当てはまるのでC「当人」が正解です。

解答 C

問三 解釈★

「情識」は見慣れない言葉かもしれませんが、「『我より下手をば似すまじき』と思ふ3情識あらば」と使われているところから推測しましょう。「自分より下手な者の芸は真似するまい」と思うのが「情識」なのです。この段落で筆者は「よき所ありと見ば、上手もこれを学ぶべし」と言っていますから、学ぶべきなのに「学ぶまい」というのが「情識」です。B「強情」が選べますね。

解答 B

問四 解釈★

「極めぬ心」の前に「これすなはち」とあります。「これ」の示す内容は問三でも扱いましたが、『自分より下手な人をまねるわけにはいかない』と思う強情さ」です。そのようなことでは「極めぬ心」と述べています。それでは強情さがあると「何を」極められないのか、本文からヒントを探してみましょう。9行目に「能と工夫を極めたらんは」とありますので、ここでもB「能と工夫」を極められないと判断できます。

解答 B

問五 文法★

直前に「こそ係助」があることから、空所には已然形が入ると考えられます。選択肢のなかで已然形なのはDのみですから、これはすぐに選べますね。

古典文法編114頁「30助詞 係助詞」

解答 D

問六 解釈★★★

イは「をいたさば」につながるのでどれも入りそうです。保留します。ウは「になりて」につながるので、「稽古」「工夫」のどちらか。エは「は早く上がるべし」につながっています。17行目に「能は上がらぬなり」とありますから「上がる〈上達する〉」のは「能」だとわかります。そうすると、**イ・ウ**は、「稽古をすると工夫になる」のか「工夫をすると稽古になる」のかです。他者に意見を求めて「工夫」をすると「稽古」になる、という文脈が自然です。よって正解は**C**。

解答 C

問七 解釈★

「『我はあれ体《てい》に悪き所をばすまじきものを』と オ あらば」とありますから、**オ**は「自分はあれほど悪い所はするはずがない」と思うことと同義ということになります。よって**A**「慢心」が選べます。

解答 A

問八 解釈★

18行目「上手にだにも、上慢《じょうまん》あらば、能は下がるべし。**いはんや**」の後に続いているので、「技能の高い演者でさえ、慢心があれば、能は下がるであろう。**いうまでもなく**（下手は～）」という形と考えられます。それを踏まえると、**B**が正解だとわかります。

解答 B

問九 解釈★★

空欄**カ**と**キ**に続く文を確認しましょう。「人の悪き所を見るだにも、我が手本なり。いはんやよき所をや」（人の悪い所を見ることさえも、自分の手本である。まして良い所（を見ること）はなおさらだ）、「『情識はなかれ』」（強情さはあってはならない）と述べており、空欄**カ・キ**も含めて、下手の良い所すらとって、上手の自分の演目に取り入れる、ということを述べていると推測できます。

解答 B

問十 文学史★

『風姿花伝』の作者は**B**「世阿弥」ですが、その父の観阿弥も覚えておきましょう。

解答 B

ふりかえり

今回は『風姿花伝』、明治大学です！

なんかさー、古文だけど古文じゃない！

古文です。はっきりと古文です。古文だ。古文なり。

文法の問題が少ないからですね（笑）

それ!! 覚えたことあんまり聞いてくれない（涙）

内容読むのは当然ダロ。

そうなんだけどさ…。

大学によって内容重視の問題が多い所もあります。なじみのない語が多くても、きちんと前後を見れば見当はつきましたよね。

解説読んでそう思った…。

あきらめないのも大切よね。

その通りです。一見難しそうでもしっかり読むと最低限の知識で解ける場合もあります。復習しながら慣れましょうね。

着目

内容を問う設問が多い場合は、根拠などを問題文に探しながら読み進めよう！

現代語訳・重要古語・重要文法

問。能に、得手得手とて、ことの外に劣りたる為手も、一向き上手に勝りたる所あり。これを上手のせぬは、かなはぬ（打消・体）やらん。

問。能は、人それぞれの得意芸として、格別に劣っている役者も、ある方面で上手な人に勝っている所がある。これ（＝劣った役者の得意芸）を上手な人が（まねて演じたり）しないのは、できないのだろうか。

また、すまじき（禁止・体）事にてせぬ（打消・体）やらん。

それとも、してはならないことでしないのだろうか。

答。一切の事に、得手得手とて、生得得たる所あるものなり。位は勝りたれども、これはかなはぬ（打消・体）事あり。さりながら、[1]これもただ、**よき**程の上手の事にての料簡なり。まことに能と工夫との極まりたらん上手は、**などか**（疑問（↓））いづれの向きをもせざらん（打消・未　推量・体（↑））。されば、能と工夫とを極めたる為手、万人が中にも一人もなきゆゑなり。なきとは、工夫はなくて慢心あるゆゑなり。

答。あらゆる物事に、人それぞれの得意芸として、生まれつき得意としている所があるものだ。芸の力量は勝っていても、これ（＝人それぞれの得意芸をまねて演ずること）はできないことがある。しかしながら、これもただ、**まずまずの**程度の上手な人の場合での判断である。本当に技能と工夫とが極限に達しているような上手な人は、**どうして**どの方面（の芸）をもしないはずがあろうか。だから、（劣った役者の得意芸をまねて演じる上手な人がいないのは）技能と工夫とを極めている役者は、一万人のなかにも一人もいないからなのだ。いないというのは、工夫はなくて慢心があるからである。

そもそも、上手にも悪き所あり、下手にもよき所かならずあるものなり。これを見る人もなし。[2]主も知らず。上手は、名を頼み、

いったいぜんたい、上手な人にも悪い所があり、下手な人にも良い所がかならずあるものだ。（ところが）これを見分ける人もいない。当人も知らない。上手な人は、名声をあ

達者に隠されて、悪き所を知らず。下手は、もとより工夫なければ、悪き所をも知らねば、よき所のたまたまあるをもわきまへず。

てにし、芸の熟達（の陰）に隠されて、（自分の）悪い所を知らない。下手な人は、もともと工夫がないから、（自分の）悪い所も知らないので、良い所がたまたまあることをも理解していない。

されば、上手も下手も、たがひに人に尋ぬべし。さりながら、能と工夫を極めたらんは、これを知るべし。

だから、上手な人も下手な人も、いずれも他人に尋ねてみなければならない。しかしながら、技能と工夫を極めているような人は、これ（＝自分の良い所と悪い所）を知っているはずだ。

いかなるをかしき為手なりとも、よき所ありと見ば、上手もこれを学ぶべし。これ、第一の手立なり。もし、よき所を見たりとも、「我より下手をば似すまじき」と思ふ3情識あらば、その心に繋縛せられて、我が悪き所をも、**いかさま**知るまじきなり。これすなはち、4極めぬ心なるべし。また、下手も、上手の悪き所もし見えば、「上手だにも悪き所あり。**いはんや**初心の我なれば、さこそ悪き所多かるらめ」と思ひて、これを恐れて、人にも尋ね、工夫をいたさば、いよいよ稽古になりて、能は早く上がるべし。もし、さはなくて、「我はあれ体に悪き所をばすまじきものを」と慢心あらば、我がよき所をも、真実知らぬ為手なるべし。よき所を知らねば、悪き所をも良しと思ふなり。さるほどに、年は行けども、能は上がらぬなり。これすなはち、下手の心なり。

どんなに滑稽な（下手な）役者であっても、（その役者に）良い所があると思うならば、上手な人もこれをまねるべきだ。これは、（上達のために）第一の方法である。もし、良い所を見たとしても、「自分より下手な人をまねるわけにはいかない」と思う強情さがあるならば、その心がけに縛られて、自分の悪い所をも、**きっと**知ることはできないのだ。これはつまり、（技能と工夫を）極めない心がけであるに違いない。また、下手な人も、上手な人の悪い所がもし見えるなら、「上手な人さえも悪い所がある。**まして**未熟な自分であるから、それこそ悪い所が多くあるだろう」と思って、これ（＝悪い所が多くあること）を心配し、人にも尋ね、工夫を尽くすならば、ますます勉強になって、技能は早く上達するにちがいない。もし、そうではなくて、「自分はあんなふうに悪い所はするはずがないのになあ」という慢心があるならば、（その人は）自分の良い所をも、本当は知らない役者であるに違いない。良い所を知らないので、悪い所をも良いと思うのだ。そうしているうちに、年はとっても、技能は上達しないのである。これはつまり、下手な人の心がけである。

されば、上手にだにも、上慢あらば、能は下がるべし。いはんや5かなはぬ上慢をや。よくよく公案して思へ。「上手は下手の

だから、上手な人でさえも、慢心があるならば、技能は低下するにちがいない。まして（下手な人の）不相応な慢心はなおさらだ。よくよく思案して考えよ。「上手な人は下手な人の手本、

手本、下手は上手の手本なり」と工夫すべし《当然・止》。

下手な人は上手な人の手本である」と工夫するべきだ。

下手のよき所を取りて、上手の物数に入る事、無上至極の**理**なり。人の悪き所を見るだにも、我が手本なり。いはんやよき所をや。「稽古は強かれ、情識はなかれ」とは、これなるべし《推量・止》。

下手な人の良い所を取り入れて、上手な人の演目に入れることは、この上もなくもっともな**道理**である。人の悪い所を見ることさえも、自分の手本である。まして良い所（を見ること）はなおさらだ。「勉強はしっかりせよ、強情さはあってはならない」というのは、このことであるはずだ。

23

歌論

石上私淑言《いそのかみのささめごと》

▼問題編98頁

読解のポイント

解答

問一 d（2点）
問二 a（3点）
問三 c（4点）
問四 b（2点）
問五 a（4点）
問六 e（2点）
問七 d（4点）
問八 c（4点）
問九 a（5点）
問十 a（6点）
問十一 a・c（5点×2）
問十二 a・e（2点×2）

満点	安全点	目標点
50	40	35

得点

作品の解説

『石上私淑言』巻二の一節。

『石上私淑言』は、江戸時代後期の宝暦《ほうれき》十三年（一七六三年）に成立したとされる。作者は、本居宣長《もとおりのりなが》。三巻。未完。宣長の没後、文化《ぶんか》十三年（一八一六年）に刊行された。和歌の定義、本質、歴史など、和歌に関する諸問題を、問答形式で論じた歌論書である。宝暦七年（一七五七年）に著した歌論書『排蘆小船《あしわけおぶね》』を発展させた作品で、和歌の本質は「もののあはれ」にあると説いている。

設問の解説

問一　解釈★

「ぬべし」は〈きっと～にちがいない〉の意で、さらに「なり」を断定で訳しているdが正解です。

解答　d

古典文法編60頁「14助動詞　べし」

問二　〈単語★★〉

設問にある「この場合どういう意味か」に注目です。「かたらふ動」は〈語り合う〉以外に〈男女が深い仲になる・懇意になる〉などの意味のある重要語です。「したしき閨《ねや》（寝室）の内に居《す》ゑて人のかたらふ妻」というのですから、〈男女が深い仲になる〉に近い**a**の「結婚する」を選びます。

解答　a

問三　〈単語★★〉

「いみじ形」は〈忌み忌みし〉から派生した言葉と言われていて、〈不吉だ・ひどい〉というマイナスの意味から転じて〈すばらしい・とても〉等の意味が生まれたと言われています。現代でいう「ヤバい」に似ていて、もともと悪い意味の言葉ですが、いいことや程度の大きさにも使われるわけです。「よからぬことのみなるに、それをしもいみじきことにいひ思ふは」では「よくないことばかりなのに、」というわけですから、逆接の後はプラスの意味だと推測でき、**c**「すばらしいこと」が選べます。

解答　c

問四　〈解釈★〉

「色名」にはさまざまな意味があり〈色彩・恋愛・表情・気配〉等です。冒頭から恋の話をしているのですから、ここは「恋愛」と考えていいでしょう。すると、「色に染む」は「恋愛に染まる」と推測でき、**b**が選べます。

解答　b

問五　〈解釈★★〉

「いたづらになる」には〈無駄になる・亡くなる〉等の意味があります。ここでは「国を失ひ」「後の名をさへ朽《くた》しはつる（＝後世での名誉までおとしめる）」と言っていますので、文脈から**a**「一生をだいなしにする」を選びましょう。

解答　a

問六　〈解釈★〉

指示語の指す内容を探して前の名詞を見てみると、「道ならぬ懸想」がみつかります。「懸想」は見たことがない言葉だという人もいると思いますが、「想」の言葉と今までの文脈から「恋の想い」ではないかと類推できれば**e**が選べます。

解答　e

問七　〈理由説明★★〉

「直接的な理由」を聞いているので、本文から探してみましょう。

> 恋といふものは、あながちに深く思ひかへしてもなほしづめがたく、みづからの心にもしたがはぬわざにしあればよ、よからぬこととは知りながらも、**7**なほ忍びあへぬたぐひ世に多し。
>
> （「已然形＋ば」で理由！）

ちょうど傍線部**7**の直前に「已然形＋ば」〈～ので〉の形がありますから、この前が理由だとわかります。直訳してみると「恋というものは、無理に深く考えなおしてもそれでもしずめることが難しく、自分の心（理性？）にもしたがわないものなので」となります。選択肢を見ると**d**がまさにぴったりで選べますね。

☞古典文法編108頁「27助詞　接続助詞」

解答 d

問八 解釈★★

傍線部**8**を直訳すると、「かは」が反語ですから、「誰が恋い慕わないことがあろうか、いやない」となります。つまり、「誰もが恋い慕うものだ」となります。そうすると**c**が選べますね。漢文でも習いますが、二重否定は強い肯定で訳すとよいでしょう。

☞古典文法編114頁「30助詞　係助詞」

解答 c

問九 文学史★★★

これはめずらしい出題ですね。『源氏物語《げんじものがたり》』のあらすじを知らないと答えられない問題です。光源氏《ひかるげんじ》は義理の母である藤壺《ふじつぼ》の女御《にょうご》と恋をしてしまいます。これが「ことに（＝特に）人の許さぬこと」だと思われます。必須の知識ではありませんが、知っておいて損はありません。この機会にチェックしましょう。

解答 a

問十 解釈★★★

「いぶせし形」は火をいぶしているようにもくもくなイメージで〈気が晴れない・気がかりだ・不快だ〉等の意味になります。「わりなし形」は「理《ことわり》なし」が語源と言われ、〈道理に合わない・ありえない・ひどい・とても〉等の意味です。選択肢を見ると、どれもこれらの意味に近いので、文脈で判断してみます。前文を見ると「あるまじきこととみづからおさへ忍ぶにつけては」とあり、後は「ことにあはれ深き歌もさる時にこそは出で来べけれ」とつながりますから、「あってはいけないことと心を抑えて我慢して」→傍線部**10**→「特にしみじみと趣深い和歌もそういうときに出てくるのだろう」に合う選択肢を選びます。恋しさを我慢しているから**a**「心の中が晴れない」がよいでしょう。その心情から「しみじみとした和歌が生まれる」と次の文へもつながります。

解答 a

問十一 理由説明★★

最終段落後半の内容と**問九・十**をヒントに判断するとよいでしょう。「ことに人の許さぬことを思ひかけたる折」（＝不倫の恋をしているとき）などに「あはれ深き歌も」できる、とありますので**c**が選べますね。ほかがやや難しめですが、**a**については最終文からも当てはまります。ほかの選択肢は本文に全く内容を見て取ることができませんから、消去法で消しても**a**が選べるでしょう。

解答 a・c

問十二　文学史★

本居宣長は一七九九年に『源氏物語』の注釈書である『源氏物語玉《たま》の小櫛《おぐし》』を刊行し、そのなかで「もののあはれ」を提唱しています。よって正解は**a**・**e**。そのほかについては以下の通り。

b　『万葉代匠記《まんようだいしょうき》』…契沖《けいちゅう》が記した『万葉集《まんようしゅう》』の注釈書。

c　『うひまなび』…江戸時代末期の洋学者・柳河春三《やながわしゅんさん》の著作。

d　「ますらをぶり」…『万葉集』の力強く男性的な歌風のこと。

解答　a・e

ふりかえり

今回は『石上私淑言』です。

せきじょうしししゅくげん??

「いそのかみのささめごと」！

読みにくいですよね（笑）。本居宣長の代表作の一つで、共通テストの前身、センター試験にも出題されたことがありますよ。

へー。なんかいつもと違う感じだった。

江戸時代ですからね。漢文調も入っているし、慣れるまでは嫌な人もいると思います。でも…。

読みにくい問題文のときは設問が比較的簡単！

言われてしまった…そうなんです。問題文が読みにくい、難解などのときは設問が易しいことが多いのであきらめないことです！　上智大学は設問がすごく難しいことがありますが、今回は比較的易しめです（笑）

難関大だもんね。でも入れたらいいな！

まずは七割取ることです。これは基礎知識と慣れで十分可能ですから、練習しましょう。

「入れたらいいな」で終わっちゃダメです！　根性入れて難関大を目指しましょう！

着目

「問ひていはく」と「答へていはく」の対応に注意して、論点を読み進めよう！

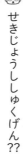

現代語訳・重要古語・重要文法

問ひて云はく、恋は唐書にも、『礼記』には「人の大欲」といひ、すべて夫婦の情とて深きことにすめれ（推定・已）ど、それは己れ己れが

（ある人が）質問して言うことには、「（現実の）恋は中国の書物にも、『礼記《らいき》』では「人の強い欲望」であると言い、およそ夫婦の情として切実なものとしているようだけれども、それは個々

妻を恋ひ夫を思ふことなれば、[1]**さもありぬ（完了・止）べき（当然・体）ことなり**。**しかるに**歌の恋は定まりたる夫婦のなからひのみにはあらず、あるは

の人が妻を恋い夫を思うことなので、**そう**あるのが当然のことだ。**ところが**歌に詠まれる恋は安定した夫婦の間柄だけでなく、ある場合

深き窓のうちに**かしづき**て親も許さぬ女を**懸想じ**、あるはしたしき閨の内に居ゑて人の[2]かたらふ妻に心をかけなど、すべてみだ

は奥深い部屋のなかで**大切に育て**親も許さない娘に**思いを寄せ**、ある場合は親しく愛を交わす寝室のなかに据えて人が夫婦の関係を結んだ妻に思いをかけるなど、総じて好色め

りがはしくよからぬ（打消・体）ことのみなるに、それをしも[3]**いみじき**ことにいひ思ふはいかに。

いてよくないことばかりであるのに、それをとりわけ**すばらしい**ことだと言ったり思ったりするのはどうしてか」と。

答へて云はく、前にもいへるやうに、[4]この**色**に染む心は人ごとにまぬかれがたきものにて、この筋に乱れ乱れそめては、賢き

（私が）答えて言うことには、「前にも言ったように、この**恋愛**に惹《ひ》かれる心はどの人も逃れがたいもので、この方面で心が乱れ始めると、賢い人

も愚かなるも**おのづから**道理にそむけることも多くまじりて、つひには国を失ひ[5]身を**いたづらになし**などして、後の名をさへ朽

も愚かな人も（する事なす事に）**自然と**道理に背いたことが多くなって、しまいには国を滅ぼし、一生を**台無しにする**などして、後世の名誉までおとし

しはつるためし、昔も今も数知らず。さるは誰も誰も**悪しき**こととはいとよくわきまへ知ることなれば、道ならぬ懸想などは、こ

める例は、昔も今も数知れない。とはいえ、どの人も**悪い**ことだと十分認識していることなので、道に外れた恋愛などは、格別

とに心から深く戒めつつしむべき（当然・体）ことなれども、人みな聖人ならねば、[6]この思ひのみにもあらず、すべて常になすわざも思ふ心も、

心から深く戒め慎まなければならないことなのであるが、人間は皆聖人ではないので、恋の思いだけでなく、総じて日常の行為もまた感情も、

よきことばかりは**ありがたき**ものに〔断定・用〕て、とにかくに悪しきことのみ多かる中にも、恋といふものは、**あながちに**深く思ひかへして

よいことばかりというのは**難しい**ことであって、何やかやと悪いことばかりが多いなかにも、恋というものは、**無理に**深く反省してもなお冷静になれず、

もなほしづめがたく、みづからの心にもしたがはぬ〔打消・体〕わざにしあれば、よからぬ〔打消・体〕こととは知りながらも、7なほ忍びあへぬ〔打消・体〕たぐひ世に多し。

自分の心でも制御できない事柄なので、よくないこととは知りながらも、どうしても我慢できないという例はこの世に多い。

まして人知れぬ心の内には、8誰かは〔反語(↓)〕思ひかけざらん〔推量・体(↑)〕。たとひうはべは賢しらがりて人をさへいみじく禁むる**ともがら**も、心の底をさぐりてみれば、この思ひはなきことかなはず。

まして人知れぬ心のなかで、恋の思いにとらわれない者は誰もいない。たとえうわべは賢く見せて他人にまでも厳しく（恋の思いを）禁ずる**連中**も、心の底を探ってみれば、恋の思いを抱かずにいることはできない。

9ことに人の〔主格〕許さぬことを思ひかけたる折などよ、あるまじきこととみづからおさへ**忍ぶ**につけては、10**いよいよ**心のうちは**いぶせく**むすぼほれて、**わりなかる**べき〔推量・体〕わざなれば、ことに**あはれ**深き歌もさる時にこそ〔強意(↓)〕は出で来べけれ〔推量・已(↑)〕。されば恋の歌には道ならぬ〔打消・体〕みだりがはしきことの常に多かるぞ〔強意(↓)〕、もとよりさるべき**理り**なりける〔過去・体(↑)〕。

特に人が（絶対に）許さない人を恋い慕ったときなど、あってはならないことと自らその思いを抑え**我慢する**につけても、**ますます**心のなかは**鬱々として**晴れることなく、**理性ではどうにも処理できない**だろうことなので、ことに**しみじみとした趣**深い歌もそういうときにこそ生まれるのであろう。だから恋の歌に人の道を外れた好色めいたことが常に多いのは、もともと当然の**道理**だったのだ」と。

24

物語

夜《よる》の寝《ね》覚《ざめ》

▼問題編104頁

読解のポイント

解答

問一 (A)② (B)④ （2点×2）

問二 (あ)⑦ (い)④ (う)① （2点×3）

問三 (え)① (お)③ （3点×2）

問四 ⑤ （4点）

問五 ② （5点）

問六 ③ （6点）

問七 ④ （5点）

問八 ③ （5点）

問九 ① （5点）

問十 ② （4点）

満点
50
安全点
40
目標点
35

得点

作品の解説

『夜の寝覚』の巻一の一節。

『夜の寝覚』は、平安時代後期の十一世紀中頃に成立。作者は未詳だが、菅原孝標女《すがわらのたかすえのむすめ》かと言われている。五巻または三巻からなる。中間部と末尾に大きな欠落がある。作り物語。主人公は、太《だ》政《じょう》大臣の娘・中の君（寝覚の上）。中の君は苦悩の人生を送る予言を受け、予言通り、姉の夫である権中《ごんちゅう》納言《なごん》との恋愛に苦しみ、寝覚めては思い悩む。しかしただ苦しむだけではなく、苦しみのなかで強い女性へと成長してゆく姿を描いた物語である。深く鋭い心理描写が特色。『源氏《げんじ》物語《ものがたり》』の宇治《うじ》十帖《じゅうじょう》に大きな影響を受けている。

設問の解説

問一 単語★

(A)「ゆかし[形]」は対象によって〈知りたい・気になる・心惹《ひ》かれる〉等の意味に分かれる重要語です。これさえ覚えておけば正解が②だとすぐわかります。

(B)「なつかし形」は〈親しみやすい・心惹かれる〉という意味の重要語です（現代語の「なつく」に名残がありますね）。「なまめく動」〈生めく・艶く〉」は〈優美である・上品である・色っぽい・清らかだ〉等の意味となります（フレッシュなイメージです）。両者とも重要語で定期試験にも頻出です。この訳の組み合わせになるのは④だけですね。

解答 (A)② (B)④

問二 文法★

(あ)の「さぶらふ」は「遊ぶ」という動詞についている補助動詞なので、丁寧語だとわかります。ここは行頼《ゆきより》の会話文ですから、聞き手である中納言への敬意です。

(い)「きこゆ」は謙譲語で、目的語への敬意を示すのでしたね。(あ)を含む発言は、行頼が中納言に「申し上げている」のですから、目的語の中納言への敬意を表します。

(う)「のたまふ」は尊敬語で、主語への敬意を示します。ここでは(あ)(い)の行頼の発言に中納言が「おっしゃって」いますから、中納言への敬意を表します。

解答 (あ)⑦ (い)④ (う)①

☞古典文法編128頁「序 敬語とは」

問三 文法★

(え)を品詞分解してみると

入り	たまへ	れ	ど
動詞の連用形	尊敬・補助動詞の已然形	完了の助動詞・已然形	接続助詞（逆接確定）

となり①が正解です。

(お)「なめり」は「なるめり」の撥音便無表記《はつおんびん》（「なんめり」の「ん」を無表記）です。頻出ですので覚えておきましょう。

解答 (え)① (お)③

☞古典文法編88頁「20助動詞 り・たり」、108頁「27助詞 接続助詞」、90頁「21助動詞 なり・めり」

問四 単語（読み）★★

(i)「六月」は「水無月（みなづき）」です。田んぼに水を引いて川の水が減るからだという説があります。ほかの陰暦の月もかならず覚えておきましょう。(ii)「透垣（すいがい）」、(iii)「長押（なげし）」も読み方は頻出です。難しい読みの語は一度でしっかり頭に入れましょう。

解答 ⑤

☞古典文法編172頁「補 陰暦と十二支」

問五 解釈★★

「あな＋形容詞の語幹」の形は〈ああ～だなあ・ことよ〉と訳します。「おぼえな」は「おぼえなし」の語幹だと考えられますから、直訳すると「ああ、思いがけないなあ」となります。これに気がつけば②が選べます。

解答 ②

☞古典文法編34頁「8 音便と語幹用法」

問六 解釈★★★

指示語「かかる」の示す内容を追って前を見ると「月明き夜

は、かくこそ遊びさぶらへ」とあり、もう一度指示語「かく」を追う必要があります。「遊ぶ」〈(楽器を) 演奏する〉をヒントに前を読むと、「琴の声、一つに掻《か》き合はせられていとおもしろく聞こゆるに」とありますから、③「琴の合奏」と判断できます。傍線部(2)直前の「女ども」からも、複数人で何かしていることがわかりますね。

解答 ③

問七 理由説明★★

傍線部(3)の前に「さては(それでは)」と言っているので、前の会話を受けているとわかります。前の会話では、

「……式部卿の宮の中将、石山に参りて、ほのかに見て、文
式部卿の宮の中将が、石山寺に参詣したときに、ちらりとこの娘を見て、恋
などさぶらひけるを、女は返り事などして、それに心寄る気
文を贈りましたところ、娘は返事をして、中将に心を寄せる様子でご
色にさぶらひけれど、かの中将の、『忍びてときどき通はむ。
ざいましたが、その中将が、『人目を忍んで時々通おう。
親に知られて、あらはれてはあらじ』と、さぶらひければ、
親に知られて、表立つようなことはするまい』とのことでございましたので、
親どもようながりて、弁少将に契りてさぶらふなり」
娘の親たちは甲斐のないことだと思って、娘は弁少将と結婚したのでございます」

女は中将に心寄せているようだったけれど、中将が親に知られまいとしたので、親たちが甲斐《かい》がないと思って女は弁少将と結婚した、というわけです。これを踏まえると④が選べます。

解答 ④

問八 解釈★★

傍線部(4)の直前を見ると「この居たる人々ををかしと見るにくらぶれば、むら雲のなかより望月のさやかなる光を見つけたる心地するに、」とあり、「この座っている女性たちを美しいと見たのに比べると、(箏《そう》の琴の女性は)雲間から満月の美しい光を見つけたような気持ちがして」と訳せますから、中納言は箏の琴の女性をとても美しいと思って「あさましく見おどろいた」ことになります。よって③が選べます。そのほかの選択肢について確認しましょう。①は「移り気な心に……あきれている」が×。②は三人の女性全員に心を奪われている点が×。④は、相手の美しさに驚いたのであり、(自身が)「一目で恋してしまったこと」に驚いたわけではないので、×です。

解答 ③

問九 内容一致★★

○①→二つ目の段落の内容に合致します。

×②→中納言が心を奪われたのは箏の琴を弾く女性だけでした。**問八**を確認!

×③→誰が一番上手かという記述はありません。

×④→「三人の女たちの美しさに誘われて」が×です。琴の音色に誘われたのでした。

解答 ①

問十 文学史★

各選択肢の成立年代を見てみましょう。

① 『大和物語《やまとものがたり》』― 平安時代中期
② 『狭衣物語《さごろもものがたり》』― 平安時代後期
③ 『源氏物語』― 平安時代中期
④ 『雨月物語《うげつものがたり》』― 江戸時代中期
⑤ 『平家物語《へいけものがたり》』― 鎌倉時代前期

『夜の寝覚』は平安時代後期ですから、同時代のものは②の『狭衣物語』となります。本書27講に出てきますよ。

解答 ②

ふりかえり

今回は『夜の寝覚』です。少し長めです。

長かった…登場人物多くてちょっと混乱した…。

そういうときこそ単語・文法などを丁寧に確認ですよ！

困ったときこそ、わからなくなった場所を探しましょう。場面や人物、特に敬意は誰に示されているかを確認すると理解できることも多いです。

俺そこが課題だな…。がんばります！

着目

登場人物が多い場合は、主語を補ったり、文法を確認したりと整理しながら読み進めよう！

現代語訳・重要古語・重要文法

その夜たちとまりたまひつる（完了・体）に、夜更けて人静まりぬるほどに、いと近く、吹きかふ風につけて、琴の声、一つに掻き合はせら

（中納言は）その夜は（乳母《めのと》の家に）お泊まりになったが、夜が更けて人が寝静まったころに、たいそう近くで、吹き交う風と一緒に、（合奏の）琴の音が、一つに弾き合わされてたいそう

れていと**おもしろく**聞こゆるに、**おどろき**たまひて、「(1)あな、おぼえな。誰が住む所ぞ」と、問はせたまへば、御乳母子の少納

趣深く聞こえるのに、お**気づき**になって、「ああ、思いがけないことよ。誰が住んでいる所か」と、お尋ねになると、御乳母子の少納言行

言行頼ときこゆる、「法性寺の僧都の領ずる所には、この(i)六月《みなづき》より、今の但馬守時明の朝臣の女なむ〔強意（↓流）〕、渡りて住みさぶらふなり。
頼と申す者が、「法性寺の僧都が領有している所で、この六月から、今の但馬守時明《ときあきら》の朝臣《あそん》の娘が、移り住んでいるそうです。

月明き夜は、かく**こそ**〔強意（↓）〕**遊び**(あ)さぶらへ〔補八四・已（↑）〕」と(い)きこゆれば、「それが女どもは、(2)かかることや〔疑問（↓）〕好む〔マ四・体（↑）〕。思はずのことや」と(う)のたまへば、「かやうに出で居て、ときどき遊ぶ、見たまふるに、いづれも**目やすく**見たまふるなかにも、源大納言の子の弁少将に**契り**て**かしづき**さぶらふ三にあたるは、すべてまことしく**優げなる気色**になむ〔強意（↓省）〕。式部卿の宮の中将、石山に参りて、ほのかに見て、文などさぶらひけるを、女は返り事などして、それに心寄る気色にさぶらひけれど、かの中将の、『**忍び**てときどき通はむ〔意志・止〕。親に知られて、**あらはれ**てはあらじ〔打意・止〕』と、さぶらひければ、親どもようながりて、弁少将に契りてさぶらふなり」と申せば、笑ひたまひて、「さては、(3)女は**本意**ならずや思ふらむ〔疑問（↓）現推・体（↑）〕。心ばせあるものなり。中将に心寄すらむ〔現推・止〕」とのたまひて、竹のもとに歩み寄りたまひて聞きたまへば、琴の声はいとよく掻き合はせられて、なかにも箏の琴のときどき掻きまぜたるは、いとすぐれて聞こゆ。

月の明るい夜には、こうして**合奏をし**ているのです」と申し上げたので、（中納言は）「但馬守（のような身分）の娘たちが、このような（優雅な）ことを好むのか。思いがけないことよ」とおっしゃると、（行頼は）「このように（端近に）出ていて、ときどき音楽を奏しているのを、拝見しますと、どの方も**感じよく**拝見しますなかでも、源大納言の子の弁少将と**結婚して**親が**大切にし**ております第三女にあたる方は、すべてにおいてまことに**優美な様子**でございます。式部卿《しきぶきょう》の宮《みや》の中将が、石山寺に参詣したときに、ちらりと（この娘を）見て、恋文を贈りましたところ、娘は返事をして、中将に心を寄せる様子でございましたが、その中将が、『**人目を忍ん**で時々通おう。親に知られて、**発覚し**てはならない』とのことでございましたので、娘の親たちは甲斐のないことだと思って、娘は弁少将と結婚したのでございます」と申し上げると、（中納言は）お笑いになって、「それでは、娘は**不本意**に思っているであろう。情のある女性だ。今も中将に心を寄せているであろう」とおっしゃって、竹の近くに歩み寄りなさってお聞きになると、琴の音はたいそう見事に弾き合わされて、なかでも箏の琴の音がときどき弾き交ざるのは、たいそうすぐれて聞こえる。

こなたもかなたも竹のみしげり合ひて、隔て**つきづきしく**も固めず、**しどけなき**に、行頼押しあけて、「同じくは。これより入
こちらもあちらも竹ばかりが茂り合って、境界を**それらしく**固めもせず、**雑然としている**ので、行頼が（竹を）押し分けて、「同じことなら（もっと近くでお

らせたまへ」と申せば、「人や見つけむ。軽々し」とはのたまへど、箏の琴は、弾くらむ人(A)ゆかしく心とどまりて、やをら(え)入り
聞きください」。こちらからお入りください」と申し上げると、（中納言は）「人が見つけはしないか。軽率だ」とはおっしゃるものの、箏の琴の音は、弾いている人のことを知りたく思って心

たまへれど、こなたも竹多くしげりて、横たはれ広ごりたる松の木の陰にて、人見つくべくもあらず。軒近き(ii)透垣《すいがい》のもとにしげ
が惹かれるので、そっとお入りになったが、こちらも竹が多く茂っていて、横に伏したように広がっている松の木の陰で、人が見つけそうにもない。軒近くの透垣のもとに茂っている荻のあ

れる荻のもとに伝ひ寄りて見たまへば、池、遣水の流れ、庭の砂子などのをかしげなるに、簾巻き上げて、三十に今ぞ及ぶらむと
たりに伝い寄ってご覧になると、池や、遣水《やりみず》の流れ、庭の砂などが趣深い様子である邸《てい》に、簾《すだれ》を巻き上げて、三十に手が届くかと思われる（年配の）

おぼゆるほどなる人、高欄のもとにて和琴を弾くあり。頭つき、様体ほそやかに、しなしなしく、きよらなるに、髪のいとつやや
人で、欄干のもとで和琴を弾いている人がいる。髪の様子や、姿がほっそりとして、いかにも上品で、美しく、髪がたいそうつややかでゆったりと（肩に）

かにゆるゆるとかかりて、目やすき人かな、と見ゆるに、向かひざまにて、紅か二藍かのほど(お)なめり、いと白く透きたる好まし
かかっていて、感じのよい人だなあ、と見えるが、（その）向かい側に、紅《くれない》か二藍《ふたあい》かという色合い（の衣）であろう、たいそう色白の透き通るような美人が、

げなる人、すべり下りて、(iii)長押《なげし》に押しかかりて、外ざまをながめ出でて、琵琶にいたく傾きかかりて掻き鳴らしたる音、聞くよ
（簀子《すのこ》の方に）すべり下りて、長押にもたれかかって、外を眺めて、琵琶《びわ》にたいそうかぶさるようにしてかき鳴らしている音色には、聞くとす

りも、うちもてなしたる有様、かたち、いと気色ばみ、(B)なつかしくなまめき、こぼれかかれる額髪の絶え間のいと白くをかしげ
ぐに、（琵琶を）弾く身のこなしや、姿が、じつに好ましく現れ、親しみ深く優美で、こぼれかかっている額髪の合間から見える額がたいそう白く美しい様子など、ほんとうに優美だなあ、と

なるほどなど、まことしく優なるものかな、と見ゆるに、箏の琴人は、長押の上にすこし引き入りて、琴は弾きやみて、それに寄
見えるが、箏の琴を弾いていた人は、長押の上の方に少し引っ込んで、琴を弾くのをやめて、（そのまま）その琴に

りかかりて、西にかたぶくままに曇りなき月をながめたる、この居たる人々をかしと見るにくらぶれば、むら雲のなかより望月
寄りかかって、西に傾くにつれて曇りなく澄む月を眺めていたが、そこにいた前の二人の女性を美しいと見たのと比べると、（この箏の琴の女性は）雲間から輝き出た

のさやかなる光を見つけたる心地するに、(4)あさましく見おどろきたまひぬ。

十五夜の月の明るい光を見つけたような気持ちがするので、（中納言は女の美しさを）意外なことだとご覧になり呆然《ぼうぜん》となさった。

25

日記

蜻蛉日記《かげろうにっき》

▼問題編112頁

読解のポイント

解答

問一　A 3　F 3〈4点×2〉

問二　ア 1　イ 4　ウ 3　エ 2〈2点×4〉

問三　わたりぬべし〈6字〉〈5点〉

問四　(例) 兼家が冷淡なので、私はどうしようもないと思って、連絡もせずに引っ越した〈10点〉

問五　2〈5点〉

問六　3〈5点〉

問七　(1) なか〈3点〉

(2) (例) 中川が浅くなるように私たちの仲も色あせて、冷めてしまったようだよ〈6点〉

満点
50
安全点
40
目標点
35

得点

作品の解説

『蜻蛉日記』下巻の一節。

『蜻蛉日記』は、平安時代中期の天延《てんえん》二年（九七四年）以降の成立。作者は、藤原道綱母《ふじわらのみちつなのはは》。藤原道綱母は、藤原倫寧《ともやす》の娘で、十九歳の頃に右大臣藤原師輔《もろすけ》の三男・兼家《かねいえ》と結婚。道綱をもうける。『蜻蛉日記』は、兼家との結婚から、訪れが絶えるまでの約二十年の結婚生活をつづった日記。上中下の三巻からなる。兼家には正妻・時姫《ときひめ》ほか、妻が多く、そのことで筆者は苦悩し、兼家との関係も悪化していく。下巻ではあきらめに似た心境に至り、物事の見方が客観的になる。一夫多妻制の社会における女性の苦しみを描き出した作品といえる。

設問の解説

問一　解釈★★

A「こち 代名〔此方〕」は〈こちら・ここ・私〉などを示す言葉です。「内裏《うち》（＝宮中）」から「こちら」に来るのですから3「作者の家」と考えられます。Fは引っ越した後で「見たまひなれにしところ（ご覧になり慣れた所）」というのですから、こちらも作者の住んでいた家、つまり3となります。両方同じ答えというのは少し意地悪にも感じますが、入試ではしばしば見られますので注意しましょう。

解答 A 3 F 3

問二 人物特定★★★

アは「『……急ぎ出でぬる』などて、見えたりし人」（＝急いでやってきた人）、さらには「そのままに、八月《はづき》二十余日まで見えず」「例のところにしげくなむ」（＝そのまま一か月ほども来なくなり別の女性の住まいに通っている）に当てはまる人物、つまり**1**「兼家」だとわかります。**イ**は「住むところはいよいよ荒れゆくを、人少なに」とありますから、邸《やしき》に人が少ないということで、邸にいる人ですから**4**「従者・侍女」だとわかります。**ウ**は少し難しい。前後を直訳してみると「（私の）住む所はいよいよ荒れていき、人（＝従者・侍女）も少ないので、『人にものして』、自分の住む所にいさせようと、私が頼っている人（＝**エ**）が決めて」となります。「ものす」は「～する」と、文脈によってさまざまな意味になりますから厄介です。「邸が荒れて人も少ないので『人にものして』作者を（**エ**の人物が）自分の住まいにいさせよう」というのですから「他人に譲って」という意味が推測でき、正解は**3**「他人」です。**エ**は「頼りにする人」なのですから**2**「作者の父」と推測できます。

解答 ア1 イ4 ウ3 エ2

問三 解釈★★

「さべし」と同じ内容ですから、「さ」の内容と「べし」の内容が当てはまらなくてはいけません。「さ」は〈そのような〉の意味の指示語なので直前を見ると「広幡中川《ひろはたなかがは》のほどにわたりぬべし」とあり、ここを指しているとわかります。十文字以内ですから、「移動（引っ越し）しよう」という「わたりぬべし」を抜き出します。ちなみに本文全体をチェックしても「わたる」と「べし」の両方の意味が書かれている箇所はほかにないため、ここが正解と確定できるでしょう。

解答 わたりぬべし

問四 現代語訳★★

「つれもなし（つれなし）」「かは」「音」などの重要語に気をつけつつ、動作主を補って訳しましょう。

〈採点のポイント〉

A：「つれもなし[形]」を〈冷淡だ・そっけない〉等と訳している（2点）

B：Aの動作主を兼家としている（前文「つつしむことありてなむ」の対応を「つれもなし」と作者が感じているところから、動作主を判断）（2点）

C：「かは[係助]」を反語として、「なにかはとて」を〈どうしようか（いや、どうしようもない）〉等と訳している（2点）

D：Cの動作主を作者・私等としている（2点）

E：「音もせでわたりぬ」を「連絡しないで・手紙も出さないで引っ越した」と訳している（2点）

解答 (例) 兼家が冷淡なので、私はどうしようもないと思って、連絡もせずに引っ越した

問五 解釈★★

「あはれなり［形動］」は「涙が出るような感動」と思えばよく、私は、本文中に問題と関係なく出てきたときは「～で泣けちゃうよね」と訳すと読みやすいと授業で言っています。意味はたくさんあって文脈を細かく見ないと訳しにくい言葉です。傍線部Dの上は「山近う、河原片かけたるところに、水は心のほしきに入りたれば」とありますから、ここでの「あはれなり」は、「趣が深い」の意味だと言え、**2**が正解です。なお、文脈によっては「みすぼらしい住まい」などにもなりますから気をつけましょう。

解答 2

問六 解釈★★

問いに「（兼家の）返事とその後の行動を含め」とありますから、兼家の返事と行動を探してみましょう。

返りごとに、「さなむとは告げきこゆとなむ思ひしかど、
返事に、「引っ越すとは申し上げたと思いますが、
E便なきところに、はたかたうおぼえしかばなむ。F見たま
不便な所に（いらっしゃるのは）、やはり難しいと思いましたので。
ひなれにしところにて、いまひとたび聞こゆべくは思ひし」
なじんでいらっしゃった（元の）家で、もう一度お話し申し上げたいとは思っていました」な
など、絶えたるさまにものしつ。「さもこそはあらめ。G便
ど、縁が切れたように申し上げた。（兼家は）「もっともであろう。不便
なかんなればなむ」とて、あとをたちたり。
な所であるようで」と言って、訪れを絶った。

「さもこそ」は〈いかにもそうである〉ですから、「『それはもっともであろう。不便な所であるようで』と言って、あと（の訪れ）を絶った」と訳せますから、これをもとに選択肢を考えます。正解は**3**です。**1**・**4**がやや紛らわしいですが、**1**は「転居のために不憫《ふびん》な状況になってしまった」と作者が訴えているわけではないので×。**4**も「自分にとってふさわしくない家」とは言っていないので不適です。

解答 3

問七 和歌（掛詞）★★★

「わがなかがは」の「なか」が「我が仲」と「中川」の掛詞《かけことば》と気づきましたか。気づければあとは掛詞を意識して訳すだけです。「ける＋らし」が転じた「けらし［助動］」は〈～たようだ〉と訳しましょう。「も［終助］」があるので詠嘆の意味を加えると

なおよいでしょう（ここは採点のポイントにはしていません）。

〈採点のポイント〉

A：「中川が浅くなるように」という訳がある（2点）

B：「私たち（夫婦）の仲もあせた」という訳がある（2点）

C：「けらし」を〈〜たようだ〉と訳している（2点）

解答 (1)なか　(2)(例)中川が浅くなるように私たちの仲も色あせて、冷めてしまったようだよ

古典文法編94頁「23助動詞　らし」、150頁「37和歌の修辞法　掛詞」

ふりかえり

今回は『蜻蛉日記』です！

人間関係がめっちゃドロドロのやつでしょ!?

おおっ！　知ってるんですか!?

ドロドロってだけ聞いたことある！　中身は知らん！

そうだと思った。

ですよね…（汗）。「こういう話」って一言で言っても、場面によってさまざまですから、やはり実際の作品に触れたいですよね。

けっこう文章むずいね！

そうなんです。でも、省略されている主語なんかも「兼家が作者に不実な話」と知っていると推測しやすいので、なんとなく話の流れを知ることも大切なんですよね。

まあ、文学史、ひととおり勉強することですね。

そっかー。あと、和歌がわからなかった！

「中川」の「中」と「男女の仲」の「仲」が掛けられていることに気がつくか、ですね。

これも兼家と作者の夫婦関係を知ってればすぐ気づくダロ。

そうだね…。読者のみんな、一緒にがんばろう！

着目

問題文も設問も難易度高し！　単語・文法・文学史の知識を用いて推測しよう！

現代語訳・重要古語・重要文法

六月、七月、おなじほどにありつつはてぬ。

六月、七月は、（兼家の訪れは）同じ程度で過ぎてしまった。

つごもり二十八日に、「相撲のことにより、内裏にさぶらひつれど、A**こち**ものせむとてなむ、急ぎ出でぬる」などて、見えたりしア人、そのままに、八月二十余日まで見えず。聞けば、例のところに**しげく**なむと聞く。移りにけりと思へば、**うつし心**もなくてのみあるに、住むところはいよいよ荒れゆくを、イ人少なにもありしかば、ウ人にものして、わが住むところにあらせむといふことを、わが**頼む**エ人さだめて、今日明日、広幡中川のほどにわたりぬべし。Bさべしとは、さきざきほのめかしたれど、今日などもなくてやはとて、「聞こえさすべきこと」と、ものしたれど、「**つつしむこと**ありてなむ」とて、C**つれもなけれ**ば、なにかはとて、**音**もせでわたりぬ。

（七月の）**月末**二十八日に、「相撲の節会のことで、宮中にお仕えしていたが、**こちら**へ来ようと思って、急いで退出した」などと言って、姿を見せた人（＝兼家）は、そのまま、八月二十日を過ぎても来ない。噂《うわさ》では、例の（近江《おうみ》という女の）所に**しきりに**（通っている）ということだ。（兼家の気持ちは）移ってしまったと思うので、**正気**でないようでばかりいると、住む家はますます荒れていくのに、人少なでもあったので、（その家は）他人に譲って、自分が住む所に（私を）住ませようということを、私の**頼りにしている**人（＝父）が決めて、今日明日にも、広幡中川の辺りに引っ越すことになった。そういう予定だとは、（兼家に）以前からほのめかしたけれど、今日（移る）ということは知らせずにいられようか（、いや知らせなくては）と思って、「申し上げたいこと（があります）」と、伝えたけれど、（兼家は）「**物忌**があって（行けない）」と言って、**薄情**なので、どうしようもないと思って、**連絡**もせず引っ越してしまった。

山近う、河原片かけたるところに、水は心のほしきに入りたれば、Dいと**あはれなる**住まひとおぼゆ。二三日になりぬれど知り

（新しい住まいは）山が近く、河原が家の片側に続いていて、川の水は（遣水《やりみず》として）思いのままに邸内に入っているので、たいへん**趣深い**住まいであると思われる。二、三日経ったが（兼

げもなし。五六日ばかり、「さりけるを告げざりける」とばかりあり。返りごとに、「さなむとは告げきこゆとなむ思ひしかど、E**便なきところに**、**はた**かたうおぼえしかばなむ。F見たまひなれにしところにて、いまひとたび聞こゆべくは思ひし」など、絶えたるさまにものしつ。「さもこそはあらめ。G便なかんなればなむ」とて、あとをたちたり。

家は）気づいた様子もない。五、六日ばかりして、「引っ越したのを知らせなかったね」とだけ言ってきた。返事に、「そう（=引っ越す）とは申し上げたと思いますが、**不便な所**に（いらっしゃるのは）、**やはり**難しいと思いましたので。見慣れていらっしゃった（元の）家で、もう一度お話し申し上げたいとは思っていました」など、縁が切れたように申し上げた。（兼家は）「そうであろう。不便な所だそうだから」と言って、訪れを絶った。

九月になりて、まだしきに格子を上げて見出だしたれば、内なるにも外なるにも、川霧立ちわたりて、麓も見えぬ山の見やられたるも、いとものの悲しうて、

九月になって、まだ朝早いときに格子を上げて外を眺めると、邸内（の遣水）にも外（の川）にも、川霧が立ちこめて、麓も見えない山が遠く眺められるのも、とても物悲しくて、

流れての床と頼みて来しかども　Hわがなかがははあせにけらしも

時が流れてもずっと夫婦の仲は絶えないと頼りにしてきたが、中川の水が流れて浅くなるように、私たちの仲もあせて疎遠になってしまったようだよ。

とぞ言はれける。

と自然に口ずさまれるのだった。

うつほ物語《ものがたり》

▼問題編116頁

読解のポイント

解答

問一 (1)2 (3)5 (6)5 (7)1 (10)2 (11)4 (12)1 （3点×7）

問二 4 （4点）

問三 1 （4点）

問四 2 （4点）

問五 (例) もし会いに来られないとしても、このまま私たちの仲が終わるはずはありません 〈36字〉（7点）

問六 3 （4点）

問七 (a)3 (b)1 （1点×2）

問八 1 （2点）

問九 4 （2点）

満点	安全点	目標点	得点
50	40	35	

作品の解説

『うつほ物語（宇津保物語）』巻一「俊蔭《としかげ》」の一節。

『うつほ物語』は、平安時代中期の十世紀後半頃に成立。作者は未詳だが、源順《みなもとのしたごう》とする説がある。二十巻に及ぶ、日本初の長編物語である。遣唐使に選ばれた清原俊蔭《きよはらのとしかげ》が、唐への途上で波斯《はし》国（イラン）に流れ着き、天人から琴《きん》と秘曲を授けられる。俊蔭、俊蔭の娘、娘の子・仲忠《なかただ》、仲忠の子・犬宮《いぬみや》という四代にわたって、琴の力で一族が繁栄してゆく物語。主題は伝奇的だが、絶世の美女・貴宮《あてみや》への求婚、その後の政権争いなど、当時の貴族社会を写実的に描いた面もある。書名は、巻一「俊蔭」にて仲忠母子が木の空洞（うつほ）に住んだことにちなむ。同じく長編物語である『源氏物語《げんじものがたり》』に大きな影響を与えた。

設問の解説

問一 単語・文法★★

(1)「さて副」は〈そのままで〉等の意味、「あるまじう」は「あるまじく」が音便化した形で、傍線部を直訳すると「そのままでもいるべきではなく」となります。リード部より男が女の元を去る場面ですから、「このまま女の元にいられず」と訳せます。

(3)「あからさま」は「あからさまなり形動」の語幹用法で、〈ほんのちょっと・少し〉等の意味の重要語です。覚えれば即答です。

(6)「語幹＋み」は〈～ので〉という意味で、形容詞の語幹用法として頻出です。

(7)「おろかなり形動」は〈おろそかだ・いいかげんだ〉等の意味の重要語、「な―そ」の呼応は禁止の意味でした。どちらも頻出ですので復習しておきましょう。

(10)「とばかり副」は〈ちょっとの間・しばらくの間〉という意味ですが、文脈でも推測できそうです。

(11)まず、「だに副助」は〈～さえ・せめて～だけでも〉とわかることが大前提です。次に、「殿」は人物を指すこともありますが、本来は「寝殿」の「殿」なので建物です（当時はその人のいる場所がその人の呼び名になることが多かったのです。寝殿にいるから「殿（貴族）」、殿上の間にいるから「上（天皇）」、宮中にいるから「宮（皇族）」など）。文中の「こそ～已然形」〈～のに〉も踏まえて直訳すると「屋敷のなかでさえ人をたくさん連れてお歩きになるのに」となり、**4**が正解。ちなみにこの本文では「殿」は男の父を指すこともあります。

(12)古文というよりも四字熟語の問題です。「あはれなる人（＝いとしい女）」を見捨ててきたときの気持ちですから、「茫然自失《ぼうぜんじしつ》」が選べます。ほかの選択肢の意味でわからないものがある人はすぐに辞書を引きましょう。現代文でも出題されますよ。

解答 (1)2　(3)5　(6)5　(7)1　(10)2　(11)4　(12)1

☞古典文法編34頁「8音便と語幹用法」、110頁「28助詞　副助詞」162頁「41呼応の副詞」

問二 人物特定★

「同じところにてだに、片時(2)お前ならぬところには据ゑたまはず」を直訳すると「同じところ（＝家）でさえ、少しの間も御前でないところにはお据えにならない」となります。リード部のヒントに、男の親は男をとても大切にしているとありますから、親である**4**「殿」を指すと推定できます。

解答 4

問三 解釈★★

直訳すると「それもこのようにここに参上して来るべきだったからだと、今となってわかりました」となりますから、選択肢と照らし合わせてみましょう。まずは後半の訳を疑問としている**2**・**3**が×。ここで指示語「かう」の示す内容を探すと、前文に「昨日（私＝男は）具合が悪かったので参上すまいと思っていたのを、（親が）どうしてもとおっしゃるので」となります。「参上したおかげで女性の所に来られたとわかった」という流れで、この内容が書かれているのは**1**だとわかります。

解答 1

問四 和歌解釈★★★

和歌の解釈では、①誰が誰に、②どんな場面で、を考えながら解釈しましょう。

> 「さらに心にては夢にてもおろかなるまじけれど、《心のなかでは夢のなかでさえもあなたをおろそかには全く思っておりませんが、》参り来むことのわりなかるべきこと」とのたまへば、《（ここまで）お伺いするのは無理なことでしょう」と（男が）おっしゃると、》女《女君は、》、
> (5) 秋風の吹くをも嘆く浅茅生にいまはと枯れむをりをこそ思へ

①女が男に、②「今後来ることは無理だろう」と言われた場面で返した歌、と考えて訳してみましょう。

「（私が飽きられるような）秋風が吹くことをも嘆くような浅茅の野原で、もう枯れるような（あなたと離れ離れになる）ときを思うと不安です」

以上を踏まえて選択肢を見ると、2が正解とわかります。1・5は前半部の表現技法が誤りで、3・4は後半部の解釈が誤りです。

解答 2

☞古典文法編150頁「37和歌の修辞法　掛詞」、156頁「40和歌の修辞法　序詞」

問五 現代語訳★★★

まず品詞分解してみましょう。

> さり《指示語》とも《そうであっても》／かく《指示語》て／やむ《終わる》／べき《適当・体》／に《断定》／も／あら／ず

採点にあたって解答のポイントを示します。「さりとも〔接続〕」「やむ」「べき」等の訳出がポイントです。

〈採点のポイント〉

・「さりとも」の内容

A：男女のやり取りから、「男が参上できない／会いに来られない／離れ離れになる」等の内容が書かれていること。（3点）

B：「〜としても」という意味があること。（1点）

・「かくてやむべきにもあらず」の内容

C：「（二人の関係を）終わりにするべきでない／終わるはずがない」等の内容が書かれていること。（3点）

解答 例 もし会いに来られないとしても、このまま私たちの仲が終わるはずはありません

問六 解釈★

この場面は「起き出でたまふに、」と女の家を出ようとしているところで、後に「単衣の袖を顔におしあてて、とばかり泣き入りて」と続くわけです。家を出るときに泣いているわけですから、男から女への「未練」の心情であると考えられ、3が正解です。

解答 3

問七 文法(読み)★

(a)は終止形接続の「べし 助動」の連用形「べかり」の前なので終止形「く」、(b)は未然形接続の「む 助動」の前なので未然形「こ」と推定できます。

解答 (a) 3 (b) 1

☞古典文法編28頁「5 動詞 変格活用」、56頁「12助動詞 む・むず」
60頁「14助動詞 べし」

問八 文法★★★

女が飽きられることを不安に思って詠んだ「秋風の」という和歌に対して、男が女をあわれんで「葉末こそ」と詠んでいます。「葉末こそ」の歌は、葉の先は飽きる（上の句）↕根の深い草は飽きない（下の句）という対比で、男の「飽きたりしない」という思いを表しているので、「知ら□」は「風で秋を知る」という肯定の意味になります。よって推量の助動詞「む」が、「こそ」を受けて已然形になった「め」が正解です。

解答 1

☞古典文法編56頁「12助動詞 む・むず」、114頁「30助詞 係助詞」

問九 文学史★★★

『和漢朗詠集《わかんろうえいしゅう》』は、朗詠するための和歌・漢文・漢詩を集めた詩文集で、平安中期の作品です。朗詠（声に出す）するためというのがユニークですね。これ自体はややマニアックですが、ほかの選択肢が比較的時代がわかりやすいので、消去法で選ぶこともできそうです。

1 『曾根崎心中《そねざきしんじゅう》』江戸時代
2 『風姿花伝《ふうしかでん》』室町時代
3 『古事記《こじき》』奈良時代
4 『和漢朗詠集《わかんろうえいしゅう》』平安時代
5 『十六夜日記《いざよいにっき》』鎌倉時代

解答 4

ふりかえり

今回は設問数が多いうえに記述もあって大変でしたね。

われかくれさせたまひけり…。

全然できなかったってこと?! しかも自敬表現…！

君天皇か！

てへ。

まあまあ。教科書レベルで頻出のものや、知らなくても前後を見ればなんとなくわかる単語も多いですから、コツコツ得点するのが大切ですね。

わたしなら、問一～三、六、七あたりを確実に取って、四、五、八に挑みますね。

そっか！ 記述は大変だけど、部分点を取れれば！

合格のボーダーラインは数点差で決まりますから、簡単なものや推測がきくものをしぶとく取るんですよ。

わたしは満点取れましたけど。

こぶたん！　今に逆転してやるから見てろ！

いつでもかかってこい。

切磋琢磨《せっさたくま》してがんばっていきましょうね。

着目

設問が多い場合は、取り組みやすい所から取り組むなどして、優先順位をつけよう。

現代語訳・重要古語・重要文法

深き**契り**を、夜ひと夜、心のゆく限りし**明かし**たまふも、逢ひ**がたから**む〔推量・体〕ことを、今より**いみじう**かなしう思さるるほどに、明

深い**夫婦の契り**を、夜通し、思う存分交わして**朝を迎え**なさるにつけても、再び会うことが**難しい**だろうことを、今から**ひどく**悲しく思われるうちにも、夜

かくなれば、(1)**さて**もある**まじう**、思しさわぐらむ〔現推・止〕といみじければ、「なほ、いかがすべき〔適当・体〕。今日ばかりは、なほかうてもと思へど、

も明けてくるので、**そうして**（女の所に）いる**わけにもいかず**、（親が）心配してお騒ぎになっているだろうとひどく気になるので、「やはりこれから、どうしたらよいでしょうか。今日一日

同じところにて**だに**、片時(2)お前ならぬところには据ゑたまはず。(3)**あからさま**の御供にも、はづしたまはず。昨日心地の**あしく**

だけは、やはりこうして一緒にいたいと思いますが、（親は）同じ家にいて**さえ**、少しの間もご自分から離れた場所には（私を）お置きになりません。**ちょっとした**外出のお供にも、（私を）

覚えしか〔過去・已〕ば、参るまじかり〔打意・用〕しを、**せちに**のたまひしかば。(4)そもかうここに参り(a)来べかり〔当然・用〕ければこそ〔強意（↓省）〕と、今なむ〔強意（↓）〕思ひ知らるる〔自発・体（↑）〕。

おはずしになりません。昨日は気分が**すぐれな**かったので、お供をしないつもりでしたが、（父が）**どうしても**（供をせよ）**と**おっしゃったので（参りました）。それもこうしてあなたの所に

さらに〔副〕心にては夢にても**おろかなる**まじけれ〔打推・已〕ど、参り(b)来むことの**わりなかる**べき〔推量・体〕こと」とのたまへば、ア女、

うかがうためだったのだと、今はわかります。心のなかでは夢でさえもあなたを**いいかげんに**思うことは決してないでしょうが、（ここまで）お伺いするのは**無理な**ことでしょう」とおっしゃると、女君は、

(5)秋風の吹くをも嘆く浅茅生にいまはと枯れむをりをこそ〔強意（↓）〕思へ〔八四・已（↑）〕

秋風の吹く音を聞いても嘆かれるこの浅茅の生えた野が、今はもうこれまでと枯れてしまうときのことを思うと（心配でたまりません）。

とほのかにいへば、二方に**いとほしく**、**あはれなる**ことを思ひ入りて、

とかすかに口ずさむと、（男は）一方では（親のことが）気の毒であり、また一方では（この女君のことが）しみじみといとおしく思い悩んで、

強意（↓）

「**葉末こそ秋をも知ら**<u>**め**</u>**根を深みそれ道芝のいつか忘れ**<u>**む**</u>

推量・巳（↑）　推量・体（↑）

接尾

「梢の葉末は秋風によって秋を知るでしょうが、道芝の根（のように）二人の契り）は深いので、あなたの所へ来る道をいつ忘れるでしょう、いいえ、忘れません。

イ　あが仏、(7)**おろかなるに**<u>**な**</u>思ひそ。(8)**さりともかくてやむ**<u>**べき**</u>**にもあらず**。ただ**つつましきほどばかりぞ**」とのたまひて、起き

副　禁止

反語（↑）推量・体（↑）

当然・体

私の大切な人よ、（私を）いいかげんな者とお思いくださいますな。もしそうで（＝会いに来られないとして）もこのまま私たちの仲が終わるはずはありません。ただ（親に）遠慮しなければ

出で**たまふ**に、(9)**なほいみじうかなしう**思さるれば、単衣の袖を顔におしあてて、(10)**とばかり**泣き入りて、かくのたまふ。

推量・巳（↑）

ならない間だけのことですよ」とおっしゃって、起きて（女の家を）出られたが、やはりひどく悲しく思われるので、単衣の袖を顔に押しあてて、しばらくの間お泣きになってから、こうおっ

しゃる。

宿思ふわが出づるだにあるものを涙さへ**など**とまら**ざる**<u>**らむ**</u>

現推・体

この荒れはてた宿に住む私が出ることさえ悲しいのに、そのうえ涙まで流れ出て、どうして止まらないのでしょうか。

とのたまへば、女、うち泣きて、

とおっしゃると、女は、泣いて、

ウ　**見る人も名残ありげもみえ**<u>**ぬ**</u>**世**を何としのぶる涙なる<u>**らむ**</u>

打消・体　現推・体

契りを結んだあなたも名残惜しそうにも見えない仲ですのに、どうして恋い慕う涙が流れるのでしょうか。

といふさまも、いと心苦しけれど、エ**殿**のこともいとほしければ、かへすがへす契りおきて出でたまふに、(11)**殿のうちをだに人あ**

と言う様子も、まことに気の毒であるけれど、父のことも気にかかるので、何度も約束の言葉を残して出て行かれるが、自分の家のなかでさえ人を大

強意（↑）

ま<u>**して**</u>**こそ**起き<u>**たまへ**</u>、ただひとところ帰りたまふに、いづれの道とも知りたまはぬうちに、オ**あはれなる人を見捨てつるに**、

補八四・巳（↑）

勢連れて歩かれるのに、たった一人でお帰りになるので、どの道を行けばよいのかわからないうちに、いとしい人を見捨てて来たので、

(12)**あれか人にもあらぬ心地して**、見めぐらして辻に立ちたまへ<u>**り**</u>。

存続・止

茫然とした気持ちになって、あたりを見回しながら道の辻にお立ちになっている。

狭衣物語《さごろもものがたり》

▼問題編122頁

読解のポイント

解答

問一 とのい（5点）
問二 4（5点）
問三 3（5点）
問四 (例) やはり源氏の宮の様子は格別にお見えになる（10点）
問五 2（6点）
問六 2（6点）
問七 1（6点）
問八 5（7点）

満点
50
安全点
40
目標点
35

得点

作品の解説

『狭衣物語』巻二の一節。

『狭衣物語』は、平安時代後期の十一世紀後半頃に成立。作者不詳だが、六条斎院宣旨《ろくじょうさいいんせんじ》（源 頼国女《みなもとのよりくにのむすめ》）とされる。四巻。作り物語。主人公の狭衣大将は、兄妹のように育った従妹《いとこ》の源氏《げんじ》の宮《みや》に思いを寄せるが拒絶され、満たされない恋心を抱きながらさまざまな女性と関係していく。それらの恋も悲恋に終わり、身分は栄達するが、心は晴れないという内容。『源氏物語《げんじものがたり》』に強い影響を受けている。鎌倉時代前期の物語評論『無名草子《むみょうぞうし》』では「『狭衣』こそ、『源氏』に次ぎて世覚えはべれ」とあり、当時の評価は高かったようである。

設問の解説

問一 単語（読み）★

「宿直（とのゐ）」は宮中などに夜間宿直し、警護などにあたること。

解答 とのい

問二〈単語★〉

「同じうは」は「同じくは副」のウ音便です。形容詞などの連用形活用語尾「く」＋「は」は、〈〜ならば〉と訳します。〈同じならば〉と近い4「どうせなら」を選びます。 **解答** 4

☞古典文法編108頁「27助詞　接続助詞」

問三〈単語★〉

「やをら副」は〈静かに・そっと〉等の意味です。頻出なので覚えておきましょう。 **解答** 3

問四〈現代語訳★★〉

まずは傍線部Cを品詞分解して意味を当てはめてみましょう。

なほなほ《やはり》／さまことに《格別だ》／見え／させ／たまふ《最高敬語》

「さまことなり形動」は〈出家の姿である・様子が異なる・格別だ〉などの意味がありますが、「様」が「異なる」と考えれば単語を知らなくても訳せます。前の文で「御髪のこぼれかかりたる肩のわたりなど」と源氏の宮の様子を述べていますから、「格別だ」の意味を用いて直訳すると「やはり様子が格別にお見えになる」となります。誰の様子かを明らかにして「やはり源氏の宮の様子は格別にお見えになる」とすればよいでしょう。

〈採点のポイント〉

A：「格別だ・ほかとは違う」等の訳がある（4点）

B：最高敬語を訳出している〈〜なさる・お〜になる〉など（3点）

C：源氏の宮の様子だと補っている（3点）

解答 (例) やはり源氏の宮の様子は格別にお見えになる

問五〈解釈★〉

狭衣が源氏の宮を垣間見《かいま》ながら「(幼いころから染みるほど)見申し上げてきたからだろうか」と言うのですから、2が正解となりますね。 **解答** 2

問六〈人物特定★〉

和歌の直後に「とのたまはすれば、御前なる人々も」とありますから、尊敬語を用いられる人物で、かつ「御前なる人々」がまわりにいることになります。今狭衣は垣間見をしていて「御前なる人々」はついていませんから、「源氏の宮」だとわかります。 **解答** 2

☞古典文法編128頁「序　敬語とは」

問七〈解釈★★〉

指示語の問題ですから、周辺の本文から考えてみましょう。

つくづくと見たてまつるも心のみ騒ぎまさりて、いとFかくしも作りきこえけんむすぶの神もつらければ、

「かく」以下を訳してみると、「このように作り申し上げたようなむすぶの神も恨めしいので」となります。また、「かく」の前では「つくづくと見申し上げても心だけが騒いでいって」とありますから、源氏の宮を見る狭衣の心情とわかります。つまり「かく」は、狭衣の心が騒いでしまうように神がつくった源氏の宮の様子と考えればいいので、**1**「源氏の宮を美しく」が正解です。

解答 **1**

問八 内容一致★★

内容一致問題では、それぞれの選択肢の内容について、本文と照らし合わせてみましょう。

1 本文1行目の記述より、○。

2 本文7行目に「皇太后宮の御形見の色にやつれさせたまひて」とありますので、○。

3 本文19行目に（源氏の宮の様子を）「つくづくと見たてまつるも心のみ騒ぎまさりて」、本文20行目に「『我見灯明仏《がけんとうみやうぶつ》』とおぼすも心憂くて」とあり、○です。

4 本文20行目の「『南無平等《なむびやうどう》……』としのびやかにのたまひつる」狭衣を、22行目に「おとなしき人々は、『よろづにめでたき……』など、めで聞こゆ」とあるので、○。

5 本文21行目「この渡殿の障子こそ少し開きたれば、御覧じやしつらん、あさましき朝顔を」とありますが、これは花ではなく女房たちの「朝の顔＝寝起きの顔」です。誤りですので、これが正解です。

解答 **5**

ふりかえり

今回は『狭衣物語』です。問題文長くて大変だったでしょう。

源氏の宮かわいいんだろうなあ…。

その前にタツヤくん、出来はどうだったんだ？

オワタ♡

をい。

エゑえ！　基本問題多いですよ！

誰が誰だかわかんなくなった…。

導入文読みましたか？

ソレナンダッケ？

💢

問題文の前にある説明文です。ここで「狭衣」が「源氏の宮」を垣間見ているとわかると、「源氏の宮は部屋で外を見ている」「狭衣は外から源氏の宮をのぞいてい

る」とわかります。

そっか…。いちばん最初のほうで習ったんだった。

源氏の宮も狭衣も動作に尊敬語が使われていて一見わかりにくいですが、導入文のヒントでだいぶ読みやすくなります。もちろん女房たち（人々）の動作には尊敬語がついていませんから、その違いはわかりやすいです。

たしかに…。

気づいたらどうする？

もう一度読み直してみる!!

その調子です。

着目

敬意の対象で主語を判断できない場合、導入文や古文常識・場面状況などで判断しよう！

現代語訳・重要古語・重要文法

源氏の宮の御方にも、常より**もとく**起きたるけはひにて、**夜もすがら**降りつもり**たる**雪見るなる**べし**。その渡殿より見たまへば、

たる 完了・体　べし 推量・止

源氏の宮のお住まいでも、いつもよりも**早く**起きている様子で、**一晩中**降り積もった雪を（女房たちが）見ているようだ。（狭衣は）その渡殿からご覧になると、

若きさぶらひども五、六人、きたなげなき姿どもにて雪まろばしするを見るとて、①宿直姿なる童べ、若き人々などの出で**ゐ**たる、

宿直《とのい》姿の童女や、若い女房などが端に出て**座っ**ているが、その寝起

若い侍たち五、六人が、こぎれいな姿で雪玉を転がしているのを見るというので、

また寝くたれのかたちども、いづれとなくとりどりに**をかしげ**にて、「踏ままく惜しきものかな」と言へば、御簾の中なる人々も

きのままの姿が、どれともなくそれぞれに**美しい様子**で、「踏ままく惜しき、という風情ですね」と（一人が）言うと、御簾《みす》のなかの女房たちもこ

こぼれ出でて、「A**同じうは**、富士の山に**こそ**作ら**め**」と言へば、「越の白山に**こそ** **あ** **めれ**」なども言ふ**めり**。

こそ 強意（↓）　め 推量・已（↑）　こそ 強意（↓）　あ ラ変・体　めれ 推定・已（↑）　めり 推定・止

ぼれるように出てきて、「**どうせなら**、富士山の形に作ろう」と言うと、「越の白山でしょう」などと言うようだ。

「御前には起きさせたまひてや」とゆかしければ、隅の間の障子のほのかなるより、**B** やをら見たまへば、母屋の際なる御几帳どももみな押しやられて、その柱のつらに、脇息に押しかかりて見居させたまへり〔完了・止〕。皇太后宮の御形見の色にやつれさせたまひて、このごろの枯野の色なる御衣ども、濃き薄きなるに、同じ色のうちたる、われもかうの織物重なりたるなども、人の着たらばすさまじかりぬ〔完了・止〕べき〔推量・体〕を、春の花、秋の紅葉よりもなかなかなまめかしう見ゆる、人がらな〔断定・体（撥無）〕めり〔推定・止〕かし〔終助〕。ひきもつくろはせたまはぬ寝くたれ、御髪のこぼれかかりたる肩のわたりなど、**C** なほなほさまことに見えさせたまふ。人々の、山作り騒ぐを御覧じて、うち笑ひうちとけさせたまへる愛敬、雪の光にもてはやされて、まことにあなめでたと見えさせたまへり〔存続・止〕。

（源氏の）宮は起きていらっしゃるか」と**知りたく**て、隅の間の襖《ふすま》の少し開いている所から、**そっと**ご覧になると、（源氏の宮は、）母屋の境の御几《きち》帳《よう》などもすべて押しやられて、その柱の傍らで、脇息《きょうそく》にもたれかかって座って（外を）見ていらっしゃった。（叔母の）皇太后宮の喪に服した衣の色で**地味な服装をして**いらっしゃって、このごろの枯野の色のお召し物に、濃いのや薄いの（を着重ねた上）に、同じ色のうち目のある（袿《うちき》）、吾亦紅《われもこう》の織物の重なっているのなども、ほかの人が着たならば**興ざめに**感じてしまいそうだが、春の花や、秋の紅葉よりも**かえって優美に**見えるのは、（宮の）人柄によるようだ。整えなさってもいない寝起き姿、御髪が垂れかかっている肩のあたりなど、**何と言ってもやはり**人とは違って格別に見えなさる。人々が、雪の山を作り騒いでいるのをご覧になって、笑いうちとけていらっしゃる**かわいらしさ**が、雪の光に引き立てられて、本当に「**ああすばらしい**」とお見えになる。

「いでや、いはけなかりし〔過去・体〕より **D** 見たてまつり染みに〔完了・用〕しか〔過去・已〕ばに〔断定・用〕や〔疑問（↓省）〕、なほ、いとかばかりなる人は世にあらじ〔打推・止〕かし〔終助〕。かかればこそ〔強意（↓流）〕、人をも身をもいたづらになしつる〔完了・体〕ぞかし〔強意〕」逢はぬ〔打消・体〕嘆きにもののみ心細し。

「それにしても、**幼かった**ときから見慣れ申し上げていたからだろうか、やはり、これほどの人はこの世にまずいらっしゃらないだろう。このようだからこそ、ほかの女性のことも自分の身も**無駄にし**ていたことよ」と、会えない嘆きで無性にやるせない。

富士の山作り出でて、煙たてたるを御覧じやりて、

富士山を作り上げて、煙を立てたのをご覧になって、

E いつまでか〔疑問（↓）〕消えずもあらん〔推量・体（↑）〕淡雪の煙は富士の山と見ゆとも

いつまで消えないでいるのでしょうか淡雪は。煙が立っている所は富士山のように見えますが。

とのたまはすれば、御前なる人々も心々に言ふことどもなる**べし**。
推量・止
と（宮が）おっしゃるので、お側にいる女房たちもそれぞれ思い思いに歌を口ずさむようだ。

つくづくと見たてまつるも**心のみ騒ぎまさりて**、いとF かくしも作りきこえ**けん**むすぶの神も**つらければ**、たちのきて、
婉曲・体
（それを）じっと拝見するにつけて（狭衣は）ますます心が騒いで、このように（宮を）美しくお作りしたようなむすぶの神も**恨めしい**ので、立ちのいて、

燃えわたる我が身ぞ富士の山よただ雪にも消えず煙たちつつ
燃え続けている我が身こそが富士山なのですよ。雪が降っても思いの火は消えず恋い焦がれる切なさに煙を立てながら。

など思ひ続くるに、**行ひ**も懈怠して、「我見灯明仏」とおぼすも**心憂くて**、「南無平等大慧法花経」としのびやかにのたまひつるも、
などと思い続けていると、**勤行**も怠ってしまって、「我見灯明仏《がけんとうみょうぶつ》」とお思いになっても**つらくて**、「南無平等大慧法花経《なむびょうどうだいえほけきょう》」と小さな声でおっしゃったのも、**なみ一通りでなく**尊く

なべてならず尊く聞こゆるに、人々見やりて、「この渡殿の障子**こそ**少し開きたれば、御覧じ**や**しつ**らん**、**あさましき**朝顔を」な
強意（↓流）　疑問（↓）　原推・体（↑）
聞こえると、女房たちが見て、「この渡殿の襖が少し開いていたので、ご覧になったのではないか、**あきれた**この朝の寝起きの顔なのに」など**困惑し**合って

ど**わび**あひたり。**おとなしき**人々は、「**よろづに**めでたき御ありさまかな。聞くことにも見たてまつるにも**めづらしう**のみありて」
いる。**年配の**女房たちは、「**すべてに**すばらしいご様子だわ。声を聞いても姿を拝見しても**めったにないほどすばらしい**」などと、おほめ申し上げる。

など、**めで**聞こゆ。

更級日記《さらしなにっき》

▼問題編126頁

読解のポイント

解答

問一 a 1　b 2（4点×2）

問二 3（5点）

問三 Ⅱ 1　Ⅲ 3　Ⅳ 4（5点×3）

問四 1（5点）

問五 4（5点）

問六 (1) ウ・エ（3点×2）　(2) ③（3点）

問七 2（3点）

満点	安全点	目標点
50	40	35

得点

作品の解説

『更級日記』の一節。

『更級日記』は、平安時代中期の康平三年（一〇六〇年）頃に成立したと考えられている。作者は、菅原孝標女《すがわらのたかすえのむすめ》。十三歳頃、父の任国であった上総《かずさ》（現在の千葉県）から上京する旅路に始まり、老境に至るまでの約四十年間を回想的につづった日記である。少女時代の作者は『源氏物語《げんじものがたり》』をはじめとする物語世界への強いあこがれを抱いていたが、近しい人々との別れや、宮仕え、結婚といった現実の生活を通して、そのあこがれは薄れ、信仰に安らぎを求めるようになっていく。作者の精神遍歴が克明に描かれた作品であるとともに、当時の中流貴族の女性の生活をうかがい知ることができる。なお、菅原孝標女は『蜻蛉日記《かげろうにっき》』の作者・藤原道《ふじわらのみち》綱母《つなのはは》の姪《めい》である。

設問の解説

問一　単語★★

a 「やがて副」は〈そのまま・すぐに〉等の意味を持つ重

要語です。ここは**1**を確実に選びましょう。

b 「便《びん》なし〔形〕」は〈不都合だ・具合が悪い〉等の意味を持つ重要語です。ここでは直訳の選択肢がありませんから、「いらへぬも便なし」に合う意訳をしましょう。ちなみに「いらふ〔動〕〈答ふ〉」は〈答える・応える〉の意味です。「答えないのも都合が悪い」が直訳ですから、意味の近い**2**「無粋《ぶすい》である」が選べます。

解答 a 1 b 2

問二 解釈★

「まし〔助動〕」に気をつけて訳しましょう。前に「～せば」の形がありますから「反実仮想〈もし～たならば、…ただろうに〉」の意味になりますね。直訳すると「秋の別れを深く知っただろうに〈実際は知ることができなかった〉」となります。この訳が反映されているのは**3**です。ちなみに**3**は「～でしょうが、」です。反語と読み誤らないように。ケアレスミスに注意です。

解答 3

☞古典文法編72頁「16助動詞 まし」

問三 解釈★★

Ⅱ 「いとど〔副〕」は「いといと」が縮まった言葉で〈ますます・そのうえさらに〉などの意味の重要語です。「人目」は〈人の出入り〉を意味します。傍線部**Ⅱ**を訳すと「以前よりもいっそう人が訪れない」のだとわかり、正解は**1**とわかります。

Ⅲ 「しかば」に注目です。「しか」は体験過去の「き〔助動〕」の已然形でした。ですから「自分が過去に体験したので」という意味とわかり、**3**が選べます。

Ⅳ 「かかる」は指示語ですから、前を見ると男性から和歌の下の句を詠みかけられていることがわかります。そこで「このようなことに答えないのは無粋である」と言っているわけです。よって**4**「歌を詠みかけられた場合」が選べます。

解答 Ⅱ 1 Ⅲ 3 Ⅳ 4

☞古典文法編76頁「18助動詞 き・けり」

問四 和歌解釈★★

和歌を解釈するときは**①誰が誰に、②どんな場面で**、と意識します。ここは、②男性が「花見に行《ゆ》くと君を見るかな」と女性を口説いてきている場面で、①女性が男性に歌を詠み返しています。女性がうまく切り返すわけなので「千種《ちぐさ》なる心ならひ」は「たくさんの女性に向けられている『心ならひ（＝習慣）』」と考えられます。よって**1**が正解になります。

解答 1

問五 和歌解釈★★★

1は本文には父が赴任する前の「秋」を「楽しい」とする描写はありません。**2**は任地のほうが気候が厳しいという記述が本文に見当たりません。**3**は「不遇な境遇」が本文からは読み取れません。**4**の「荻《をぎ》の枯葉」は前文に説明があります。秋の盛りを過ぎ、冬になっても風に吹かれて枯れ残っていると描写されており、父親が去った後の作者と「取り残されたもの」という境遇が合致するので、正解です。

解答 4

問六 文法★★★

(1) **ア**は「（懐紙に）書かれている」として、「受身」の意味と推測できます。**イ**は打消を伴っているので「可能」でしょう。**ウ**は筆者が自分の行動を回想しています。「つい書いてしまった」のニュアンスがありますから「自発」です。**エ**は心情を表す「思ひやる」についていますから「自発」と判断できるでしょう。正解は**ウ**と**エ**です。

(2) 例文を現代語訳すると「人からの歌の返事を、早くするべきなのに、詠むことができないのは、気がかりだ」となり、「べき」の意味は「当然・適当」と考えられます。同様のものを探しましょう。①は後ろに打消を伴っていますから「可能」と考えられます。②は「全く思わなかったよ、この世でちょっとでも君（＝父上）と別れるだろうなんて」と訳せますから「推量」です。③④は「一緒に来るはずの人が待っているようだ」と訳せますから、③が「当然・適当」、④が「推量」と判断できます。

☞古典文法編46頁「9助動詞 る・らる」、60頁「14助動詞 べし」

解答 (1)ウ・エ (2)③

問七 文学史★★

まず『土佐日記《とさにっき》』が平安時代前期に成立した日記文学の最初の作品ですから、そこから判断して**2**・**4**を検討します。『十六夜日記《いざよいにっき》』は鎌倉中期～後期頃といわれているので最後は確定。『蜻蛉日記《かげろうにっき》』は平安中期で、『更級日記』も中期で迷いますが、『蜻蛉日記』の作者・藤原道綱母は『更級日記』の作者・菅原孝標女の伯母だと知っていれば、『蜻蛉日記』が先に成立したと推測でき、正解が選べます。作品の成立年代はよく出るので覚えておきましょう。

解答 2

ふりかえり

今回は『更級日記』です！

ちょっと俺には読みにくかったけど…助動詞とかの文法知識だけでも問題解けるんだね！

やっと気づいたか。

問三Ⅲとかめっちゃ助動詞やっててよかったって思った！ 体験過去知ってれば正解選べるもんね。

成長してくれてうれしいです…!!

古典文法編で「覚えて意味あんの？」とか言ってなかったか？

えへ。意味あった（笑）。でも、問六の文法問題は文脈見たり訳したりしなきゃで、逆に難しかった…。

そうですね。解釈問題は文法を知っているとすぐに解けて、文法だけを問う問題は逆に文脈が必要でした。でも今回も★と★★の問題をしっかり取れば安全点に達しますよ。

取れる所をしっかり！　でいきます。

着目

読みにくい問題文こそ、文法・単語の知識から攻めよう！　文脈を追うことも忘れずに！

現代語訳・重要古語・重要文法

七月十三日に下る。（略）その日は立ち騒ぎて、時なりぬれ[完了・已]ば、今はとて簾を引き上げて、うち見あはせて涙をほろほろと落として、a **やがて**出でぬる[完了・体]を見送る心地、目もくれまどひて臥され[自発・用]ぬる[完了・体]に、とまるをのこの[同格]、送りして帰るに、懐紙に、

（父は）七月十三日に下る。出発の当日は大騒ぎで、出発の時刻になってしまったので、もうお別れだと（父が私の部屋の）簾《すだれ》を引き上げて、顔を見合わせて涙をはらはらと流して、**すぐに**出て行ってしまったのを見送る気持ちは（悲しくて）、涙に暮れ心惑ってつい突っ伏してしまったが、こちらに残る下仕えの男で、（父を）見送りして帰る者に（託して）、懐紙に、（父が）

思ふこと心にかなふ身なりせ[過去・未]ば[接助] I 秋の別れを深く知らまし[反実仮想・止]

思うことが思いどおりになる身であったら、秋に人と別れるあわれを深く味わい知ることができたでしょうが、今はそれもできません。

とばかり書かア れ[受身・用]たるをも、え[副]見やらイ れ[可能・未]ず[打消・止]。こと**よろしき**ときこそ[強意（↓）]**腰折れ**かかりたることも思ひ続けけれ[過去・已（↑）]、ともかくも言ふ① べ[可能・体]きかたもおぼえぬままに、

とだけ書かれているのにも、目を向けることもできない。気持ちが**平穏な**ときには**拙劣な歌**でも思い浮かび詠んだのだが、（今は気持ちが動転して）何とも言うことができる歌も思い浮かばないままに、

かけて〔副〕 こそ〔強意（↓）〕思はざり〔打消・用〕 しか〔過去・已（↑）〕この世にてしばしも君にわかる②べし〔推量・止〕とは

少しも思いませんでした。この世でほんのしばらくでも父上と別れるだろうとは。

とや〔疑問（↓）〕書か ウ れ〔自発・用〕にけむ〔過推・体（↑）〕。

とつい書いてしまったのだったろうか。

Ⅱ いとど人目も見えず、さびしく心細くうちながめつつ、いづこばかりと、明け暮れ思ひやる。Ⅲ 道のほども知りにしか〔過去・已〕ば、はるかに恋しく心細きこと限りなし。明くるより暮るるまで、東の山ぎはをながめて過ぐす。

（父の赴任後は）いっそう訪問客も少なくなり、寂しく心細く物思いにふけっては、（父は今ごろ）どこらあたりだろうと、明けても暮れても思いをはせている。（父の）道程は（自分も通ったから）知っていたので、はるかに恋しく心細いことはこの上もない。夜が明けてから日が暮れるまで、東の山際を眺めて過ごす。

八月ばかりに太秦にこもるに、一条より詣づる道に、男車、二つばかり引き立てて、ものへ行くに、もろともに来③べき〔当然・体〕人待つなる④べし〔推量・止〕。過ぎて行くに、随身だつ者をおこせて、

八月頃に太秦に籠もるので、一条大路を通って参詣する途中の道に、男車が、二台ほど止めてあって、どこかに行くのに、一緒に来るはずの人を待つのであろう。（その車のそばを）過ぎて行く間に、随身らしい者をよこして、

花見に行くと君を見るかな

これから花見に行くと、あなたをお見受けします。

と言はせ〔使役・用〕たれば、Ⅳ かかるほどのことは、いらへぬ〔打消・体〕も b 便なしなどあれば、

と伝えさせてきたので、このような（歌を詠みかけられた）場合、返事をしないのも無粋であるなどと（連れの者が）言うので、

千種なる Ⅴ 心ならひに秋の野の

（あなたの）多くの女性への（浮気な）心の習慣のために、秋の野の（私が目にとまったのでしょう）。

とばかり言はせ《使役・用》て行き過ぎぬ《完了・止》。七日さぶらふほども、ただあづま路のみ思ひやられ《自発・用》て、**よしなし**事からうじて離れて、「平らかに会ひ見せたまへ」と申すは、仏もあはれと聞き入れさせたまひけむ《過推・止》かし。

とだけ答えさせて通り過ぎた。七日お籠もりする間も、ただとにかく東路（＝父が旅する方角）ばかりが思いやられて、**つまらない悩み**事からやっとのことで離れて、「無事に（父と）再会させてください」と申し上げる私の願いは、仏もしみじみとお聞き入れなさっただろうよ。

冬になりて、**日ぐらし**雨降りくらしたる夜、雲かへる風はげしううち吹きて、空晴れて月いみじう明うなりて、軒近き荻のいみじく風に吹かれて、砕けまどふがいとあはれにて、

冬になって、**一日じゅう**雨が降り続いた夜、雲を吹き払う風が激しく吹いて、空が晴れて月がたいそう明るくなって、軒近い荻がひどく風に吹かれて、激しく揺れているのがとてもしみじみと感じられて、

Ⅵ 秋をいかに思ひ出づらむ《現推・体》冬深み嵐にまどふ荻の枯葉は

冬が深まったので、冬の嵐に激しく揺れる荻の枯葉は、（自分が盛りだった）秋をどのように思い出しているのだろう。

29

物語

源氏物語《げんじものがたり》

▼問題編132頁

読解のポイント

解答

問一　A ①　B ③　C ④（3点×3）

問二　a ④　b ⑧　c ⑤（2点×3）

問三　d ②　e ④（2点×2）

問四　(1) ②　(2) ①　(3) ⑤（3点×3）

問五　①（4点）

問六　②（4点）

問七　(例)光源氏の、気持ちがふさいでいた紫の上が笑うようになったことを見て、うれしく思っている気持ち(が込められている)。（7点）

問八　⑤（4点）

問九　⑤（3点）

満点	50
安全点	40
目標点	35

得点

作品の解説

『源氏物語』「若紫《わかむらさき》」の一節。

『源氏物語』は、平安時代中期の長保《ちょうほう》三年（一〇〇一年）頃に書き始められ、寛弘《かんこう》五年（一〇〇八年）頃には成立していたと考えられている。作者は、紫式部《むらさきしきぶ》。五十四帖《じょう》からなる長編の作り物語である。主人公は、光源氏《ひかるげんじ》。帝《みかど》の子として生まれ、類《たぐい》まれなる美貌と才能を持つ人物である。内容は、以下の三部に大きく分けられる。光源氏の生い立ち、恋愛遍歴、不遇の時代を経て栄華を極めるまでを描いた第一部、自身の犯した過去の罪とその報いに苦しみ、やがて出家の意向を固めるに至る第二部、源氏の死後、成長した源氏の子や孫の恋愛を描いた第三部である。第三部のうち、宇治が舞台となる最後の十帖《じょう》を「宇治十帖」とも呼ぶ。光源氏と関係する女性たちは、光源氏の亡き母に似ていると言われ、父帝の妻という立場から許されない恋の関係であった藤壺《ふじつぼ》、最初の正妻・葵《あおい》の上《うえ》、藤壺に生き写しで、少女時代に引き取られ理想の妻として育てられた紫の上（若紫）、光源氏が不遇のときに明石《あかし》で出会った明石の君ほか、数多く登場する。緻密な心理描写や人物造形、構成の巧みさなどから日本古典文学の最高傑作と言われ、後世に与えた影響は非常に大きい。

設問の解説

問一　解釈★★

A「さすがに〔副〕」〈そうはいってもやはり〉、「え〔副〕―ず」〈～できない〉等に気をつけて直訳すると「そうはいってもやはり声をたててお泣きになれず」となり、①の選択肢に合致します。ここはかならず正解したいですね。

B「おぼろけなり〔形動〕」は〈はっきりしなくて気がかりだ・普通だ〉の意味があります。ここでは「誰ならむ」に続いていますから「並一通りのお方ではないだろう」と訳し、③が正解です。なお、「おぼろけならず」で〈並一通りではない〉という意味になります（類似の語として「なべてならず」「例ならず」「なのめならず」「おろかならず」等もチェックです）。

C「あしかんめる」は音便の形と気づけたでしょうか。「あしかる（〔形〕〔体〕）＋めり（〔助動〕〔体〕）」で「悪いような」と直訳できます。選択肢を見ると「あし（悪し）〔形〕」を意訳しないといけないようですね。後に「さるべき人々、夕づけてこそは迎へさせたまはめ」とありますから、「人がいなくて『あしかんめるを』、相応の人たちを夕方には迎えなさいませ」という文脈だとわかります。そうすると、④が適当とわかります。紛らわしい②は「としたら」の訳がおかしいですし、ほかの選択肢を含めて「めり」が訳出できていないので×です。

解答　A①　B③　C④

問二　文法★

☞古典文法編34頁「8音便と語幹用法」、58頁「13助動詞　じ」90頁「21助動詞　なり・めり」、162頁「41呼応の副詞」

aは未然形につく「ぬ」ですから④「打消」です。bは「惟《これ》光《みつ》召して」から続く一文なので、⑧「使役」とします。「惟光を呼んで……させなさった」というわけです。cは「れたまふ」の「れ」は尊敬にはならないと思い出せたかどうかがポイントです。「震える」は「自然にしてしまうこと」と言えますから、⑤「自発」を選びましょう。

☞古典文法編46頁「9助動詞　る・らる」

解答　a④　b⑧　c⑤

問三　文法★

dは連用形についていますから、②が当てはまります。eは後の「よき」が「よし〔形〕」の連体形ですから、係り結びと考えられ④の係助詞と判断できます。係助詞の場合は「なむ」を取っても文意が変わらないので、そこから判断する方法もあります。

☞古典文法編166頁「43判別『なむ』『ぬ・ね』」

解答　d②　e④

問四　人物特定★★

(1)「大殿籠《おほとのごも》る〔動〕」は、〈おやすみになる〉という意味の尊敬語です。「少納言がもとに寝む」という若君（＝紫の上）に対して光源氏が「さは大殿籠るまじきぞよ（そのようにおやすみになるものではありませんよ)」と「教え申し上げている」わけですから、「大殿籠る」の主語は②「紫の上」とわかります。

(2)「召す動」は〈お呼びになる〉という意味の尊敬語です。紫の上のために「童《わらは》べを召し」ているわけですから、ここでの主語は①「光源氏」と考えられるでしょう。

(3)「参る動」は、〈参上する・差し上げる〉などの意味の謙譲語です。「小さきかぎり、ことさらに参れ(特別に参上せよ)」というので、主語は「小さきかぎり」だとわかります。とすると、子供たちである⑤「童べ」が選べます。

解答 (1)② (2)① (3)⑤

古典文法編130頁「32敬語 尊敬語」、132頁「33敬語 謙譲語」

問五 解釈★★

> 「少納言がもとに寝む」とのたまふ声いと若し。「今は、さは大殿籠るまじきぞよ」と教へきこえたまへば(已然形＋ば〈〜ので〉)、X いとわびしくて泣き臥《ふ》したまへり。

点線部Xの前の「已然形＋ば」に注意すると、若君(＝紫の上)が「少納言のもとで寝たい」と言うのに対して光源氏が「今はそのようにはおやすみになるものではありません」と言ったことが理由で紫の上が「いとわびしくて泣き臥したまへり」ということになります。よって、①が選べます。

解答 ①

問六 解釈★★

まず、点線部Yは尊敬語がないところから、主語が少納言だとわかります。①か②となりますが、「はしたなし形」は〈中途半端で不似合いだ・体裁がわるい〉等の意味の重要語ですから、この意味に近い②を選びましょう。

解答 ②

問七 解釈★★★

点線部Zの主語が誰かをまずは考えましょう。前文からの流れで「紫の上が鈍《にび》色の服を着て、笑っていらっしゃる様子がたいそうかわいらしい」ので、点線部Z「我もうち笑まれて見たまふ(自身も自然とお笑いになる)」と読み取れ、敬語も使われているので点線部Zの主語は「源氏」だとわかります。それでは、どのような気持ちが込められているのかを全体の流れを見直し考えてみましょう。西の対《たい》に来たばかりの紫の上は少納言と寝たいと泣いたり、童べが来ても、横になったままだったりと気持ちがふさいでいました。ところが14行目「なつかしううち語らひ……をしたまふ」と光源氏が気に入ることをしてあげると紫の上は「何心なくうち笑《ゑ》み」となりました。その一連の流れを盛り込んで解答を考えましょう。

〈採点のポイント〉

・「誰の」の解答

A：「光源氏の」（2点）

・「どのような気持ち」の解答

B：「気持ちがふさいでいた紫の上が笑うようになったこと」（3点）

C：「Bを見て、うれしく思っている気持ち（が込められている）」（2点）

※「Aの……という気持ち（が込められている）」という形になっていないものは×。

解答 (例)光源氏の、気持ちがふさいでいた紫の上が笑うようになったことを見て、うれしく思っている気持ち（が込められている）。

問八 内容一致★★

各選択肢を見てみましょう。

×①→西の対には誰もおらず、はじめは調度品もありませんでしたね。

×②→3行目では紫の上は気味が悪くて震えていましたね。

×③→紫の上は12行目「御衣《ぞ》にまとはれて臥したまへる」と、童たちに心を開いていません。

×④→光源氏が起きだしたのは日が高くなってからでした。（10行目）

○⑤→12行目「かう心《こころ》憂くなおはせそ。……心やはらかなるなむよき」より正解です。

解答 ⑤

問九 文学史★

『源氏物語』は平安時代中期の作品です。正解は⑤ですが、選択肢を順に確認しましょう。（　）内は成立年代です。

①『蜻蛉日記《かげろうにっき》』（平安時代中期）・『新古今和歌集《しんこきんわかしゅう》』（鎌倉時代初期）

②『日本霊異記《にほんりょういき》』（平安時代初期）・『徒然草《つれづれぐさ》』（鎌倉時代末期）

③『うつほ物語《ものがたり》』（平安時代中期）・『風土記《ふどき》』（奈良時代）

④『狭衣物語《さごろもものがたり》』（平安時代後期）・『平中物語《へいちゅうものがたり》』（平安時代中期）

⑤『宇治拾遺物語《うじしゅういものがたり》』（鎌倉時代前期）・『雨月物語《うげつものがたり》』（江戸時代中期）

解答 ⑤

ふりかえり

いよいよ『源氏物語』！

ぎゃ――――。

っていうほどは難しくないダロ。

たしかに。

『源氏物語』は本気で難しくされると地獄レベルですが、そうすると試験にならないので（合格者がしっかり点数が取れる難易度でないと試験としては意味がない）、設問は十分に対応できることが多いですよ。

そうなんだ…。

今回は記述はちょっと難しいけど、部分点取れるし、後は基礎の積み重ねですね。

そうだよね…。でも、難しいって思い込むとわかるものもわからない気がしちゃう。

気おくれするなってこと！　いい意味で慣れていきましょう。練習して「こんなもんか」って思えたらこちらのものです。

たしかに！　復習もがんばるぞ！

みなさんもがんばってくださいね。

着目

入試頻出の『源氏物語』、登場人物をマークする・主語を補う…などして文脈をしっかり追えばかならず得点できる！

現代語訳・重要古語・重要文法

こなたは住みたまは a ぬ（打消・体）対なれば、御帳などもなかりけり。惟光召して、御帳、御屏風など、あたりあたりしたて b させ（使役・用）たまふ。

こちら（＝西の対の屋）は（普段）生活なさらない建物であるから、御帳などもなかった。（そこで源氏は）惟光をお呼びになって、御帳、御屏風などを、あちらこちらと設けさせなさる。

御几帳の帷子引き下ろし、御座などただひきつくろふばかりにてあれば、東の対に御宿直物召しに遣はして**大殿籠り**ぬ（完了・止）。若君は、いと**むくつけう**、いかにすることならむと震は c れ（自発・用）たまへど、A **さすがに**声たてても**え**（副）泣きたまはず（打消・用）、「少納言がもとに寝む（意志・止）」とのたまふ声いと若し。「今は、さは (1) 大殿籠るまじき（不適当・体）ぞよ」と教へきこえたまへば、X いとわびしくて泣き臥したまへり。乳母はうちも臥されず、ものもおぼえず起きゐたり。

御几帳の帷子を引き下ろし、御座所などを少し整える程度になっているので、東の対の屋にご寝具をお取り寄せに（惟光を）おやりになってから**お休みになった**。若君（＝紫の上）は、ひどく**気味が悪く**、どうするつもりなのだろうと震えないではいらっしゃれないけれど、**そうは言っても**声を上げてお泣きになることもできず、「少納言のところで寝たい」とおっしゃる声がたいへん幼い。「もう、そのようにおやすみになるものではないのですよ」と（源氏が）お教え申し上げなさると、たいそう寂しくて泣きながら横になっていらっしゃる。乳母（＝少納言）は少しも横になることもできず、どうしてよいかわからなくて起きて座っている。

明けゆくままに見わたせば、御殿の造りざま、しつらひざま**さらにもいはず**、庭の砂子も玉を重ねたらむやうに見えて、輝く心
夜が明けてゆくにしたがって（辺りを）見回すと、御殿の造作や、（部屋の）飾りつけは**改めて言うまでもなく**、庭の白砂も玉を敷き重ねたように見えて、光り輝くほどの感じがするので、
地するに、Y **はしたなく**思ひゐたれど、**こなた**には女なども**さぶらは**ざりけり。**うとき**客人などの参るをりふしの方なりければ、
（少納言は）**いたたまれないと**思いながらじっとしているのだが、**こちら**には女房なども**お控え申し上げ**ていなかった。**あまり親しくない**客人などが参上する折に使う場所であったから、男た
男どもぞ御簾の外にありける。かく人迎へたまへり、とほの聞く人は、「誰ならむ。B **おぼろけにはあらじ**」とささめく。
ちが御簾の外にいたのだった。このように（源氏が）女君をお迎えになっている、とちらっと聞く人は、「誰だろうか。**並大抵の**お方ではあるまい」とひそひそ話す。
御手水、御粥などこなたに**まゐる**。日高う寝起きたまひて、「C 人なくてあしかんめるを、**さるべき**人々、夕づけてこそは迎へ
（源氏は）御手水や、御粥などをこちら（＝紫の上の居所）で**お使いになる**。日が高くなってからお起きになって、「人がいなくて不自由なように見えるので、**ふさわしい**女房たちを、夕方
させたまはめ」とのたまひて、対に童べ(2)召しに遣はす。「小さきかぎり、ことさらに(3)**参れ**」とありければ、いとをかしげにて四
になってからお迎えになるがよい」とおっしゃって、（東の）対の屋に女童《めのわらは》をお呼び寄せのため（人を）お遣わしになる。「小さい者だけ、特別に**参上せよ**」というご命令だったので、大変か
人参りたり。君は御衣《おんぞ》にまとはれて臥したまへるを、**せめて**起こして、「かう**心憂く**なおはせそ。**すずろなる**人は、かうはあり
わいらしい様子で四人参上した。君（＝紫の上）はお召し物にくるまって横になっていらっしゃるのを、（源氏は）**無理に**起こして、「こんなふうに（私に）**つらく**（させるようには）いらっしゃ
d なむや。女は、心やはらかなる e なむよき」など今より教へきこえたまふ。御容貌は、さし離れて見しよりも、いみじう**清ら**
いますな。**いいかげんな**気持ちの者は、このようにしましょうか。女は、気立ての素直であるのが最高なのです」などと（紫の上に）今からお教え申し上げなさる。（紫の上の）お顔立ちは、
にて、**なつかしう**うち語らひつつ、をかしき絵、遊び物ども取りに遣はして見せたてまつり、御心につくことどもをしたまふ。**や**
遠くで見たときよりも、非常に**美しい**ので、（源氏は）**親しく**話しかけては、興味を引く絵や、玩具などを取りにおやりになってお見せ申し上げ、（紫の上の）お気に召すことをあれこれとな
うやう起きゐて見たまふに、鈍色のこまやかなるがうち萎えたるどもを着て、何心なくうち笑みなどしてゐたまへるがいと**うつく**
さる。**しだいに**起き直ってご覧になるときに、ねずみ色の（喪服の）濃い色で柔らかい物を着て、無邪気にほほえんで座っていらっしゃる様子がたいへん**かわいらしい**ので、（源氏）ご自身
しきに、Z 我もうち笑まれて見たまふ。
も自然と笑みがこぼれて（紫の上を）ご覧になる。

30

歴史物語

栄花物語《えいがものがたり》

▼問題編138頁

読解のポイント

解答

問一　ロ（5点）
問二　ニ（3点）
問三　a・c（3点×2）
問四　Aハ　Bイ　Cニ　Dホ（3点×4）
問五　ニ（5点）
問六　イ（5点）
問七　ニ（5点）
問八　イ・ロ・ニ（3点×3）

満点
50
安全点
40
目標点
30

得点

作品の解説

『栄花物語』巻十の一節。

『栄花物語』は、平安時代後期に成立。正編三十巻と続編十巻があり、正編は長元《ちょうげん》年間（一〇二八年～一〇三七年）頃、続編は寛治《かんじ》六年（一〇九二年）以後まもなくの成立とみられている。作者は未詳だが、正編は赤染衛門《あかぞめえもん》、後編は出羽弁《いでわのべん》とする説がある。赤染衛門は一条《いちじょう》天皇の中宮彰子《しょうし》、出羽弁は後一条《ごいちじょう》天皇の中宮威子《いし》に仕えた女房で、ともに歌人でもあった。第五十九代宇多《うだ》天皇から第七十三代堀河《ほりかわ》天皇までの約二〇〇年の歴史を、藤原道長《ふじわらのみちなが》の栄華を中心に、物語風の編年体（年を追って記す形）で描いている。文体は仮名文（和文体）。仮名書きによる歴史物語の先駆けとなった作品である。

設問の解説

問一　解釈★★

傍線部1を直訳すると、「道長さまが二郎君さまをとても大切になさっているので、必ず勘当（＝とがめ）があるでしょう」

となります。選択肢を見ると、誰がとがめられるかで分かれているようですから、後の文脈を見ましょう。「いと心ぎたなき聖《ひじり》の心なりけり。……かばかりの身にては苦しうや覚えん」と二郎君が、出家した身であるのに、殿のとがめを気にする聖《ひじり》を非難しています。そのため、**ロ**が正解です。

解答 ロ

問二 人物特定★

傍線部**2**を含んだ「かばかりの身にては苦しうや覚えん」を訳すと「このような身で、差しさわりだと思われるか（いや、思わない）」となります。「このような身」は聖の出家した身を指すので、「覚えん」の主体は**ニ**「皮の聖」です。「苦し形」を「差しさわり」、「や係助」を反語と捉えることができれば完璧です。

解答 ニ

問三 文法★★★

「奉る」は〈差し上げる謙〉と〈お召しになる尊〉の二つの意味がありますね。ここでは前に「綿の御衣」とあり、傍線部**3**は尊敬語の〈お召しになる〉と判断できます。それでは**a**〜**f**から尊敬語を探しましょう。**a**「賜はす」は尊敬語ですね。**b**「奉る」は「そふ動」の連用形「そへ」についている補助動詞ですから謙譲語です。**c**「聞こしめす」は尊敬語です。「めす」がついたら尊敬語と覚えましょう。**d**「参る」は「参上する」と訳せますから謙譲語でいいでしょう。**e**の「給へ」は推量の助動詞「む」の前なので未然形、下二段活用ですから謙譲語です。これも頻出です。**f**の「侍り」は丁寧語です。

解答 a・c

古典文法編130頁「32敬語　尊敬語」、132頁「33敬語　謙譲語」
134頁「34敬語　丁寧語」

問四 単語★★★

Aは後ろに「参らず」とあり、次の文で「何度も呼ばれて、参上した」ところから、「すぐには」という意味の**ハ**を入れます。「とみに（も）副」は〈急に・すぐに〉という意味です。**B**は「山へ急ぎ登らせ給ふ」とあった後に「おはしまし着きて」とあるので、「いつしか副」〈すぐにでも・早くも〉か「やがて副」〈すぐに・そのまま〉が入りそうですが、〝同じものを二度選んではならない〟という条件のときは後の空欄にどちらかが入る可能性があるので保留します。**C**は出家した後のほうが「仕うまつる心ざしも侍らめ（＝お仕え申し上げる心もございましょう）」というのですから**ニ**「なかなか〈かえって〉」を入れましょう。そして**D**は二郎君が「そのまま」無動寺に残ることについて道長が指図する場面なので、**ホ**「やがて副〈そのまま〉」が入ります。これで**B**は消去法で**イ**「いつしか」が入ります。

解答 Aハ　Bイ　Cニ　Dホ

問五 解釈★

傍線部**4**を直訳すると「どうしてとやかく思うだろうか（い

や、思わない)」となります。「とやかく思う」とは、直後に「聖なさずとも、……止まるべき事ならず」とあるので、聖がしなくても二郎君を止めることはできないから、聖を責めるつもりはない、聖に対して何か悪く思うだろうか、いや思わない、という意味だと考えられます。よって**ニ**が選べます。 **解答** ニ

問六 解釈★★

傍線部**5**を直訳すると「世にあるような限りは、何事を見捨ててあるだろうか（いやない）と思うのに」となります。誰が「世にあ」って、誰を「見捨てることがない」のでしょうか。今この会話は「殿の御前（＝道長）」が話者ですから、「私がこの世にいるうちは、どうしてあなた（＝二郎君）を見捨てていようか（いや、見捨てまい）と思うのに」と補うことができるでしょう。選択肢を見ると「どのような庇護《ひご》でも与えるつもり」が「見捨てまい」の意訳と考えられ、**イ**が正解となります。**ロ**は後半「二郎君が……」以下が×。**ハ**は前半の「二郎君が出家せずにいる限りは」が×。**ニ**はすべて×。 **解答** イ

問七 内容一致★★★

内容一致問題ですので、各選択肢を検討しましょう。

×**イ**→1行目に「二郎君、右馬頭《むまのかみ》にておはしつる」とあり、二郎君がこの位についていたことがわかります。

×**ロ**→11行目で聖が道長に「のたまはせしさま、かうかう。いとふびんなる事を仕まつりて、かしこまり申し侍る」と述べています。「ふびんなり 形動」は〈不都合だ〉で、尊敬語がついていないので聖の状況を指します。

×**ハ**→12行目の道長の発言に「いと若き心地に、ここらの中を捨てて、人知れず思ひたちける、あはれなりける事なりや」とあるので、つい正解と思いがちですが、「我が心にも勝りてありけるかな（私の心よりまさって（立派で）あることだな）」と続いていることから、「あはれ」は「かわいそう」ではなく〈しみじみと感心することだ〉のような意味だと推測でき、「かわいそう」ではおかしいということになります。

○**ニ**→20行目に「ただ幼く侍りし折より、いかでと思ひ侍りしに、さやうにもおぼしめしかけぬ事を、かくと申さんもいと恥づかしう侍りし程に」とあり、二郎君は、父の道長がお思いにもならないことを申し上げるのも気がひけるため、言い出せなかったことがわかります。正解です。

×**ホ**→**ニ**の説明にもあるように、後悔している様子はありません。 **解答** ニ

問八 文学史★★★

『栄花物語』が成立したのは一〇二八〜一〇三七年頃（平安時代後期）です。それより明らかに早いものを選びましょう。**イ**『伊勢物語《いせものがたり》』・**ニ**『土佐日記《とさにっき》』は平安時代前期の作品なので、すぐに選べます。**ロ**『宇津保物語《うつほものがたり》』は平安時代中期の作品です

が、わからなかった人は消去法で選びましょう。ハ『新古今和歌集《しんこきんわかしゅう》』、ホ『とはずがたり』、へ『方丈記《ほうじょうき》』はすべて鎌倉時代ですね。

解答 イ・ロ・ニ

ふりかえり

早稲田の問題むずい!!

そりゃそうダロ。

でも、丁寧にやればできそうな問題もありませんか?

たしかに…。

難関大ではかならずしも知らない知識が出題されるわけではなく、基礎知識や文脈把握の組み合わせの設問が多いと思います。要素が一つだと皆気づくから簡単なんですが、複数組み合わせると気づきにくくなって難しく感じます。でも要は複数組み合わせているだけですから、丁寧に解けば突破できます。

めんどくさがるなよってことですよ。

たしかに…。ちゃんと見れば解けるのあるよね。

あとは最後まであきらめずに読むことです。問題文の後ろのほうが楽なこともあります。

投げ出すなよ。

なんか受験勉強のすべてが試験の構造になってる気がする。あきらめないでやりきらないとだめとか。

そうですよ。努力が結果に表れやすいのが大学入試です。

ですよね。絶対合格する! できるまで何度も繰り返すぞ!

読者のみなさんもがんばるんですよ。

本番まで応援していますからね!

着目

最終関門! 基礎知識だけでなく、人物、会話内容にも気をつけて難関を突破せよ!

かかる程に、殿の高松殿の二郎君、右馬頭にておはしつる〔完了・体〕、十七八ばかりにやとぞ〔疑問(↓省)〕、いかにおぼしけるにか、夜中ばかりに、皮の聖のもとにおはして、「われ法師になし給へ〔補八・四・体〕。1 年頃の本意なり〔完了・未／推量・止〕」とのたまひければ、聖、「大殿のいと貴きものにせ〔サ変・未〕させ〔尊敬・用〕給ふに、必ず勘当侍りなん〔完了・未／推量・止〕」と申して〔打消・用〕聞かざりければ、「いと心ぎたなき聖の心なりけり。殿、びんなしとのたまはせんにも、かばかりの身にては苦しうや〔反語(↑)〕覚えん〔推量・体(↑)〕。2 悪くもありけるかな。ここになさずとも、かばかり思ひ立ちてとまるべきならず〔可能・体〕」とのたまはせければ、「理なり」とうち泣きて、なし奉りにけり〔完了・用／過去・止〕。聖の衣、取り着させ給ひて、直衣〔のうし〕、指貫〔さしぬき〕、さるべき御衣〔おんぞ〕〔当然・体〕など、皆、聖にぞ〔強意(↑)〕そへ〔b〕奉りける〔過去・体(↑)〕。3 それを御供にて山に登り給ひぬ〔完了・止〕。この大徳などや〔疑問(↓)〕言ひ散らしけん〔過推・体(↑)〕、日の出づるほどに、この殿うせ給へりとて、大殿、御衣脱ぎ〔a〕賜はせて、綿の御衣一つばかり奉りて、山に無動寺といふ所に、夜のうちにおはししにけり。皮の聖、あやしき法師一人を、殿より多くの人を分かちて求め奉らせ給ふに、皮の聖のもとにて出家し給へるといふ事を聞こしめして〔c〕、いみじとおぼしめして、

こうしているうちに、殿（＝藤原道長）の（妻である）高松殿の二郎君は、右馬寮の長官でいらっしゃったが、十七、八歳ぐらいだったかというときに、どのようにお思いになったのであろうか、夜中頃に、皮の聖のもとにお出かけになって、「私を法師にしてください。長年の望みなのです」とおっしゃったので、聖は、「大殿（＝道長）がたいそう大事になさっているお方なので、（そんなことをしたら私が）きっとおとがめを受けるでしょう」と申し上げて聞き入れようとしなかったところ、「まったく俗なあなたの心ですねえ。殿が、不都合だとおっしゃったとしても、このような（俗世を捨てた）身では何の差し支えがありましょうか。感心したことではないですね。あなたが法師にしなくても、これほど決意したからには思いとどまることはできません」とおっしゃったので、（聖は）「もっともなことだ」と泣いて、（法師に）して差し上げたのだった。聖の僧衣を、借りて着用なさり、直衣や、指貫、ふさわしいお召し物などは、みな、聖に差し上げた。その者をお供に山にお登りになった。この聖などが言い広めたのだろうか、日が出る頃に、この殿（＝二郎君）が行方不明になられたということで、大殿が脱いで聖にお与えになって、綿入れのお召し物一枚だけをお召しになり、比叡山にある無動寺という所に、夜中のうちにいらっしゃってしまった。皮の聖は、身分の低い法師一人をおつけ申し上げた。大勢の人々を手分けしてお探し申し上げさせなさると、皮の聖のもとで出家なさったということをお聞きになって、大変なことだとお思いになり、

皮の聖を召しに遣はしたるに、**かしこまり**て、**とみにも**参らず。「いとあるまじき事なり。参れ参れ」とたびたび召されて、参 d りたれば、殿の御前、泣く泣く有様問はせ給へば、聖の申しやう、「のたまはせしさま、かうかう。いと**ふびんなる**事を仕まつりて、かしこまり申し侍る」と申せば、「4 などてか[反語(↓)]ともかくも思はん[推量・体(↑)]。聖なさずとも、さばかり思ひたちては止まるべき[当然・体]事ならず。いと若き心地に、ここらの中を捨てて、人知れず思ひたちける、**あはれなり**ける事なりや。我が心にも勝りてありけるかな」とて、山へ急ぎ登らせ給ふ。高松殿の上は、すべてものもおぼえ給はず。

皮の聖をお呼びに使者を行かせたが、聖は**恐縮して**、**すぐには**参上しない。「まったくとんでもないことだ。参れ参れ」とたびたびお呼びになって、（聖が）参上すると、大殿が、泣きながら出家の様子をお尋ねになるので、聖が申し上げたことは、「（二郎君が）おっしゃった有様は、これこれでございます。まことに**不都合な**ことをいたしまして、おわび申し上げます」と申し上げると、「どうしてとやかく（とがめ立てするようなことを）思おうか、思ってはいない。聖がしなくても、それほど決心したのであれば思いとどまるはずもない。たいそう若い心で、大勢の親兄弟を捨てて、ひそかに出家を決心したとは、**殊勝な**ことではないか。私の心よりもまさって立派なことだ」とおっしゃって、山へ急いでお登りになる。高松殿のお方は、まったく何もお考えになれないほど正気を失っていらっしゃる。

殿おはしませば、幾その人々か競ひ登り給ふ。**いつしか**おはしまし着きて、見奉らせ給へば、例の僧達は、額のほど、けぢめ見えでこそ[強意(↓)]あれ[ラ変・已(↑)]、これはさもなくて、あはれに**うつくしう**尊げにておはす。**なほ**見奉り給ふに、御涙とどめさせ給はず。そこらの殿ばら、いみじうあはれに見奉らせ給ふ。殿の御前、「さてもいかに思ひ立ちし事ぞ。何事の**憂かり**し[過去・体]ぞ。我を**つらし**と思ふ事や[疑問(↓)]ありし[過去・体(↑)]。官爵の**心もとなく**おぼえし[過去・体]か。又いかでか[疑問(↓省)]と思ひかけたりし女の事や[疑問(↓)]ありし[過去・体(↑)]。異事は知らず、5 世にあらん限りは、何

殿がお出かけになるので、数がわからないほど多くの人々が競って供をして山へ登りなさる。（殿は）**早くも**ご到着になって、（二郎君に）お会い申し上げなさると、普通の僧たちは、額のそり際に、区別は見えないけれど、二郎君はそのようなこともなく（生え際がはっきりとして）、しみじみと**可愛らしく**尊い様子でいらっしゃる。**やはり**拝見なさるうちに、お涙をお抑えになれない。大勢の殿方も、たいそうしみじみとした思いで拝見なさっている。殿の御前は、「それにしてもどうして決心したことか。何事が**つらかっ**たのか。私を**薄情だ**と思うことがあったのか。官位の昇進が**じれったく**思われたのか。または何とかして（結婚したい）と思いをかけていた女の（思うようにいかない）ことでもあったのか。何があったかは知らないが、

事を**か**〔反語（↓）〕見捨ててはあら**ん**〔推量・体（↑）〕と思ふに、心憂く。かく母をも我をも思はで、かかる事」とのたまひ続けて泣かせ給へば、いと心あはただしげにおぼして、我もうち泣き給ひて、「さらに何事を**か**〔反語（↓）〕思う給へ（e）**む**〔推量・体（↑）〕。ただ幼く侍り（f）し折より、いかでと思ひ侍りしに、さやうにもおぼしめしかけ**ぬ**〔打消・体〕事を、かくと申さんもいと恥づかしう侍りし程に、かうまでしなさせ給ひに**しか**〔過去・已〕ば、我にもあらでありき侍りしなり。誰にも誰にも、**なかなか**かくて**こそ**〔強意（↓）〕、仕うまつる心ざしも侍ら**め**〔推量・已（↑）〕」と申し給ふ。さて**やがて**そこにおはします**べ**〔当然・体〕き御心おきて、ある**べ**〔当然・体〕き事ども、のたまはす。

私が健在である限りは、どのようなことでも見捨ててはおかないと思っていたのに、情けない。このように母のことも私のことも考えないで、こんなことを」と言い続けなさってお泣きになるので、（二郎君は）とても落ち着かないお気持ちになって、自分もお泣きになって、「何事を不満に思いましょうか、まったく思いません。ただ幼くございました頃から、何とかして（出家したい）と思っていましたが、そのようなこととは（父上が）思いもかけなさらないことなのに、そう（＝出家したい）と申し上げるのもたいそう気がひけていましたうちに、このよう（右馬寮の長官）にまでなさってしまったので、不本意ながら過ごしていたのです。どなたに対しても、かえってこうして（出家して）こそ、お尽くし申し上げる誠意もございましょう」と申し上げなさる。そうして（大殿は）そのまま（二郎君が）無動寺にお住まいになるについてのお考えや、しなければならない指図などを、おっしゃる。

スタッフ
編集協力：そらみつ企画
校正：広瀬菜桜子　加田祐衣
宮川咲　加藤陽子
岡崎匠吾　木村千春
本文イラスト：アカツキウォーカー
装丁デザイン：金井久幸（Two Three）
本文デザイン：大貫としみ（ME TIME LLC）

古文読解

多読トレーニング

READING COMPREHENSION EXERCISES

問題編

問題を取り組むにあたって

▼問題を解く前に、本冊の2～15頁に目を通しましょう。

▼1講につき15～20分を目標に解いてください。
はじめのうちは時間オーバーしても大丈夫ですよ。

▼解き終わったら、かならず解説を読みましょう。

がんばってくださいね！

徒然草《つれづれぐさ》

▼解答解説編16頁

◆次の文章を読み、後の問いに答えなさい。

相模守時頼の母は、松下禅尼とぞ申しけ【1】。守《かみ》を入れ申さるることありけるに、すすけたるあかりさうじのやぶればかりを、禅尼手づから、小刀してきりまはしつつ張られければ、兄《せうと》の城介義景《じやうのすけよしかげ》、その日の経営《けいめい》して候ひけるが、「賜はりて、なにがし男に張らせ候はむ。さやうのことに[2]心得たる者に候」と申されければ、「その男、尼が細工によもまさり侍らじ」とて、なほ一間《ひとま》づつ張られけるを、義景、「[3]皆を張りかへ候はむは、はるかにたやすく候べし。まだらに候も見ぐるしくや」と、かさねて申されければ、「尼も、後はさはさはと張りかへむと思へども、けふばかりは、わざとかくてあるべきなり。物は破れたる所ばかりを修理《すり》して用ゐることぞと、若き人に見ならはせて、心つけむためなり」と申されける、いとありがたかりけり。

世ををさむる道、【4】を本とす。女性《によしやう》なれども聖人の心に通へり。[5]天下をたもつ程の人を子にて持たれける、誠に、【6】人にはあらざりけるとぞ。

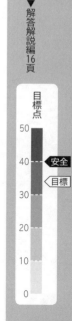

問一 空欄1に入るひらがな一字を書きなさい。（2点）

問二 傍線部2「心得たる者」とは、どのような者か。解答欄に合わせ漢字二字で答えなさい。（6点）

□□な者

問三 傍線部3の義景による再度の申し出「皆を張りかへ候はむは、はるかにたやすく候べし。まだらに候も見ぐるしくや」に対して、禅尼はどのように考えているのか。次の文章の空欄A～Cにことばを補いなさい。（各6点）

禅尼は、義景の申し出を［A］と思っているが、今日は、若い人に「修理《すり》して用ゐること」の大切さを語り聞かせるのではなく、［B］ようとして、あえて［C］のである。

A	B	C

問四 空欄4に入るもっとも適切な語を次の中から選びなさい。（6点）

イ 辛抱　ロ 清貧　ハ 清楚　ニ 倹約　ホ 勤勉

問五 傍線部5「天下をたもつ程の人」とは誰のことか答えなさい。（6点）

問六 空欄6に入るひらがな二字を答えなさい。（6点）

問七 『徒然草』の筆者が、禅尼に抱く思いはどのようなものか。次の中からもっとも適切なものを選びなさい。（6点）

イ たくみに障子を張る、禅尼の器用さに感心している

ロ 他者に頼らず、自分自身でやろうとする禅尼の自立心に感心している

ハ 何気ないことにおける、禅尼の教育的配慮に感心している

ニ 他者の言葉に振り回されない、禅尼の芯の強さに感心している

ホ 日常生活において、女性らしい禅尼の心掛けに感心している

（明治学院大学　出題）

2 日記

土佐日記《とさにっき》

▼解答解説編20頁

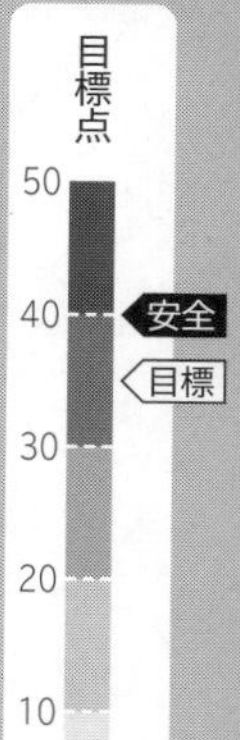

◆次の文章を読み、後の問いに答えなさい。

かくいひて、眺めつつ来る間に、[a]ゆくりなく風吹きて、漕げども漕げども、後《しり》へ退《しぞ》きに退きて、ほとほとしくうちはめ[x]べし。揖取《かぢと》りのいはく、「この住吉の明神は、[1]例の神ぞかし。ほしき物ぞおはすらむ」とは、[2]今めくものか。さて、「幣《ぬさ》を奉《たてまつ》り給へ」といふ。いふに従ひて、幣奉る。かく奉れれど、[b]もはら風止《や》まで、いや吹きに、いや立ちに、風波の危《あやふ》ければ、揖取りまたいはく、「幣には[3]御心のいかねば、御船もゆかぬなり。なほ、うれしと思ひ給《た》ぶべき物奉り給べ」といふ。また、いふに従ひて、「いかがはせむ」とて、「[4]眼《まなこ》もこそ二つあれ、ただ一つある鏡を奉る」とて、海にうちはめつれば、口惜し。されば、[c]うちつけに、海は鏡の面《おもて》のごとなりぬれば、或人のよめる歌、

[A]神の心を荒るる海に鏡を入れてかつ見[y]かな

いたく、住江《すみのえ》、忘れ草、岸の姫松などいふ神にはあらずかし。目もうつらうつら、鏡に神の心をこそは見[z]。揖取りの心は、神の御心なりけり。

問一 **傍線部a～cの語句の意味として最も適切なものを次の中からそれぞれ一つ選びなさい。**（各3点）

a **ゆくりなく**
ア 思いがけず　イ やっとのことで　ウ 激しく　エ 予想どおり

b **もはら**
ア なんと　イ 結局　ウ 意に反して　エ まったく

c **うちつけに**
ア あきれたことに　イ すっかり　ウ とたんに　エ しだいに

a	b	c

問二 **空欄 x ・ y ・ z には、完了の助動詞「つ」の活用したものが入る。次の中からそれぞれ適切なものを一つ選びなさい。**（各2点）

ア て　イ つ　ウ つる　エ つれ　オ てよ

x	y	z

問三 **傍線部1「例の神」の説明として最も適切なものを次の中から一つ選びなさい。**（6点）

ア ふだん信じている神様　イ 例の風流な神様　ウ いつもの欲ばりの神様　エ あの親切な神様

問四 **傍線部2「今めくものか」は作者の感想であるが、その現代語訳として最も適切なものを次の中から一つ選びなさい。**（6点）

ア　神様ともあろうものが、なんと当世風で打算的なことよ。
イ　現代的な船なのに、やはり天候には勝てないなあ。
ウ　卑しい揖取りの言葉なので、気がきいていないことだ。
エ　船旅を悩ます悪天候は、今も昔も変わらないことよ。

問五 **傍線部3「御心のいかねば、御船もゆかぬなり」の表現法として適切なものを次の中から一つ選びなさい。**（6点）

ア　隠喩　イ　直喩　ウ　倒置　エ　対句

問六 **傍線部4「眼もこそ二つあれ、ただ一つある鏡を奉る」から、どういうことがわかるか。最も適切なものを次の中から一つ選びなさい。**（6点）

ア　目と鏡の両方とも大切だということ。
イ　目よりも鏡の方が大切だということ。
ウ　鏡よりも目の方が大切だということ。
エ　目も鏡もそれほど大切ではないということ。

問七 **文中の和歌の空欄 A には枕詞が入る。最も適切なものを次の中から一つ選びなさい。**（5点）

ア たらちねの　イ ひさかたの　ウ あをによし　エ ちはやぶる

問八 **次の文は『土佐日記』に関する記述である。空欄 Ⅰ ～ Ⅲ に入るものを次の中からそれぞれ一つ選びなさい。**（各2点）

『土佐日記』は Ⅰ に成立した日記で、作者は Ⅱ である。また、冒頭部分は「 Ⅲ 」である。

Ⅰ ア 奈良時代　イ 平安時代　ウ 鎌倉時代　エ 室町時代

Ⅱ ア 紀貫之　イ 松尾芭蕉　ウ 清少納言　エ 鴨長明

Ⅲ ア いづれの御時にか、女御更衣あまたさぶらひ給ひけるなかに
　イ ゆく河の流れは絶えずして、しかも、もとの水にあらず
　ウ 祇園精舎の鐘の声、諸行無常の響きあり
　エ 男もすなる日記といふものを、女もしてみむとて、するなり

Ⅰ	Ⅱ	Ⅲ

（名城大学　出題）

3

歌物語

伊《い》勢《せ》物《もの》語《がたり》

▼解答解説編24頁

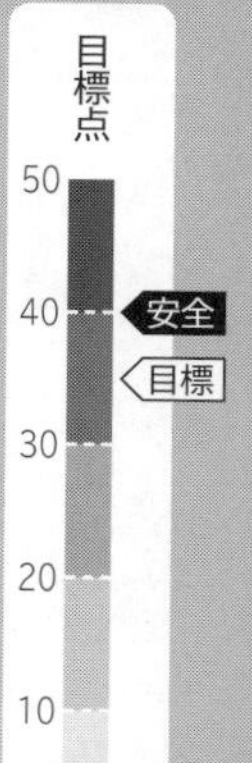

◆次の文章を読み、後の問いに答えなさい。

むかし、男ありけり。女の1え得まじかりけるを、年を経てよばひわたりけるを、からうじて盗み出でて、いと暗きにきけり。芥川《あくた》といふ川を率《ゐ》ていきければ、草の上に置きたりける露を、「かれは何ぞ」となむ男に問ひける。ゆくさきおほく、夜もふけにければ、鬼ある所とも知らで、2神さへいといみじう鳴り、雨もいたう降りければ、あばらなる蔵に、女をば奥におし入れて、男、弓、胡簶《やなぐひ》を負ひて、戸口にをり。3はや夜も明けなむと思ひつつゐたりけるに、A鬼はや一口に食ひてけり。あなやと4aいひけれど、神鳴るさわぎに4bえ聞かざりけり。やうやう夜も明けゆくに、見れば、率て来し女もなし。足ずりをして泣けどもかひなし。

白玉か何ぞと人の問ひしとき **5** とこたへて消えなましものを

これは、二条の后《きさき》の、いとこの女御《にょうご》の御もとに、仕うまつるやうにてゐ給へりけるを、かたちのいとめでたくおはしければ、盗みて負ひていでたりけるを、御兄《せうと》堀河の大臣《おとど》、太郎国経《くにつね》の大納言、まだ下臈《げらふ》にて内へまゐり給ふに、いみじう泣く人あるを聞きつけて、とどめてとりかへし給うてけり。それをかく鬼とはいふなりけり。まだいと若うて6后のただにおはしける時とや。

問一 傍線部1について。この物語の書かれたころには、「まじ」という助動詞は、活用語の終止形に接続して用いられたとされる。そうだとすれば「得」はどのように読むのがよいか、ひらがなで答えなさい。（6点）

問二 傍線部2「神」とは何か、漢字一字の語で言い換えなさい。（6点）

問三 傍線部3「はや夜も明けなむ」を、十二字以内で現代語訳しなさい。（9点）

問四 傍線部4a「いひけれど」傍線部4b「え聞かざりけり」の動作の主体は誰か。それぞれ文中の語で答えなさい。（各4点）

4a

4b

問五 空欄5に入る語を文中から選び、答えなさい。（6点）

問六 傍線部6「后のただにおはしける時」とはどういうことか。解答欄に即して八字以内で答えなさい。（6点）

后がまだ［　　　　　　　　］時

問七 波線部A「鬼はや一口に食ひてけり」とあるが、実際にはそこでどのようなことが起きたのか。次の文の空欄a・b・cに、それぞれ漢字一字の語を当てはめて答えなさい。（各3点）

［a］が［b］をさらって逃げようとしたのを、追いかけてきた［b］の［c］たちに奪い返されてしまった。

a	
b	
c	

（明治学院大学　出題）

4 物語

竹取物語《たけとりものがたり》

▼解答解説編28頁

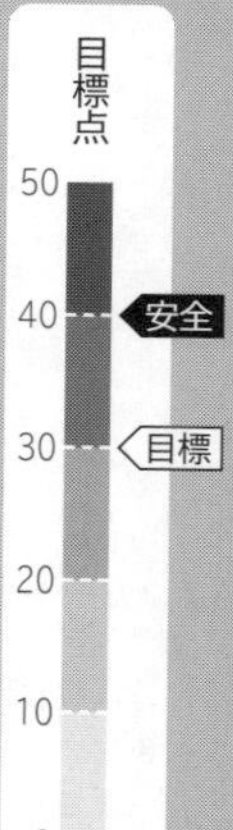

◆ **次の文章を読み、後の問いに答えなさい。**

さて、かぐや姫、かたちの(1)世に似ずめでたきことを、帝きこしめして、内侍、中臣《なかとみ》のふさこにのたまふ、「多くの人の身をいたづらになして会はざ(2)なるかぐや姫は、いかばかりの女ぞと、まかりて見て参れ」とのたまふ。ふさこ、うけたまはりてまかれり。竹取の家に、かしこまりて請《しやう》じ入れて、会へり。

女に内侍のたまふ、「仰せ言に、かぐや姫のかたち優におはす(ア)なり。よく見て参るべきよし、のたまはせつるになむ、参りつる」と言へば、「さらば、かく申し侍らん」と言ひて入りぬ。

かぐや姫に、「はや、かの御使ひに対面し給《たま》へ」と言へば、かぐや姫「(3)よきかたちにもあらず。いかでか見ゆべき」と言へば、「(4)うたてものたまふかな。帝の御使をば、いかでかおろか(イ)にせむ」と言へば、かぐや姫答ふるやう、「帝の召してのたまはん事、かしこしとも思はず」と言ひて、さらに見ゆべくもあらず。生める子のやう(ウ)にあれど、いと心恥づかしげに、おろそか(エ)なるやうに言ひければ、(5)心のままにもえ責めず。

女、内侍のもとに帰り出《い》でて、「口惜しく、この幼きものは(6)こはくはべるものにて、対面すまじき」と申す。内侍「必ず見奉りて参れ、と仰せ事ありつるものを、(7)見奉らでは、いかでか帰り参らむ。国王の仰せ言を、まさに世に住み給はん人の、うけたまはり給はでありなむや、言はれぬ事なし給ひそ」と、言葉恥づかしく言ひければ、これを聞きて、ましてかぐや姫、聞くべくもあらず。「国王の仰せ言を背かば、はや殺し給ひてよかし」と言ふ。このよしを奏す。

問一 **傍線(1)「世に似ずめでたき」、(3)「よきかたちにもあらず」、(6)「こはくはべるもの」の解釈としてもっとも適当なものを次の中から一つずつ選びなさい。**（各7点）

(1) **世に似ずめでたき**

A この世の存在とちがって、魅力がある　B 他の誰よりも、愛着を感じる

C 世間に類がなく、すばらしい　D 他人の評価とは違って、かわいい

(3) **よきかたちにもあらず**

A 内侍とここで会うのは、よい段取りでもない　B 帝は、私にとって、美男子でもない

C この縁談は、いい話でもない　D 私は、よい顔立ちでもない

(6) **こはくはべるもの**

A 強情なもの　B 乱暴なもの

C 非情なもの　D 凶悪なもの

(1)	(3)	(6)

問二 **傍線(2)「なる」と文法的な働きを同じくするものを傍線(ア)～(エ)の中から一つ選びなさい。**（6点）

問三 傍線(4)「うたてものたまふかな」の解釈としてもっとも適当なものを次の中から選びなさい。(7点)

A 帝の求婚は、あなたの気の進まない言い方ですよねえ
B ああ、ほんとにいやですね、帝からいただいた贈り物は
C あなたは、よくぞ、断りの返事をおっしゃいましたね
D あら、いやだ。そんな冷たい言葉を申し上げて
E あなたのそのご返事は、残念なおっしゃり方ですねえ

問四 傍線(5)「心のままにもえ責めず」とあるが、それはなぜか。もっとも適当なものを次の中から選びなさい。(8点)

A 自分の生んだ子どものように思っているから、暴言を恥ずかしく思いつつも、無理やり叱りつけることができないと思った。
B 自分の生んだ子どもであるから、とても恥ずかしいことではあるが、不作法な言動を感情にまかせて叱れないと思った。
C 自分の生んだ子どものように思っているが、とても気品がある様子で気が進まないと言うので、無理強いできないと思った。
D 自分が生んだ子どもではないので、馬鹿なことを言ったが、恥ずかしく思いつつもそれを責めることができないと思った。
E 自分の生んだ子どもにもかかわらず、あまりにも威厳がある様子で断るので、親心でそれを改めるように迫ることを自粛した。

問五　傍線(7)「見奉らでは、いかでか帰り参らむ」の口語訳としてもっとも適当なものを次の中から選びなさい。(8点)

A　かぐや姫が帝にお会い申し上げないというのでは、私は帝のところに帰れましょうか
B　私が帝を見申し上げないでは、どうしてここに再び帰り参れましょうか
C　かぐや姫が私の顔を見ないのであれば、どうして宮中から帰り参れましょうか
D　私がかぐや姫のお顔を見申し上げないでは、どうして帝のところに帰り参れましょうか
E　かぐや姫が帝と結婚なさらないというのでは、どうして私は帝のもとへ帰れましょうか

(中央大学　出題)

5

説話集

宇治拾遺物語《うじしゅういものがたり》

▼解答解説編34頁

◆次の文章を読み、後の問いに答えなさい。

昔、[1]天竺《てんぢく》の人、宝を買はんために、銭五十貫を子に持たせてやる。大きなる川の端《はた》を行くに、舟に乗りたる人あり。舟の方《かた》を見やれば、舟より、亀、首をさし出《いだ》したり。銭持ちたる人、立ち止りて、その亀をば、「[2]何の料《れう》ぞ」と問へば、「殺して物にせんずる」と言ふ。「その亀買はん」と言へば、この舟の人言はく、いみじき大切のことありて、[3]設けたる亀なれば、いみじき価《あたひ》なりとも、売るまじきよしを言へば、なほ[4]あながちに手を摺《す》りて、この五十貫の銭にて、亀を買ひ取りて放ちつ。

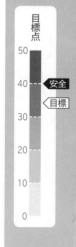

心に思ふやう、親の、宝買ひに隣の国へやりつる銭を、亀にかへてやみぬれば、親、いかに腹立ち給はんずらむ、さりとてまた、親のもとへ[5]行かであるべきにあらねば、親のもとへ帰り行くに、道に人あひて言ふやう、「ここに亀売りつる人は、この下《しも》の渡りにて、舟うち返して死にぬ」となん語るを聞きて、親の家に帰り行きて、銭は亀にかへつるよし語らんと思ふほどに、親の言ふやう、「何とて、この銭をば返しおこせたるぞ」と問へば、子の言ふ、「さることなし。その銭にては、しかじか亀にかへてゆるしつれば、[6]そのよしを申さんとて、参りつるなり」と言へば、親の言ふやう、「黒き衣着たる人、同じやうなるが五人、おのおの十貫づつ、持ちて来たりつる。これぞなり」とて見せければ、この銭、いまだ濡れながらあり。

はや、買ひて放しつる亀の、その銭、川に落ち入るを見て、取り持ち、[7a]のもとに、[7b]の帰らぬさきにやりけるなり。

問一 傍線部1「天竺《てんぢく》」は現在のどの国にあたるか記しなさい。（4点）

問二 傍線部2「何の料《れう》ぞ」とは、どういう意味か。もっとも適切なものを次の中から選びなさい。（6点）

イ どこのものですか　ロ どのぐらいするのですか　ハ 何に使うのですか
ニ どんな料理にするのですか　ホ 何のならわしですか

問三 傍線部3「設けたる亀」とは、どういう意味か。もっとも適切なものを次の中から選びなさい。（6点）

イ 助け出した亀　ロ 飼っていた亀　ハ 受け取った亀　ニ 拾った亀　ホ 用意した亀

問四 傍線部4「あながちに手を摺《す》りて」とは、どういう意味か。もっとも適切なものを次の中から選びなさい。（8点）

イ 無理矢理に頼み込んで　ロ やかましく言い立てて　ハ はなはだしく我慢して
ニ たいへん慌てて　ホ きちんと礼を尽くして

問五　傍線部5「行かであるべきにあらねば」を十五字以内で現代語訳しなさい。（10点）

問六　傍線部6「そのよし」とは、何を指すか。もっとも適切なものを次の中から選びなさい。（8点）

イ　船が転覆し亀が逃げたこと　ロ　宝を買わずにお金をなくしたこと　ハ　亀を買って放してやったこと

ニ　舟が転覆し宝をなくしたこと　ホ　亀を買わずに家に帰ってきたこと

問七　空欄7aと空欄7bに入る語を文中から抜き出して答えなさい。（各4点）

7a

7b

（明治学院大学　出題）

6 物語

落窪物語《おちくぼものがたり》

▼解答解説編38頁

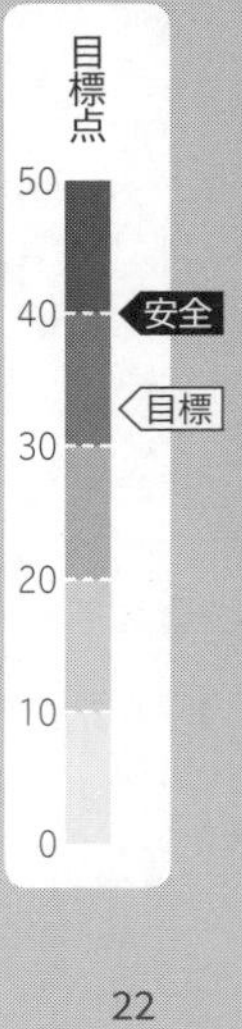

◆次の文章を読み、後の問いに答えなさい。

継母である北の方は、女君を物置のような部屋に幽閉してしまう。そして、老人である自分の伯父の典薬（典薬の助）と無理矢理結婚させようとする。あこぎは女君の侍女、帯刀《たちはき》はその夫で、ともに女君の味方である。

北の方、鍵を典薬に取らせて、「人の寝しづまりたらむ時[1]に入りたまへ」とて、寝たまひぬ。みな人々しづまりぬるをりに、典薬、鍵を取りて来て、さしたる戸あく。女君、「いかならむ」と、胸つぶる。錠《ぢやう》あけて遣戸あくる[2]に、いとかたければ、立ち居《ゐ》(注1)ひろろぐほどに、あこぎ聞きて、すこし遠隠《とほがく》れて見たるに、上下《かみしも》さぐれど、さしたるほどをさぐりあてず。あやしあやし。戸内《とうち》にさしたるか。翁をかく苦しめたまふにこそありけれ。人もみな許したまへる身なれば、え逃れたまはじものをと言へど、[A]たれかはいらへむ。打ち叩き、押し引けど、内外《うちと》に詰めてければ、ゆるぎだにせず。「今や、今や」と、夜ふくるまで[B]板の上にゐて、冬の夜なれば、身もすくむ心地す。そのころ腹そこなひたる上[3]に、衣《きぬ》いと薄し。板の冷えのぼりて、腹ごぼごぼと鳴れば、翁、「あなさがな。冷えこそ過ぎ[4]にけれ」と言ふ[5]に、強《し》ひてごぼめきて、びちびちと聞こゆるは、いかなるにかあらむと疑はし。かい探りて、「出でやする」とて、尻をかかへて、まどひ出づる心地に、錠をついさして、鍵をば取りて往《い》ぬ。あこぎ、「鍵置かずなりぬるよ」と、あいなくにくく思へど、あかずなりぬるを限りなくうれしくて、遣戸のもとに寄りて、「ひりかけして往ぬれば、[C]よもまうで来じ。おほとのごもりね。曹司《ざうし》(注2)に帯刀まうで来たるを、君(注3)の御かへりことも聞こえ[D]侍らむ」と言ひかけて、下《しも》におりぬ。

注
1 ひろろぐ……ひょろひょろとよろめく。
2 曹司……私（あこぎ）の部屋。
3 君……蔵人の少将。女君の味方。

問一 本文中には、典薬の助の発話で、「　」が付されていないものが一つある。その始めと終わりの四字ずつを抜き出しなさい（句読点は字数に含まない）。（8点）

□□□□ ～ □□□□

問二 傍線部A「たれかはいらへむ」の解釈として最適なものはどれか。次の中から選びなさい。（9点）

1 誰が応答したのだろうか
2 誰が入れるだろうか
3 誰が応答するだろうか
4 誰が入ったのだろうか
5 誰が応答できただろうか

□

問三 傍線部B「板の上にゐて」の主語は誰か。本文中から抜き出しなさい。（8点）

□

問四 **傍線部C「よもまうで来じ。おほとのごもりね」の解釈として最適なものはどれか。次の中から選びなさい。**（9点）

1 よもや典薬の助が参り来ることはないでしょう。たぶんもう寝てしまったでしょうから。
2 夜まで私（あこぎ）は参り来ることができません。おやすみになってはなりませんよ。
3 夜にも典薬の助が参り来るかもしれません。今のうちにおやすみなさいませ。
4 けっして私（あこぎ）が参り来ることはありません。おやすみなさいませ。
5 まさか典薬の助が参り来ることはありますまい。おやすみなさいませ。

問五 **傍線部D「侍ら」は敬語であるが、誰から誰への敬意を表すか。それぞれ本文中から抜き出しなさい。**（完答8点）

［　　　　］から［　　　　］へ

問六 **波線部1〜5の「に」の中から、他とは品詞の異なるものを一つ選びなさい。**（8点）

（中京大学　出題）

無名草子《むみょうぞうし》

▼解答解説編42頁

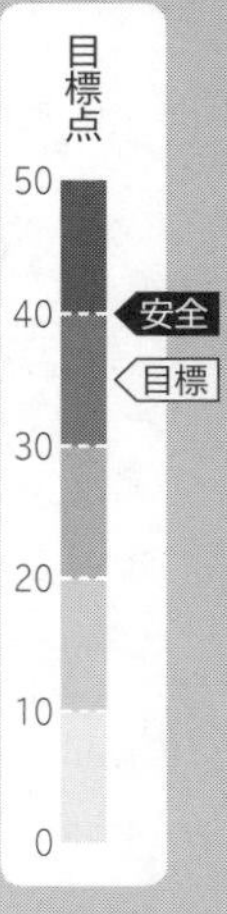

◆次の文章を読み、後の問いに答えなさい。

この世にいかでかかることありけむと、めでたくおぼゆることは、文《ふみ》こそ侍る[a]なれ。枕草子に返す返す申して侍るめれば、こと新しく申すに及ばねど、なほいと[1]めでたきもの[b]なり。遥《はる》かなる世界にかき離れて、幾年《いくとせ》逢ひ見ぬ人なれど、文といふもの X 見つれば、ただ今さし向かひたる心地して、[2]なかなか、うち向かひては思ふほども続けやらぬ心の色もあらはし、言はまほしきことをもこまごまと書き尽くしたるを見る心地は、めづらしく、うれしく、[3]あひ向かひたるに劣りてやはある。

[4]つれづれなる折、昔の人の文見出でたるは、ただその折の心地して、いみじくうれしくこそ Y 。まして亡き人などの書きたるものなど見るは、いみじくあはれに、年月の多く積もりたるも、ただ今筆うち濡らして書きたるやうなるこそ、返す返すめでたけれ。

何事もただささし向かひたるほどの情《なさけ》ばかりにてこそ侍るに、[5]これはただ昔ながら、 Z 変はることなきも、いとめでたきことなり。

いみじかりける延喜《えんぎ》・天暦《てんりやく》の御時の古事《ふるごと》も、[6]唐土《たうど》・天竺《てんぢく》の知らぬ世のことも、[7]この文字といふものなからましかば、今の世の我らが片端も、いかでか書き伝へまし、など思ふにも、なほかばかりめでたきことは[8]よも侍らじ。

問一 波線部a「なれ」・b「なり」の説明として最も適切なものを次の中からそれぞれ一つ選びなさい。（各3点）

ア ラ行四段活用動詞　イ 形容動詞の一部　ウ 断定の助動詞　エ 伝聞推定の助動詞　オ その他

a	b

問二 空欄 X に入る最も適切なものを次の中から一つ選びなさい。（4点）

ア さへ　イ だに　ウ のみ　エ より　オ まで

問三 空欄 Y に入る最も適切なものを次の中から一つ選びなさい。（4点）

ア おぼす　イ おぼせ　ウ おぼゆ　エ おぼゆる　オ おぼゆれ

問四 空欄 Z に入る最も適切なものを次の中から一つ選びなさい。（4点）

ア をさをさ　イ つゆ　ウ いかが　エ など　オ おのづから

問五 傍線部1「めでたき」・2「なかなか」・4「つれづれなる」・8「よも侍らじ」の意味として最も適切なものを次の中からそれぞれ一つ選びなさい。（各3点）

1「めでたき」

ア 祝うべき　イ 興味深い　ウ すばらしい　エ 目新しい　オ 胸にしみる

2 「なかなか」

ア つまり　イ 結局　ウ なんとしても　エ かえって　オ ほんのちょっと

4 「つれづれなる」

ア 所在ない　イ 気の晴れない　ウ 人恋しい　エ 気がかりな　オ 待ち遠しい

8 「よも侍らじ」

ア きっとあるでしょう　イ おそらくないでしょう　ウ 絶対にないだろう　エ よくあるだろう

オ まさかないでしょう

1	2	4	8

問六 **傍線部3「あひ向かひたるに劣りてやはある」と語り手が思う理由として適切なものを次の中から二つ選びなさい。**（完答6点）

ア 遠い昔の出来事もすらすらと思い出すことができる。

イ 直接会っているときには言えないようなことも伝えられる。

ウ 昔の知り合いに直接会っているような気分になれる。

エ 見たこともない遠い場所のことも知ることができる。

オ 言い伝えたいことを詳しく書き尽くすことができる。

問七 **傍線部5「これ」は何を指すか。最も適切なものを次の中から一つ選びなさい。**（5点）

ア 心の色　イ はるかなる世界　ウ 文といふもの
エ 亡き人の書きたるもの　オ さし向かひたるほどの情

問八 **傍線部6「唐土・天竺」の「唐土」とは現在の中国の古称である。では「天竺」とはどこのことか。適切なものを次の中から一つ選びなさい。**（3点）

ア インド　イ ベトナム　ウ ネパール　エ トルコ　オ ブータン

問九 **傍線部7「この文字といふものなからましかば、今の世の我らが片端も、いかでか書き伝へまし」の説明として最も適切なものを次の中から一つ選びなさい。**（6点）

ア 文字などなくても、ささいなことでありさえすれば伝えることはできるということ。
イ 文字などなくても、なんとかしてごくわずかでいいから後世に伝えようということ。
ウ 文字があるからこそ、ささいなことも後世に伝えようという気になれるということ。
エ 文字があるからこそ、ほんのわずかなことも書き伝えることができるということ。
オ 文字がなかったなら何も書き伝えられないが、それはささいなことだということ。

（名城大学　出題　改）

8 大和物語《やまとものがたり》

▼解答解説編48頁

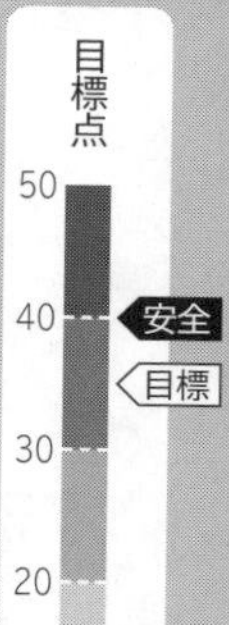

◆次の文章を読み、後の問いに答えなさい。

(注)同じ帝《みかど》、狩いと[a]かしこく好みたまひけり。陸奥《みち》の国、磐手《いはて》の郡《こほり》より奉れる御鷹《たか》、世になくかしこかりければ、になうおぼして御手鷹《てたか》にしたまひけり。名をば磐手となむつけたまへりける。それを、かの道に心ありて、あづかり仕うまつりける大納言にあづけたまへりける。夜昼、これをあづかりて、取り飼ひたまふほどに、いかがしたまひけむ、[b]そらしたまひてけり。心ぎもをまどはして求むるに、[c]さらにえ見いでず。山々に人をやりつつ求めさすれど、さらになし。みづからも深き山に入りて、まどひ歩きたまへどかひもなし。このことを奏《そう》せで、しばしもあるべけれど、二三日にあげず御覧ぜぬ日なし。いかがせむとて、内にまゐりて、御鷹のうせたるよし奏したまふ時に、帝、[1]もののたまはせず。[2]聞こしめしつけぬにやあらむとて、また奏したまふに、[3]おもてをのみまもらせたまうて、ものものたまはず。たいだいしとおぼしたるなりけりと、われにもあらぬ心地して、かしこまりて[4]いますかりて、「この御鷹の、求むるに、侍らぬことを、いかさまにかしはべらむ。などかおほせごともたまはぬ」と奏したまふ時に、帝、

[5]いはておもふぞいふにまされる

とのたまひけり。かくのみのたまはせて、こと事ものたまはざりけり。御心にいと言ふかひなく、惜しくおぼさるるになむありける。これをなむ、世の中の人、[6]もとをばとかくつけける。もとはかくのみなむありける。

注　同じ帝……奈良時代の天皇。具体的には不明。

問一　二重傍線部a・b・cの語句の意味としてもっとも適切なものを、それぞれ次の中から一つ選びなさい。（各3点）

a　かしこく

1　非常に　2　異常に　3　賢明に　4　上手に

b　そらしたまひてけり

1　殺しておしまいになった　2　逃がしておしまいになった

3　手放しておしまいになった　4　他の鷹と取り紛れておしまいになった

c　さらにえ見いでず

1　ますます見つからなくなってしまった　2　まったく見つけ出すことができなかった

3　もう世話をする気持ちも失せてしまった　4　あれ以上に良いものはもう見出せなかった

a	b	c

問二　傍線部1の「ものものたまはせず」の理由としてもっとも適切なものを、次の中から一つ選びなさい。（6点）

1　心底つらかったから　2　心の底から怒っていたから

3　事情がよくわからなかったから　4　和歌で思いを伝えようと考えていたから

問三 傍線部2の「聞こしめしつけぬにやあらむ」の意味としてもっとも適切なものを、次の中から一つ選びなさい。（6点）

1　耳に入らなかったのだろうか　2　聞こえないふりをしたのだろうか
3　理由が納得できなかったのだろうか　4　事情が理解できなかったのだろうか

問四 傍線部3の「おもてをのみまもらせたまうて」の意味としてもっとも適切なものを、次の中から一つ選びなさい。（6点）

1　自分の顔を手で覆っているばかりで　2　大納言の顔をじっと見つめているばかりで
3　外の方ばかりをじっと見遣《や》っているばかりで　4　顔付きだけはまったく変わる様子も見せないで

問五 傍線部4の「いますかり」の文法上の説明としてもっとも適切なものを、次の中から一つ選びなさい。（3点）

1　尊敬の助動詞　2　謙譲の助動詞　3　丁寧の助動詞
4　尊敬の動詞　5　謙譲の動詞　6　丁寧の動詞

問六 傍線部5の「いはておもふそいふにまされる」について、次の問いに答えなさい。（各5点）

(1)　この中で使われている掛詞を、記入例にならい、それぞれの相違が明確になるように、漢字も使って記しなさい。

（記入例）　松 と 待つ

□ と □

(2) **現代語訳としてもっとも適切なものを、次の中から一つ選びなさい。**

1 言わないで心に思っている方が、口に出して言うよりも、いっそうつらい。
2 言わないで心に秘めているのは、口に出して言うと、もっとつらくなるから。
3 言わないで心に思っているのは、言うよりもつらいだろうか、いやどちらもつらい。
4 言わないで心に秘めている方が、感情を表に出すよりも、人として優れたことなのだ。

□

問七

傍線部6の「もとをばとかくつけける」の内容を説明したものとしてもっとも適切なものを、次の中から一つ選びなさい。（6点）

1 下の句はこうだろうと考えて付けた。
2 下の句をあれこれ付け替えて詠んだ。
3 上の句はこうだろうと考えて付けた。
4 上の句をあれこれ付け替えて詠んだ。

□

問八

『大和物語』と作品のジャンルが同じものを、次の中から一つ選びなさい。（4点）

1 竹取物語　2 伊勢物語　3 宇津保物語　4 堤中納言物語　5 宇治拾遺物語

□

（学習院大学　出題）

9 随筆 枕草子《まくらのそうし》

▼解答解説編54頁

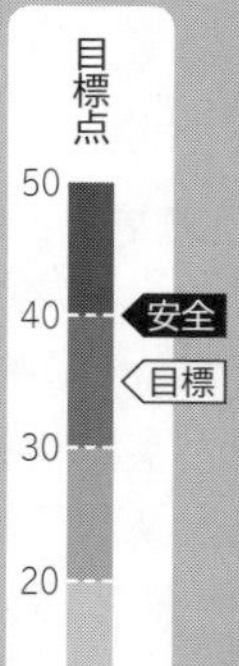

◆次の文章を読み、後の問いに答えなさい。

あさましきもの。刺櫛《さしぐし》すりて磨く程に、ものにつきさへて折りたる心地。

車のうち覆《かへ》りたる。「さる(ア)おほのかなるものは、(イ)ところせくやあらむ」と思ひしに、ただ夢の心地して、あさましう(ウ)あへなし。

人のために、恥づかしう悪しきことを、(エ)つつみもなくいひゐたる。

「かならず来なむ」と思ふ人を、夜一夜起き明かし待ちて、暁がたに、いささかうち忘れて寝入りにけるに、烏《からす》の、いと近く「かか」と鳴くに、うち見開けたれば、昼になりにける、いみじうあさまし。

見すaまじき人に、外《ほか》へ持ていく文見せたる。

(オ)むげに知らず、見ぬことを、人のさしむかひて、あらがはbすべくもあらずいひたる。

物うちこぼしたる心地、いとあさまし。

口惜《くちを》しきもの。五節(注)・御仏名に雪降らで、雨のかきくらし降りたる。

(カ)節会などに、さるべき御(キ)物忌のあたりたる。

いとなみ、いつしかと待つことの、障《さは》りあり、にはかにとまりぬる。

遊びをもし、見すべきことありて、呼びにやりたる人の来cぬ、いと口惜し。

男も女も法師も、宮仕へ所などより、おなじやうなる人もろともに、寺へ詣《まう》で、物へも行くに、好ましうこぼれ出《い》で、用意よく、「あまり見苦し」とも(ク)見つべくぞあるに、さるべき人の、馬にても車にても、行きあひ見ずなりぬる、いと口惜し。

注 五節・御仏名……「五節」は、ここでは特に十一月の新嘗祭の翌日の祝宴を、「御仏名」は十二月の、罪障消滅のために諸仏の聖名を唱える法会を意味する。

問一 **傍線(ア)〜(オ)・(ク)の意味として最も適当なものを次の中からそれぞれ一つ選びなさい。**（各3点）

(ア)「**おほのかなる**」
1 大型の　2 おおざっぱな　3 大昔からの　4 公式の

(イ)「**ところせく**」
1 安全に　2 急速に　3 狭苦しく　4 堂々として

(ウ)「**あへなし**」
1 可愛くない　2 期待外れだ　3 筋が通らない　4 出会えない

(エ)「**つつみもなく**」
1 遠慮なく　2 脚色もせず　3 何ごともなく　4 ひとつ残らず

(オ)「**むげに**」
1 即座に　2 無礼に　3 まったく　4 身分違いに

(ク)「見つべく」

1 見られたくなく　2 見るはずもなく　3 見るに違いなく　4 見ることもできず

(ア)	(イ)	(ウ)	(エ)	(オ)	(ク)

問二 波線a〜cの助動詞の意味として最も適当なものを次の中からそれぞれ一つ選びなさい。（各3点）

1 打消　2 可能　3 完了　4 使役　5 尊敬　6 不適当

a	b	c

問三 本文における「あさまし」の意味に含まれないものを次の中から一つ選びなさい。（4点）

1 意外で驚きあきれる　2 愚かしくて浅はかだ　3 情けなく嘆かわしい　4 見るからにみすぼらしい

問四 次のⅠ〜Ⅳについて、作者の言う「口惜しきもの」と合致する場合には1を、合致しない場合には2を選び、その番号を記しなさい。（各3点）

Ⅰ 準備して待っていた行事が、急に中止になってしまうこと

Ⅱ せっかく目立つ工夫をしたのに、注目してほしい人に出会えないこと

Ⅲ せっかくの御馳走なのに、食べ合わせが悪くて病みついてしまうこと

Ⅳ 冬の清浄な行事に雪が降らないで、陰鬱な雨にたたられること

問五 傍線(カ)・(キ)の読み方をひらがな（現代かなづかい）で記しなさい。（各2点）

Ⅰ	Ⅱ	Ⅲ	Ⅳ

(カ)	(キ)

問六 本文は平安時代における宮廷生活の事物や出来事を「ものづくし」という手法によって描いた作品である。その作品の作者名を漢字で記しなさい。（3点）

（西南学院大学　出題）

10

俳諧

おくのほそ道《みち》

▼解答解説編60頁

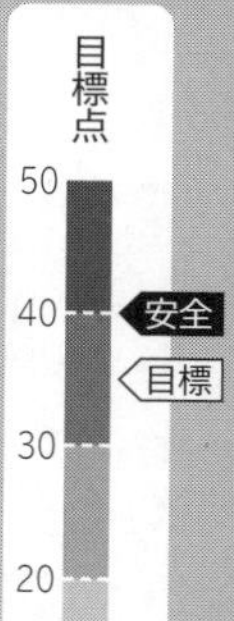

◆次の文章は、作者が黒羽（現在の栃木県北東部にある地名）を訪れた時の紀行文です。読んで後の問いに答えなさい。

黒羽《くろばね》の館代《くわんだい》(注1)浄坊寺《じやうばうじ》(注2)何がしの方におとづる。思ひがけ[ア]ぬあるじの悦び、日夜語りつづけて、その弟桃翠《たうすゐ》など[イ]いふが朝夕勤めとぶらひ、自らの家にも[A]伴ひて、親属の方にも[B]招かれ、日を[ウ]ふるままに、一日郊外に逍遥《せうえう》して、犬追物《いぬおふもの》(注3)の跡を一見し、那須の篠原《しのはら》をわけて、玉藻《たまも》(注4)の前の[1]コフンをとふ。それより八幡宮に詣づ。与一《よいち》(注5)扇の[2]マトを射し時、「別しては我が国の氏神《うぢがみ》正八幡」とちかひしもこの神社にて侍ると聞けば、感応《かんおう》殊にしきりに覚えらる。暮るれば、桃翠宅に帰る。

修験《しゆげん》光明寺といふあり。そこに招かれて[3]行者堂を拝す。

　夏山に足駄《あしだ》を拝む首途《かどで》かな

当国雲岸寺《うんがんじ》の奥に仏頂《ぶつちやう》和尚《をしやう》山居の跡あり。

「竪横《たてよこ》の五尺にたらぬ草の庵《いほ》むすぶも[C]くやし雨なかりせば

と松の炭して岩に書き付け侍り」と、いつぞや聞こえ給ふ。その跡見[エ]むと雲岸寺に杖を曳《ひ》けば、人々進んで共にいざなひ、若き人おほく道のほど打ちさわぎて、[D]おぼえずかの[4]麓に到る。山は奥あるけしきにて、谷道遥かに、松杉黒く苔したたりて、卯月の天、今なほ寒し。十景尽くる所、橋を渡つて山門に入る。

さて、かの跡はいづくのほどにやと、後の山によぢのぼれば、石上の小庵、岩窟にむすびかけたり。妙禅師《めうぜんじ》(注6)の死関、

(注7)法雲法師《ほふうんほふし》の石室を見るがごとし。

木啄《きつつき》もE庵はやぶらず夏木立

と、Fとりあへぬ一句を柱に残し侍りし。

注

1 館代……領主が不在の時にその代理を勤める者。
2 浄坊寺何がし……浄坊寺高勝。
3 犬追物……円形の馬場に犬を放ち、馬上の武士が矢で射る武芸。
4 玉藻の前……狐の化身で、近衛天皇（鳥羽天皇とも）の后となった。
5 与一……那須与一。源平の合戦で活躍した武将。
6 妙禅師の死関……中国の禅僧原妙禅寺。十五年間洞窟にこもり、これを「死関」と称し、そこで没したという。
7 法雲法師……中国の高僧。

問一 傍線部1「コフン」、2「マト」を漢字に直して、記しなさい。また傍線部3「行者」、4「麓」の読みを平がなの現代かなづかいで記しなさい。（各2点）

1	2	3	4

問二 傍線部ア「ぬ」、イ「いふ」、ウ「ふる」、エ「む」のうち、一つだけ活用形が異なるものを選びなさい。（6点）

□

問三 傍線部A「伴ひて」、B「招かれ」の主語の組み合わせとしてもっとも適切なものを、次の中から一つ選びなさい。（6点）

1 「伴ひて」の主語は作者で、「招かれ」の主語は桃翠。
2 「伴ひて」の主語は親属で、「招かれ」の主語は作者。
3 「伴ひて」の主語は桃翠で、「招かれ」の主語は桃翠。
4 「伴ひて」の主語は桃翠で、「招かれ」の主語は作者。

□

問四 傍線部C「くやし」とあるのはなぜですか。その理由としてもっとも適切なものを、次の中から一つ選びなさい。（6点）

1 粗末な庵に雨が降らないので。
2 竪横が五尺に足りない庵なので。
3 竪横とも五尺を越えた庵なので。
4 雨が降らなければ庵も作らなくていいので。

□

問五 傍線部D「おぼえず」、F「とりあへぬ」の意味として、もっとも適切なものを、次の中からそれぞれ一つ選びなさい。（各5点）

D おぼえず
1 間違えて　2 いつの間にか　3 見たこともない　4 待ち合わせずに

F とりあへぬ
1 即興の　2 熟考した　3 取るに足りない　4 その場に応じた

D

F

問六 傍線部E「庵」は誰の庵ですか。次の中から一つ選びなさい。（6点）

1 作者　2 仏頂和尚　3 雲岸寺周辺の住民　4 妙禅師や法雲法師

問七 『おくのほそ道』ともっとも関係の深い俳人を、次の中から二人選びなさい。三つ以上答えた場合は0点とします。（各4点）

1 去来　2 其角　3 芭蕉　4 宗因　5 曾良

（学習院大学　出題）

11

軍記物語

曾我物語《そがものがたり》

▼解答解説編66頁

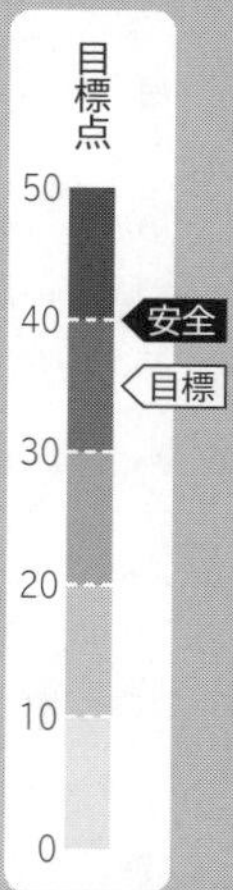

◆次の文章を読み、後の問いに答えなさい。

伊東(注1)、末代のなりゆかんやう、凡夫の身として[1]いかでか知るべきなれば、京より下りて[X]前栽を見めぐりけるに、折節、若君は人にいだかれ給ひ、賤《しづ》が子どもを召し具して、千草の花に戯ぶれ給ふ。伊東入道これを見て、「あれは誰が子ぞ」と問ひければ、御守《おもり》の女童《めのわらは》、返事なくして逃げ失せけり。すなはち、内へ入り、女房に向かひ、「ここに三つばかりなる幼き者の、いつきもてなしつるを、誰が子ぞと問へば、返事もせずして[2]逃げつるは、誰人の子ぞや」。女房、しばしは隠して物も言はざりつるに、入道、大きに[ア]怒つて責め問へば、力及ばずして答へけるは、「あれこそ、殿のいつきかしづき給ふ姫が、京上り(注2)の後にて制すれども[3]聞かずして、いつくしき殿をして儲《まう》けたる児《ちご》ぞや」と語りければ、入道いよいよ[イ]腹を立て、「いかに。親の知らぬ婿やあるべき。いかなる人ぞ。不思議さよ」と怒りければ、とても隠し遂ぐべきことなら[a]ねば、女房、涙とともに、「兵衛佐《ひやうゑのすけ》(注3)殿よ」と言ひければ、入道いよいよ[ウ]腹を立て、「娘数多《あまた》持ちて、[4]もてあつかふものならば、いくらも迷ひ行く乞食《こつじき》・修行者をば婿に取るとも、[5]当時、世になし(注4)源氏の流人を婿に取りて子を産ませ、平家方より御咎《おとが》めある時は、何とか答へ申すべき。しかも、敵《かたき》(注5)持ちたる我ぞかし。『毒蛇(注6)をば、脳《なづき》を砕きて髄を見よ。敵の末をば、首を切つて魂を奪へ』とこそ申し伝ふれ。[Y]無益なり」とて、次の日やがて、女を娘の方へ遣はして、若君を賺《すか》(注7)し寄せつつ、若党(注8)二人、雑色《ざふしき》(注9)二人に[6]下知して、「伊東荘《いとうのしやう》(注10)松川の奥、岩倉の滝山の蜘《くも》が淵《ふち》に石を付けて沈めよ」とて、さもいはけなくうるはしげなるを、武士の手に渡しつつ、松川の奥へと[7]差し遣はしけるこそ悲しけれ。乃往《ないわう》(注11)過去の古《いにしへ》、いかなる罪の報ひにて、三歳の春を待ちかねて、底の水屑《みくづ》となり給ふらん。痛はしかりし次第なり。

注

1 伊東……伊東次郎祐親。現在の静岡県河津・伊東付近の領主で、「曾我兄弟」の祖父にあたる。
2 京上り……京に上ること。
3 兵衛佐殿……源頼朝。
4 世になし源氏……零落して世人に顧みられることのない日陰者の源氏、という意味の慣用表現。
5 敵……義理の甥《おい》である工藤祐経のこと。祐経は所領争いなどから伊東入道を恨み、暗殺を企てていた。
6 毒蛇をば、～魂を奪へ……将来の危機となるものは、根本から絶たなければならない、という意味の慣用表現。
7 賺し寄せ……だまして連れ出し。
8 若党……年若い家来の侍。
9 雑色……雑役をつとめる身分の低い従者。
10 伊東荘……伊東入道の領地。今の静岡県伊東市。
11 乃往……昔。

問一 **二重傍線部a「ね」・b「に」・c「し」の助動詞について、その終止形として正しいものをそれぞれ次の中から一つずつ選びなさい。**（各2点）

① き　② す　③ ず　④ ぬ　⑤ なり

a	b	c

問二 **傍線部1「いかでか知るべきなれば」、4「もてあつかふものならば」の解釈として、最も適切なものをそれぞれ次の中から一つずつ選びなさい。**（各4点）

1「いかでか知るべきなれば」

① わかるはずもないので　② どうであるか知りたいので　③ どうにかしてわかるならば
④ 知りえるはずもないならば　⑤ どうしたってわかるはずなので

4 「**もてあつかふものならば**」

① 婿取りの世話をするのならば　② 婿探しに苦労をするというのなら

③ もてはやして嫁ぎ先を決めるのなら　④ しかるべき婿としてもてなすならば

⑤ それぞれの娘を大事にするというのなら

問三 **傍線部5「当時」、6「下知して」の意味として、最も適切なものをそれぞれ次の中から一つずつ選びなさい。**（各3点）

5 「**当時**」

① この世　② あのころ　③ この今の時代　④ 都にいるとき　⑤ ちょうどよい時期

6 「**下知して**」

① 命令して　② 言い含めて　③ 納得させて　④ 示し合わせて　⑤ あらかじめ知らせておいて

問四 **波線部X「前栽」、Y「無益」の読みを、現代仮名遣い・ひらがなで記しなさい。**（各3点）

1	4

5	6

X	Y

問五 傍線部2「逃げつる」、3「聞かず」、7「差し遣はし」の動作主体として最も適切なものを、次の中から一つずつ選びなさい。（各3点）

① 伊東入道　② 女房　③ 姫　④ 兵衛佐殿　⑤ 女童　⑥ 若君

2	3	7

問六 傍線部ア「怒つて」、イ「腹を立て」、ウ「腹を立て」とあるが、伊東入道はどのようなことに対して怒っているのか。それぞれについて述べなさい。（各5点）

ア	イ	ウ

（清泉女子大学　出題）

発心集《ほっしんしゅう》

▼解答解説編72頁

目標点
50 / 40 安全 / 目標 / 30 / 20 / 10 / 0

◆次の文章を読み、後の問いに答えなさい。

(注1)八幡別当頼清が(注2)遠流《ゑんる》にて、永秀法師といふ者ありけり。家貧しくて、(1)心すけりける。夜昼、笛を吹くより外の事なし。かしかましさにたへぬ隣り家、やうやう立ち去りて後には、人もなくなりにけれど、(2)さらにいたまず。さこそ貧しけれど、落ちぶれたる振る舞ひなどはせざりければ、さすがに人いやしむべき事なし。頼清聞き、あはれみて使ひやりて、「などかは何事ものたまはせぬ。かやうに侍れば、(3)さらぬ人だに、事にふれてさのみこそ申し承る事にて侍れ。(4)うとくおぼすべからず。便りあらん事は、憚らずのたまはせよ」といはせたりければ、「返す返す、かしこまり侍り。年来《としごろ》も申さばやと思ひながら、身のあやしさに、かつは恐れ、かつは憚りてまかり過ぎ侍るなり。深く望み申すべき事侍り。すみやかに参りて申し侍るべし」といふ。「何事にか、よしなき情をかけて、(5)うるさき事やいひかけられん」と(イ)思へど、「彼の身のほどには、いかばかりの事かあらん」と(6)思ひあなづりて過す程に、ある片夕暮れに出で来たれり。則ち出で合ひて、「何事に」など(ロ)いふ。「あさからぬ所望侍るを、思ひ給へてまかり過ぎ侍りし程に、(7)一日の仰せを悦びて、左右なく参りて侍る」といふ。「疑ひなく、(注3)所知など望むべきなめり」と思ひて、これを尋ぬれば、「筑紫に御領多く侍れば、(注4)漢竹の笛の、事よろしく侍らん一つ召して給はらん。これ、身に取りてきはまれる望みにて侍れど、あやしの身には得がたき物にて、年来《としごろ》えまうけ侍らず」といふ。

(8)思ひの外に、いとあはれに(ハ)覚えて、「いといとやすき事にこそ。すみやかに尋ねて、(9)奉るべし。その外、御用ならん事は侍らずや。月日を送り給ふらん事も心にくからずこそ侍るに、さやうの事も、(10)などかは承らざらん」といへば、「御志はかしこまり侍り。されど、それは事欠け侍らず。二三月に、かく帷《かたびら》一つまうけつれば、十月までは、さらに望むところなし。又、朝夕の事は、おのづからあるに任せつつ、とてもかくても過ぎ侍り」と(ニ)いふ。

「げに、すきものにこそ」と、あはれにありがたく覚えて、笛いそぎ尋ねつつ送りけり。

注
1 八幡別当……石清水八幡宮の別当。
2 遠流……遠い親類。
3 所知……領地。
4 漢竹……中国原産の竹をいい、多く笛に用いた。

問一 **傍線部(1)の現代語訳として最も適当なもの一つを、次の中から選びなさい。**(4点)

1 風流心があった　2 心がすさんでいた　3 探求心が旺盛であった
4 依頼心が強かった　5 心に信念を持っていた

問二 **傍線部(2)の現代語訳として最も適当なもの一つを、次の中から選びなさい。**(4点)

1 まったく家は壊れなかった　2 まったく病気が回復しなかった
3 まったく気にしなかった　4 ますます同情されなかった
5 ますます動きようがなかった

問三 傍線部(3)「さらぬ人」とはどういう人か。次の中から最も適当なもの一つを選びなさい。（4点）

1　笛を吹かない人　2　隣家から出て行かない人　3　出家しない人
4　何も言わない人　5　縁もゆかりもない人

問四 傍線部(4)の現代語訳として最も適当なもの一つを、次の中から選びなさい。（3点）

1　つらく　2　よそよそしく　3　不満に　4　心配に　5　不思議に

問五 傍線部(5)の意味として最も適当なもの一つを、次の中から選びなさい。（4点）

1　騒音のこと　2　引っ越しのこと　3　許せないこと　4　面倒なこと　5　訴訟のこと

問六 傍線部(6)について。なぜそう思ったのか。次の中から最も適当なもの一つを選びなさい。（3点）

1　遠い親類だから　2　畏れ多いから　3　身分が低いから
4　健康状態が良くないから　5　ぜいたくに暮らしているから

問七 傍線部(7)の指している部分として最も適当なもの一つを、次の中から選びなさい。(3点)

1 「などかは………憚らずのたまはせよ」
2 「返す返す………申し侍るべし」
3 「何事にか………いひかけられん」
4 「彼の身の………事かあらん」
5 「何事に」

問八 傍線部(8)について。なぜ「思ひの外」だったのか。次の中から最も適当なもの一つを選びなさい。(3点)

1 思ったよりも簡単だったから
2 思ったよりも高価だったから
3 思ったよりも笛が上手だったから
4 思ったよりも難しそうだから
5 思ったよりも遠くにあるものだったから

問九 傍線部(9)を十字以内で現代語訳しなさい(句読点は不要)。(6点)

問十 傍線部(10)の現代語訳として最も適当なもの一つを、次の中から選びなさい。(4点)

1 どうしてもお引き受けいただけないでしょうか。
2 どうしてお引き受けしないことがありましょうか。
3 どうしても認められないわけではありません。
4 どうして信用していただけないのでしょうか。
5 どうして納得していただけないのでしょうか。

問十一 二重傍線部(イ)〜(ニ)はそれぞれ誰の動作・行為か。次の中から最も適当なものを一つずつ選びなさい。ただし、同じ番号を二度以上用いてもよい。（各2点）

1 頼清　2 永秀　3 隣家の人　4 筑紫の人　5 筆者

(イ)	(ロ)	(ハ)	(ニ)

問十二 傍線部「られ」の文法上の意味は何か。次の中から最も適当なもの一つを選びなさい。（4点）

1 尊敬　2 可能　3 受身　4 自発　5 推定

（立教大学　出題）

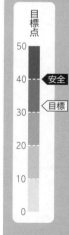

13 方文記《ほうじょうき》

▼解答解説編78頁

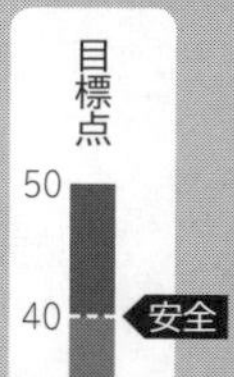

◆次の文章を読み、後の問いに答えなさい。

おほかたこの所(注1)に住みはじめし時は①あからさまと思ひしかども、今すでに五年を経たり。仮の庵もややふるさととなりて、軒に朽葉ふかく、土居に苔むせり。おのづからことのたよりに都を聞けば、この山にこもりゐて後、やむごとなき人のかくれ給へるもあまた聞ゆ。②ましてその数ならぬたぐひ、尽して③これを知るべからず。たびたびの炎上にほろびたる家またいくそばくぞ。ただ仮の庵のみのどけくしておそれなし。ほど狭しといへども、夜臥す床あり、昼ゐる座あり。一身を宿すに不足なし。寄居(注2)《かむな》は④小さき貝を好む。これ事知れるによりてなり。みさご(注3)は⑤荒磯にゐる。すなはち人をおそるるがゆゑなり。われまたかくのごとし。事を知り、世を知れれば、願はず、わしらず、ただ静かなるを望みとし、憂へ無きを楽しみとす。

すべて世の人のすみかを作るならひ、必ずしも事のためにせず。あるいは妻子眷属《けんぞく》のために作り、あるいは親昵《しんちつ》朋友のために作る。あるいは主君師匠および財宝牛馬のためにさへこれを作る。われ今、身のために⑥むすべり。人のために作らず。ゆゑいかんとなれば、今の世のならひ、この身のありさま、ともなふべき人もなく、頼むべき奴もなし。たとひひろく作れりとも、誰を宿し、誰をか据ゑん。それ、人の友とあるものは富めるをたふとみ、ねむごろなるを先とす。必ずしもなさけあると、すなほなるとをば愛せず。ただ⑦糸竹花月を友とせんにはしかじ。

注

1 この所……京の都から離れた日野山。
2 寄居《かむな》……やどかり。
3 みさご……タカ科の鳥。

問一 傍線部①「あからさま」のここでの意味として最も適当なものを次の中から一つ選びなさい。（7点）

a 長くは耐えられない　b すぐに飽きるだろう　c 快適でないのは明らかだ
d ほんの少しの間だけだ　e そこそこ悪くはない

問二 傍線部②「まして」と近い意味の言葉として最も適当なものを次の中から一つ選びなさい。（7点）

a ひとへに　b ことさらに　c かつは　d たとひ　e いはむや

問三 傍線部③「これ」の内容として最も適当なものを次の中から一つ選びなさい。（7点）

a 亡くなった人の数　b 都から逃亡した人の数　c 山中に隠居した人の数
d 戦で家を失った人の数　e 都で権力を争う人の数

13 方丈記

問四 傍線部④「小さき貝」、⑤「荒磯」は同じものの喩えとして用いられている。それは何の喩えか。最も適当なものを次の中から一つ選びなさい。（7点）

a 都の住まい　b 滅びた家　c 仮の住処　d 夜寝る場所　e 避難所

問五 傍線部⑥「むすべり」とあるが、何を結んだのか。最も適当なものを次の中から一つ選びなさい。（7点）

a 絆　b 約束　c 願い　d 庵　e 座

問六 傍線部⑦「糸竹花月を友とせんにはしかじ」の解釈として最も適当なものを次の中から一つ選びなさい。（7点）

a 楽器や自然すら友と鑑賞できないようではだめだ。
b 楽器や自然だけが私を理解してくれる友だ。
c 楽器や自然について友と語るだけではだめだ。
d 親しい友と楽器や自然を楽しむのがよい。
e 楽器や自然だけを友としている方がましだ。

問七 『方丈記』について後の問題に答えなさい。（各4点）

I この作品の文学様式上の種類は何か。最も適当なものを次の中から一つ選びなさい。

a 物語　b 日記　c 随筆　d 紀行文　e 俳諧

Ⅱ　この作品の作者は誰か。最も適当なものを次の中から一つ選びなさい。

a　藤原道綱の母　b　兼好法師　c　阿仏尼　d　鴨長明　e　松尾芭蕉

（東洋英和女学院大学　出題）

Ⅰ
Ⅱ

14

歴史物語

大鏡《おおかがみ》

▼解答解説編84頁

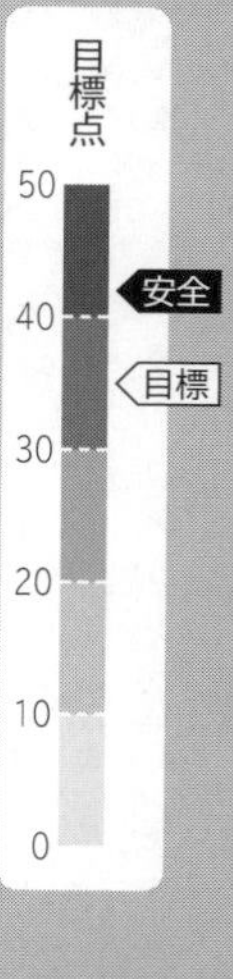

◆次の文章を読み、後の問いに答えなさい。

敦敏《あつとし》(注1)の少将の子なり、佐理《すけまさ》大弐《だいに》(注2)、世の手書の上手。任(注3)はてて上られけるに、伊予国のまへなる泊まりにて、日いみじう荒れ、海のおもてあしくて、風おそろしく吹きなどするを、少しなほりて出でむとしたまへば、また同じやうになりぬ。かくのみしつつ日頃過ぐれば、いとあやしく思して、もの問ひ(注4)たまへば、「神の御祟《たたり》」とのみ言ふに、1さるべきこともなし。いかなることにかと、怖れたまひける夢に見えたまひけるやう、いみじうけだかきさましたる男のおはして、「この日の荒れて、日頃ここに経たまふは、おのれがしはべることなり。よろづの社に額のかかりたるに、おのれがもとにしもなきがあしければ、かけむと思ふに、2なべての手して書かせむがわろくはべれば、3われに書かせたてまつらむと思ふにより、この折ならではいつかはとて、とどめたてまつりたるなり」とのたまふに、「たれとか申す」と問ひ申したまへば、「この浦の三島(注5)にはべる翁なり」とのたまふに、夢のうちにもいみじう4かしこまり申すと思すに、おどろきたまひて、また5さらにもいはず。

さて、伊与へわたりたまふに、多くの日荒れつる日ともなく、うらうらとなりて、そなたざまに追風吹きて、飛ぶがごとくまうで着きたまひぬ。湯度々浴《あ》み、いみじう潔斎して、清まはりて、昼の装束(注6)して、やがて神の御前にて書きたまふ。神司ども召し出だして打たせなど、よく法のごとくして帰りたまふに、つゆ怖るることなくて、すゑずゑの船にいたるまで、たひらかに上りたまひにき。わがすることを人間にほめ崇むるだに興あることにてこそあれ、まして神の御心にさまでほしく思しけむこそ、いかに御心おごりしたまひけむ。また、おほよそ6これにぞ、いとど日本第一の御手のおぼえはとりたまへりし。六波羅蜜寺の額も、この大弐の書きたまへるなり。されば、かの三島の社の額と、この寺のとは同じ御手にはべり。

注
1 敦敏の少将……藤原実頼の子。藤原佐理の父。左近衛少将であった。
2 大弐……佐理は大宰大弐であった。
3 任はてて……任期が終わって。
4 もの問ひたまへば……占ってもらいなさると。
5 三島……伊予国の大山祇神社のこと。
6 昼の装束……正装である束帯姿のこと。

問一 **傍線1「さるべきこともなし」の解釈として最も適切なものを次の中から一つ選びなさい。**（7点）

① 伊予国から急いで立ち去る必要もない。
② 占いが正しいという証拠もない。
③ 神罰を恐れる理由もない。
④ これ以上留まることもない。
⑤ 神の祟りを受けるようなおぼえもない。

問二 **傍線2「なべての手して書かせむ」の解釈として最も適切なものを次の中から一つ選びなさい。**（7点）

① すべての人に書かせる。
② 無理強いして書かせる。
③ 多くの人に書かせる。
④ ありふれた筆跡で書かせる。
⑤ 他の人に書かせる。

問三

傍線3「われ」とは誰のことを指しているか。文中の語で答えなさい（五字以内）。（7点）

問四

傍線4「かしこまり申す」の解釈として最も適切なものを次の中から一つ選びなさい。（7点）

① 自分の腕前を過大に評価されたため、恐れおののいてお受け申した。
② 神からのご依頼であったため、恐れ謹んでお話をお受け申した。
③ 内心の不安が露呈しないように、恐怖しつつお受け申した。
④ 年長者からのご依頼であったため、恐怖のあまりそれをお受け申した。
⑤ 早々に帰京しなければならないため、恐れながらお受け申した。

問五

傍線5「さらにもいはず」の解釈として最も適切なものを次の中から一つ選びなさい。（7点）

① 冷や汗をかいたのは、言うまでもない。
② 佐理の書道の腕前は、言うまでもない。
③ 書くことを決めたのは、言うまでもない。
④ 佐理のおどろきぶりは、言うまでもない。
⑤ 天候がおさまったことは、言うまでもない。

問六 **傍線6「これ」の内容を説明するものとして最も適切なものを次の中から一つ選びなさい。**（8点）

① 逆境の中、冷静さを忘れず、的確に事態に対処したこと。
② ただ書道の腕前を披露したのではなく、礼にのっとったこと。
③ 物怖じすることなく神の御前で立派に書をしたためたこと。
④ 自らの腕前で、己のみならず同行者の窮地も救ったこと。
⑤ 人だけでなく神にまでその書道の腕前を見込まれたこと。

問七 **藤原佐理と同じく、三跡として知られる人物を次の中から一つ選びなさい。**（7点）

① 空海　② 尊円法親王　③ 橘逸勢　④ 嵯峨天皇　⑤ 小野道風

（明治大学　政治経済学部　出題）

▼解答解説編90頁

目標点
50
40 安全
目標
30
20
10
0

◆次の文章を読み、後の問いに答えなさい。

嵯峨天皇と弘法大師とつねに御手跡をあらそはせ給ひけり。或る時、御手本を(1)あまた取り出《いだ》させ給ひて、大師に見せまゐらせられけり。その中に殊勝の一巻ありけるを、天皇仰せごとありけるは、「これは唐人の手跡なり。その名を知らず。いかにもかくは学びがたし。めでたき重宝なり」と、頻《しき》りに御秘蔵ありけるを、大師よくよくいはせまゐらせて後、「これは空海がつかうまつりて候ふものを」と奏せさせ給ひたりければ、天皇さらに御信用なし。大きに御不審ありて、「いかでかさる事あらん。当時書かるる様に、はなはだ異するなり。はしたてもおよぶべからず」と勅定ありければ、イ、「御不審まことにその謂《いはれ》候ふ。軸をはなちてあはせ目を叡覧《えいらん》候ふべし」と申させ給ひければ、(2)則ちはなちて御覧ずるに、「その年その日、青龍寺においてこれを書す、沙門空海」と記せられたり。ロこの時御信仰ありて、「誠に我にはまさられたりけり。それにとりて、いかにかく当時のいきほひにはふつとかはりたるぞ」と尋ね仰せられければ、「その事は国によりて書きかへて候ふなり。唐土《もろこし》は大国なれば、所に相応していきほひかくの(3)ごとし。日本は小国なれば、それにしたがひて当時のやうをつかうまつり候ふなり」と申させ給ひければ、ハおほきに恥ぢさせ給ひて、そののちは御手跡あらそひなかりけり。

問一 傍線部(1)「あまた」(2)「則ち」(3)「ごとし」の品詞を次の中からそれぞれ選びなさい。（各5点）

1 副詞　2 連体詞　3 動詞　4 形容詞
5 形容動詞　6 助動詞　7 接続詞　8 感動詞

(1)
(2)
(3)

問二 二重傍線部「はし」の語義として、最も適切なものを次の中から選びなさい。（8点）

1 箸　2 橋　3 柱　4 梯子　5 片端

問三 空欄 イ ～ ハ にあてはまる人物の組み合わせとして適切なものを次の中から選びなさい。（8点）

1 イ→大師　ロ→大師　ハ→天皇
2 イ→大師　ロ→天皇　ハ→大師
3 イ→大師　ロ→天皇　ハ→天皇
4 イ→天皇　ロ→天皇　ハ→大師
5 イ→天皇　ロ→大師　ハ→天皇
6 イ→天皇　ロ→大師　ハ→大師

問四 本文のテーマ（主題・主旨）を説明したものとして、最も適切なものを次の中から選びなさい。（9点）

1 天皇は大師と書で競争していたが、筆の勢いが違って到底かなわないと悟ったこと。
2 天皇が大師に自慢した秘蔵の手本の一つが、本当は大師の在唐中の作であったこと。
3 天皇は書の手本を数多く所蔵していたが、国によって筆勢が異なると気づいたこと。
4 日本と中国の書き方を学んでこそ、真の書家になれると天皇が大師から学んだこと。
5 たとえ無名の書家の手本でも、学ぶべき点があると天皇が大師から教えられたこと。
6 唐人の書は学びにくく、天皇が大変困っていたところ、大師に助けてもらったこと。

□

問五 『古今著聞集』の編者を次の中から選びなさい。（5点）

1 西行　2 慈円　3 鴨長明　4 平康頼　5 橘成季　6 北畠親房

□

問六 『古今著聞集』はどの時代に成立した作品か。次の中から選びなさい。（5点）

1 奈良時代　2 平安時代　3 鎌倉時代　4 室町時代　5 江戸時代

□

（法政大学　出題）

16 物語

とりかへばや物語《ものがたり》

▼解答解説編94頁

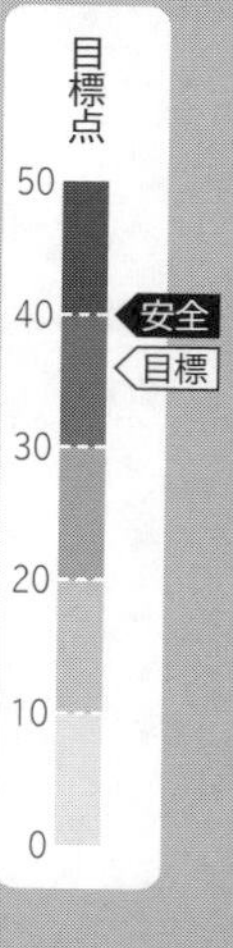

◆**次の文章を読み、後の問いに答えなさい。**

（あるとき、権大納言で大将を兼任している人がいた。二人の妻に男の子と女の子が生まれた。子供たちは美しくそっくりな容貌《ようぼう》であった。）

いづれもやうやう大人びたまふままに、若君はあさましうもの恥ぢをのみしたまひて、ア女房などにだに、すこし御前《おまへ》遠きには見えたまふこともなく、父殿《ちちとの》をもうとく恥づかしくのみ思《おぼ》して、やうやう(注1)御文《ふみ》習はし、(注2)さるべきことどもなど a 教へきこえたまへど、思しもかけず、ただいと恥づかしとのみ思して、御帳《みちやう》のうちにのみ埋《うづ》もれ入《い》りつつ、絵かき、雛《ひいな》遊び、貝覆《おほ》ひなど b したまふを、殿はいとあさましきことに思しのたまはせて常にさいなみたまへば、果て果ては涙をさへこぼして、あさましうつつましとのみ思しつつ、ただ母上、御乳母《めのと》、イさらぬはむげに小さき童《わらは》などにぞ見えたまふ。さらぬ女房などの、御前へも参れば、御几帳《きちやう》に c まつはれて恥づかしいみじとのみ思したるを、いとめづらかなることに思し嘆くに、また姫君は、今よりいとウさがなくて、エをさをさうちにもものしたまはず、外《と》にのみつとおはして、若き男《をのこ》ども、童《わらはべ》などと、鞠《まり》、小弓などをのみもて遊びたまふ。(注3)御出居《いでゐ》にも、人々参りて文《ふみ》作り笛吹き歌うたひなどするにも、走り出《い》でたまひて、もろともに、人も教へきこえぬ琴笛の音《ね》もいみじう吹きたて弾き鳴らしたまふ。ものうち誦《ずん》じ歌うたひなどしたまふを、参りたまふ殿上人《てんじやうびと》、上達部《かんだちめ》などはオめでうつくしみきこえつつ、かたへは教へたてまつりて、この御腹のをば姫君ときこえしは僻言《ひがごと》なりけりなどぞ、皆思ひあへる。殿の見あひたまへる折こそ取りとめても隠したまへ、人々の参るには、殿の御装束などしたまふほど、まづ走り出でたまひてかく馴《な》れ遊びたまへば、なかなかえ制しきこえたまは［カ］ば、ただ若君とのみ思ひてもて興じうつくしみきこえあへるを、キさ思はせてのみものしたまふ。御心のうちにぞ、いとあさましく、かへすがへす、クとりかへばやとd思されける。

注
1 御文……漢詩文や四書五経などの漢籍。
2 さるべきことども……男性に必要な教養など。
3 御出居……客と対面する座敷。寝殿造りで、母屋の外側の南廂《みなみびさし》に設けた。

問一 傍線ア「女房などにだに、すこし御前遠きには見えたまふこともなく」の意味として最も適切なものを、次の中から一つ選びなさい。（4点）

A 侍女などにさえ、すこし離れたところにいる者にはお顔が見えることもなく
B 侍女などにさえ、あまりなじみのない者の目には男の子だとはお見えにならず
C 侍女などにさえ、あまりなじみのない者にはお顔をお見せになることもなく
D 侍女などはもちろん、すこし離れたところにいる者にもお顔をお見せになることもなく
E 侍女などはもちろん、すこし離れたところにいる者には男の子だとはお見えにならず

問二 波線a〜dの主語の組み合わせとして最も適切なものを、次の中から一つ選びなさい。（6点）

A　a 父殿 ― b 若君 ― c 若君 ― d 父殿
B　a 父殿 ― b 若君 ― c 父殿 ― d 姫君
C　a 若君 ― b 父殿 ― c 姫君 ― d 父殿
D　a 父殿 ― b 姫君 ― c 若君 ― d 父殿
E　a 父殿 ― b 若君 ― c 父殿 ― d 若君

問三 傍線イ「さらぬは」の説明として最も適切なものを、次の中から一つ選びなさい。（4点）

A　「さあらぬは」を省略したもので、「さ」は「父殿」と「母上」を指し、「やむを得ない場合は」という意味を表す。
B　「さあらぬは」を省略したもので、「さ」は「母上」と「御乳母」を指し、「それ以外は」という意味を表す。
C　「去らぬは」を平仮名で表記したもので、「(女房たちが) おそばを離れない場合は」という意味を表す。
D　「去らぬは」を平仮名で表記したもので、「(女房たちが) 立ち去った場合は」という意味を表す。
E　下にある「さらぬ女房」と同じ意味であるが、繰り返しをさけるため「女房」を省略したもの。

問四 **傍線ウ「さがなくて」とあるが、どういうことか。最も適切なものを、次の中から一つ選びなさい。**（6点）

A　無作法で　B　意地悪で　C　下品で　D　やんちゃで　E　口やかましくて

問五 **傍線エ「をさをさうちにものしたまはず」とあるが、どういうことか。最も適切なものを、次の中から一つ選びなさい。**（6点）

A　めったに内裏にも参上なさらない
B　すこしも部屋の中からお出にならない
C　めったに内裏からもお帰りにならない
D　ゆっくりお屋敷の中にもいらっしゃらない
E　すこしも部屋の中にじっとしていらっしゃらない

問六 **傍線オ「めでうつくしみきこえつつ」とあるが、どういうことか。最も適切なものを、次の中から一つ選びなさい。**（4点）

A　褒めてはおかわいがり申し上げて
B　お褒めになってはおかわいがりなさって
C　とても美しいとお聞きになられて
D　とても美しいとお聞き申し上げながら
E　気に入ってかわいがりながらも

問七 空欄 カ を補う語として最も適切なものを、次の中から一つ選びなさい。（4点）

A ざれ　B ね　C ら　D るれ　E れ

問八 傍線キ「さ思はせてのみものしたまふ」とあるが、どういうことか。最も適切なものを、次の中から一つ選びなさい。（6点）

A 皆が姫君を若君だと思い込んでいるのを、姫君は皆にそう思わせたままですごしていらっしゃる。
B 皆が姫君を若君だと思い込んでいるのを、父殿は皆にそう思わせたままですごしていらっしゃる。
C 皆が若君を姫君だと思い込んでいるのを、父殿は皆にそう思わせたままですごしていらっしゃる。
D 皆が姫君を男の子のようだと面白がるのを、父殿はどうしようもないままほうっていらっしゃる。
E 皆が若君と姫君を間違えてしまわないようにと、父殿はいろいろ苦心していらっしゃる。

問九 傍線ク「とりかへばや」の「ばや」と文法的に同じものを、次の中から一つ選びなさい。（6点）

A 心あてに折らばや折らむ初霜の置きまどはせる白菊の花（『古今和歌集』）
B 思ひつつ寝《ぬ》ればや人の見えつらむ夢と知りせば覚めざらましを（『古今和歌集』）
C 梅の花たが袖ふれしにほひぞと春や昔の月に問はばや（『新古今和歌集』）
D 夕されば蛍よりけに燃ゆれどもひかり見ねばや人のつれなき（『古今和歌集』）
E なれゆくはうき世なればや須磨《すま》の海人《あま》の塩焼き衣まどほなるらん（『新古今和歌集』）

問十 この作品と同じジャンルのものを、次の中から一つ選びなさい。（4点）

A 栄花物語　B 大和物語　C 保元物語　D とはずがたり　E 夜の寝覚

（神戸学院大学　出題）

平家物語《へいけものがたり》

▼解答解説編100頁

目標点 50 40 30 20 10 0 安全 目標

◆次の文章を読み、後の問いに答えなさい。

鳥羽院(注1)の御時、鵺《ぬえ》と申す化鳥《けてう》が竹の御坪(注2)に鳴くこと、たび重なりければ、天聴(注3)をおどろかしたてまつる。公卿詮議《くぎやうせんぎ》あつて、武士に仰せて射るべきに定まりて、頼政(注4)を召して、「仕《つかまつ》れ」と、仰せくださる。昔より、内裏を守護して奉公しける間、(1)辞し申すに及ばず、「かしこまりて承りさうらひぬ」とて、仕るべきになりぬ。頼政思ひけるは、「今朝、八幡(注5)へ参りたりつるが、最後にてありけり。これを射外しつるものならば、(2)弓と髻《もとどり》とは、ただいま切り捨てんずるものを」とて、「八幡大菩薩《ぼさつ》、(3)源氏を捨てさせたまはずは、弓矢にたちかけり守らせたまへ」と、祈誓して、重籐《しげどう》の弓に、鏑矢《かぶらや》二筋取り具して、竹の坪へ参る。見物の上下諸人、目もあへず見るほどに、夜更け、人しづまりて後、例の化鳥、二声ばかり訪れて、雲居《くもゐ》はるかに飛び上がる。頼政押ししづめて、一の矢に大きなる鏑をうちくはせて、よつ引きて、しばしかためて、ひやうど(4)射たり。大鳴りして、雲の上へあがりければ、化鳥、鏑の音におどろきて、上へはあがらず、下へ違ひて飛び下がる。頼政これを見て、二の矢に小鏑を取りてつがひ、小引きに引きて差し当て、ひやうど射たり。ひふつと、真中を射切つて落としたり。(5)手もとにこたへて覚えければ、「得たり。おふ」と、矢叫びする。

太上天皇、御感のあまりに、御衣を一襲《かさね》、かづけさせおはしますとて、御前の階《きざはし》をなからばかり下りたまふ。ころは五月の二十日あまりのことなるに、左大臣(6)しばしやすらひて、

五月闇《やみ》 [A] をあらはせる今宵《こよひ》かな

と、連歌をしかけられたりければ、御階に右の膝《ひざ》をつきて、左の袖《そで》を広げて、御衣を賜るとて、頼政、好むくちなれば、

たそがれ時も過ぎぬと思ふに

とぞ、付けたりける。左大臣これを(7)聞こしめして、あまりのおもしろさに、立ち帰らせたまはず、しばしやすらひて、

五月闇［　A　］をあらはせる今宵かなたそがれ時も過ぎぬと思ふに

と、押し返し押し返し詠じたまひたりけり。「昔の養由(注6)は、雲の外に雁《かり》を聞きて、寄る声を射る。今の頼政は、雨の中に鵺を得たり」とぞ、ほめたりける。

注

1 鳥羽院……鳥羽上皇（一一〇三～一一五六）。後出の「太上天皇」も同じ人。
2 竹の御坪……宮中の中庭。
3 天聴をおどろかしたてまつる……ここでは、鳥羽院を動転させた意。
4 頼政……源頼政（一一〇四～一一八〇）。
5 八幡……源氏が信奉する八幡神。後出の「八幡大菩薩」は神仏混淆《こんこう》による称。
6 養由……中国の春秋時代の弓の名人。

問一

傍線(1)「辞し申すに及ばず」の意味として、最も適当なものを、次の中から選びなさい。（5点）

ア　謝辞を申しあげることもできないで　　イ　美辞麗句で答えるまでもないので

ウ　辞職を申し出るまでもないので　　エ　ためらっている場合ではないので

オ　お断り申しあげることもできないで

問二

傍線(2)「弓と髻とは、ただいま切り捨てんずるものを」とあるが、それはどういうことか。最も適当なものを、次の中から選びなさい。（6点）

ア　すぐに武士であることを辞め、髪を剃《そ》って出家してしまうつもりだ、ということ

イ　すぐに武士であることを辞め、髪を剃って出家してしまうだろう、ということ

ウ　すぐに弓の弦と髪を切って、八幡の神に奉納するつもりだ、ということ

エ　すぐに弓の弦と髪を切って、八幡の神に奉納するだろう、ということ

オ　すぐに弓矢も捨てず、伸び放題の髪を切るつもりもない、ということ

カ　すぐに弓矢も捨てず、伸び放題の髪も切らないだろう、ということ

問三

傍線(3)「源氏を捨てさせたまはずは」の意味として、最も適当なものを、次の中から選びなさい。（6点）

ア　八幡の神が、源氏をお見捨てにならないのであれば
イ　八幡の神が、朝廷に源氏を見捨てさせようとなさらないのは
ウ　八幡の神が、私に源氏の家を捨てて出家させようとなさらないのは
エ　朝廷が、源氏をお見捨てにならないのは
オ　朝廷が、源氏をお見捨てにならないのであれば
カ　朝廷が、私に源氏の家を捨てて出家させようとなさらないのであれば

問四

傍線(4)「射」の動詞の活用の種類として、正しいものを、次の中から一つ選びなさい。（5点）

ア　ア行下一段活用　　イ　タ行下二段活用　　ウ　ヤ行上一段活用
エ　ラ行四段活用　　オ　ラ行変格活用　　カ　ワ行上二段活用

問五

傍線(5)「手もとにこたへて覚えければ」の意味として、最も適当なものを、次の中から選びなさい。（6点）

ア　自分に伝わってくる振動におどろいて　　イ　配下の武士の返事に聞き覚えがあったので
ウ　確かな手ごたえがあったように感じられたので　　エ　近くで見守る人々の歓声にこたえようと思って
オ　神のご意思を身近に感じることができれば

問六 傍線(6)「しばしやすらひて」の意味として、最も適当なものを、次の中から選びなさい。（6点）

ア　一休みしてから　イ　しばらくたたずんで　ウ　少しも間をおかないで

エ　少し悩んだからだろうか　オ　しばらくしてからだろうか

問七 傍線(7)「聞こしめし」の敬語の説明として、正しいものを、次の中から一つ選びなさい。（5点）

ア　鳥羽院に対する尊敬語　イ　頼政に対する尊敬語　ウ　左大臣に対する尊敬語

エ　鳥羽院に対する謙譲語　オ　頼政に対する謙譲語　カ　左大臣に対する謙譲語

問八 文中の二箇所の空欄Aには同じ言葉が入る。その言葉として最も適当なものを、次の中から選びなさい。（6点）

ア　名　イ　音《ね》　ウ　身　エ　夜《よ》　オ　矢

問九 『平家物語』と同じジャンルに属する作品を、次の中から一つ選びなさい。（5点）

ア　奥の細道　イ　源氏物語　ウ　今昔物語集　エ　太平記　オ　南総里見八犬伝　カ　枕草子

（駒澤大学　出題）

18 随筆

玉勝間《たまかつま》

▼解答解説編106頁

目標点 50 / 40 安全 / 30 目標 / 20 / 10 / 0

◆次の文章を読み、後の問いに答えなさい。

近きころは、いにしへをしのぶともがら世に多くして、何物にまれ、古代の物としいへば、もてはやしめづるから、国々より、あるは古き社《やしろ》古き寺などに伝はり来たる物、あるは土の中より掘り出でなど、八百《やほ》とせ千とせに久しくうづもれたりし物どもも、つぎつぎに現はれ出で来るたぐひ多し。さて、しか古くめづらしき物の出で来れば、その物はイさらにもいはず、図《かた》をさへにうつして、つぎつぎ遠きさかひまでもうつし伝へてもてあそぶを、また世にはあやしく偽りする烏滸《をこ》の者のありて、これはその国のその社にをさまれる物ぞ、その国のなにがしの山より掘り出でたる何の図ぞなど、古き物をも図をもロつきづきしくおのれ造り出でて、人を惑《まど》はすたぐひもまた多きは、いといとあぢきなく心うきわざなり。

さいつころ、いにしへ甲斐の国の酒折《さかをり》の宮にして(注1)倭建《やまとたける》の命《みこと》の御歌の末をつぎたりし、火ともしの翁の図、「火揚命像」としるしたる物を、かの酒折の社の屋根の板のはざまより近き年出でたるなりとて、うつしたるを人の見せたる、げに上つ代の人のしわざと見えて、そのさまいみじく古めきたりければ、めづらかにおぼえて、おのれもうつしおきたりしを、1なほいかにぞや、疑はしくはたおぼえしかば、かの国にその社近き里に弟子《をしへご》のあるが許《もと》へ、しかじかの物得たるはいかなるにか、と問ひにやりたりしもしるく、ハはやくいつはりにて、すなはちかの社の神主飯田氏にも問ひしに、2さらにかたもなき事なり、といひおこせたりき。また同じころ、(注2)檜垣《ひがき》の媼《おうな》がみづから刻みたる小さき木の像の、肥後の国の、忘れたり、何とかいふところより、近く掘り出でたるうつしとて、ここかしこにうつし伝へてひろまりたる、これはた、出でたるもとを尋ぬるに、確かなるやうには聞こゆれど、なほ心得ぬことありて、疑はしくなむ。

[3] すべてかうやうのたぐひ、今はゆくりかにはうけがたきわざなり。心すべし。

注

1 倭建の命の御歌……『古事記』に倭建の命が「新治《にひばり》筑波をすぎていく夜《よ》か寝つる」と言ったのに対し、御火焼《みひたき》の翁が「かがなべて夜には九夜日には十日を」と答えた、とあるのを言う。

2 檜垣の嫗……平安時代の女流歌人。

問一 二重傍線部イ「さらにもいはず」、ロ「つきづきしくおのれ造り出でて」、ハ「はやくいつはりにて」の解釈として、最も適切なものをそれぞれ次の中から一つ選びなさい。（各5点）

イ　さらにもいはず

① 何も言わず　② まったく言えず　③ 言うまでもなく　④ その上言うこともなく

⑤ それ以上言うこともできなく

ロ　つきづきしくおのれ造り出でて

① 上手に新たに書き直して　② それらしく自分の手で創作して

③ 本の図とぴったり合致するよう想像して　④ 本物に少しでも近くなるように手を加えて

⑤ いかにも古く見えるように自然と見せかけて

ハ　はやくいつはりにて

①　案の定まっかな偽物で　②　調べてすぐ偽物とわかって　③　もとから偽物と疑われていて

④　はやばやと偽物だと判明して　⑤　とっくに偽物と皆が知っていて

イ	ロ	ハ

問二　傍線部1「なほいかにぞや、疑はしくはたおぼえしかば」の解釈として適切なものを、次の中から一つ選びなさい。（7点）

①　何となくどこか不安で、また悩みに思われたので

②　本物かどうか疑わしいが、さりとて疑うのもどうかと思って

③　本物かどうか、やはりその一方では疑わしいと思われたので

④　本物との判断に迷いがあって、どうしてもまた見たいと思ったので

⑤　相手の言い分が何となく疑わしいので、一方では信用していたけれど

問三　傍線部2「さらにかたもなき事なり」について、何がどうであると言っているのか。説明しなさい。（20点）

問四 傍線部3「すべてかうやうのたぐひ、今はゆくりかにはうけがたきわざなり」は、右の文章のテーマと考えられる一文である。内容として最も適切なものを、次の中から一つ選びなさい。（8点）

① 古代ブームに便乗して偽物が横行しているのは、ある意味仕方のないことだ。
② 遺跡・遺物といっても時代を特定するのは難しいので、必ず専門家に問うべきだ。
③ 古代への関心が高まるにつれ悪質ないたずらも増え、かえって学問の妨げになっている。
④ 古代の文物に対する関心が高まったのに乗じて偽物が横行していることに、軽々しく従ってはいけない。
⑤ 古代の文物を偽造する者が横行して、どれが本物かわからなくなるのは、世間の人々にとって困ったことだ。

（清泉女子大学　出題）

堤中納言物語《つつみちゅうなごんものがたり》

▼解答解説編112頁

目標点
50
40 安全
30 目標
20
10
0

◆次の文章は『堤中納言物語』「このついで」で、中宮が女房たちと薫香を楽しみ、談笑している場面を描いている。これを読んで、後の問いに答えなさい。

中将の君、

「この御火取《ひとり》(注1)のついでに、あはれと思ひて、人の語りしことこそ、思ひ出でられはべれ」

とのたまへば、おとなだつ宰相の君、

「何事にかはべらむ。つれづれにAおぼしめされてはべるに、申させたまへ」

とそそのかせば、

「さらばつい(注2)たまはむとすや」とて、

「ある君達に、しのびて通ふ人やありけむ。いとうつくしき児《ちご》さへ出できにければ、あはれとは思ひきこえながら、Bきびしき片つ方やありけむ、絶え間がちにてあるほどに、思ひも忘れず、いみじう慕ふがうつくしう、ときどきは、ある所に渡しなどするをも、『いま』なども言はでありしを、ほど経てたちよりたり ア ば、いとCさびしげにて、めづらしくや思ひけむ、かきなでつつ見ゐたりしを、え立ちとまらぬことありて出づるを、ならひにければ、例のいたう慕ふがあはれにおぼえて、しばし立ちどまりて、『さらば、いざよ』とて、かき抱きて出でけるを、いと心苦しげにD見おくりて、前なる火取を手まさぐりにして、

E こだにかくあくがれ出でば薫物《たきもの》のひとりやいとど思ひこがれむ

と、しのびやかに言ふを、屏風のうしろにて聞きて、いみじうあはれにおぼえければ、児もF かへして、そのままになむゐられにし、と。『いかばかりあはれと思ふらむ』と、『おぼろけならじ』と言ひしかど、誰とも言はで、いみじく笑ひまぎらはしてこそ止みにしか。」

注
1 火取……香をたきしめるのに用いる香炉。漆器の中に銀や銅または陶器で作った炉を置き、上から銀・銅の籠《かご》で覆ったもの。
2 つい……「継ぎ」の音便形。

問一 傍線部A「おぼしめされて」の主語として、もっとも適当なものを次の中から一つ選びなさい。（6点）

1 中将の君　2 宰相の君　3 中宮　4 君達

問二 傍線部B「きびしき片つ方やありけむ」を、文法的に正しく現代語訳しなさい。（10点）

問三 傍線部C「さびしげにて」、D「見おくりて」、F「かへして」の主語としてもっとも適当なものを次の中からそれぞれ一つ選びなさい。（各6点）

1 児　2 児の父　3 児の母　4 児の継母

C	D	F

問四 傍線部E「こだにかくあくがれ出でば薫物のひとりやいとど思ひこがれむ」の歌は、「思ひこがれむ」の「ひ」に「火」が掛けられているが、この「思ひこがれむ」の箇所以外に、二箇所の掛詞が指摘できる。何と何が掛けられているかわかるように、それぞれ漢字で書きなさい。（各6点）

と	と

問五 空欄 ア には、助動詞「き」が入る。適切に活用させて記しなさい。（4点）

（日本女子大学　出題）

20

歌論

無《む》名《みょう》抄《しょう》

▼解答解説編118頁

目標点 50 40 安全 30 目標 20 10 0

◆次の文章を読み、後の問いに答えなさい。

ある人いはく、「基俊《もととし》(注1)は俊頼《としより》(注2)をば蚊虻《もんまう》(注3)の人とて、『さは言ふとも、駒の道行く(注4)にてこそあらめ』と言は(1)れければ、俊頼は返り聞きて、『(2)文時《ふみとき》(注5)・朝綱《あさつな》詠みたる秀歌なし。躬恒《みつね》(注6)・貫之《つらゆき》作りたる秀句なし(注7)』とぞのたまひける」。

またいはく、「雲居寺《うんごじ》(注8)の聖《ひじり》のもとにて、秋の暮れの心を、俊頼朝臣《あそん》、

(3)明けぬともなほ秋風のおとづれて野辺のけしきよ面《おも》がはりすな

名を隠したりけれど、これを『(4)さよ』と心得て、基俊いどむ人にて、難じていはく、『いかにも歌は腰(注9)の句の末に、て(注10)文字据ゑつるに、はかばかしきことなし。障《さ》へ(注11)ていみじう聞きにくきものなり』と、口開かすべくもなく難ぜ(5)られければ、俊頼はともかくも言はざりけり。その座に伊勢(注12)の君琳賢《りんけん》がゐたりけるなむ、『ことやうなる証歌(注13)こそ一つ覚え侍《はべ》れ』と言ひ出《い》でたりければ、『いでいで、うけたまはらむ。よもことよろしき歌にはあらじ』と言ふに、

桜(注14)散る木《こ》の下風は寒からで

と、はて(注15)のて文字を(6)ながながとながめたる(注16)に、色真青《まさを》になりて、ものも言はずうつぶきたりける時に、俊頼朝臣はしのびに笑は(7)れけり」。

注

1 基俊……藤原基俊。
2 俊頼……源俊頼。
3 蚊虻……ここでは漢詩に暗いの意。
4 駒の道行くにてこそあらめ……老いた馬が道をよく覚えているように、俊頼は経験によって何とか和歌を詠んでいるのだろうという皮肉。
5 文時・朝綱……高名な漢詩人。
6 躬恒・貫之……高名な歌人。
7 秀句……優れた漢詩。
8 雲居寺の聖のもとにて……雲居寺の僧瞻西《せんさい》が催した歌合において。判者は基俊。
9 腰の句……第三句。
10 て文字……助詞の「て」または「で」。
11 障へて……つっかえて。ひっかかって。
12 伊勢の君琳賢……歌人にして僧。
13 証歌……ある和歌の表現が正当である根拠、証拠となる歌。
14 桜散る木の下風は寒からで……紀貫之の有名な秀歌。下句は「空に知られぬ雪ぞ降りける」。
15 はてのて文字……「寒からで」の「で」。
16 ながめたる……声を長くひいて歌を吟じた。

問一 **傍線(1)(5)(7)の助動詞の説明としてもっとも適当なものを次の中から選びなさい。**（4点）

A (1)(5)(7)はすべて尊敬の意味である。
B (1)(5)は尊敬、(7)は受身の意味である。
C (1)は受身、(5)(7)は自発の意味である。
D (1)は受身、(5)は尊敬、(7)は自発の意味である。

問二 **傍線(2)「文時・朝綱詠みたる秀歌なし。躬恒・貫之作りたる秀句なし」には、俊頼のどのような気持ちが込められているか。もっとも適当なものを次の中から選びなさい。**（5点）

A 優れた漢詩人でもよい和歌は詠めない。優れた歌人でもよい漢詩は作れない。だから、漢詩に暗い私が和歌が下手《へた》でも、おかしいことではない。

B 優れた漢詩人でもよい和歌は詠めない。優れた歌人でもよい漢詩は作れない。だから、漢詩に暗い私が和歌が上手《うま》くても、おかしいことではない。

C 優れた漢詩人でもよい和歌は詠めない。優れた歌人でもよい漢詩は作れない。だから、和歌に明るい私が漢詩が上手くても、おかしいことではない。

D 優れた漢詩人でもよい和歌は詠めない。優れた歌人でもよい漢詩は作れない。だが、私は無学なので漢詩も和歌も下手なのだ。

E 優れた漢詩人でもよい和歌は詠めない。優れた歌人でもよい漢詩は作れない。だが、私は天才なので漢詩も和歌も上手いのだ。

問三 **傍線(3)「明けぬとも」の説明としてもっとも適当なものを次の中から選びなさい。**（5点）

A 秋の最後の夜がなかなか明けず、冬にならなくとも。

B 夏の最後の夜がなかなか明けず、秋の夕暮れが来なくとも。

C 秋の最後の夜がなかなか明けず、夕暮れのようであっても。

D 夏の最後の夜が明けてしまって、秋の夕暮れになっても。

E 秋の最後の夜が明けてしまって、冬になっても。

問四 傍線(4)「さよ」が指している内容を、十五字以内で簡潔に書きなさい（句読点も一字に数える）。（10点）

□□□□□□□□□□□□□□□と心得て。

問五 傍線(6)「ながながとながめたる」という行為に込められた心情として不適当なものを次の中から選びなさい。（6点）

A 敵意　B 揶揄《やゆ》　C 同情　D 嘲笑《ちょうしょう》　E 皮肉

□

問六 次のア～オのうち、本文の内容と合致しているものに対してはA、合致していないものに対してはBの符号で答えなさい。（各4点）

ア 基俊は俊頼の歌を、人が反駁《はんばく》できないほど手厳しく非難したので、俊頼は何も言わずにいた。

イ 琳賢は、思いついた証歌に自信をもっていたが、たいした歌ではなさそうな口ぶりをした。

ウ 基俊は内心、すばらしい証歌が提示されたらどうしようと、びくびくしていた。

エ 琳賢は紀貫之の歌によって、基俊の自負心をへし折ることに成功した。

オ 基俊は頑固に、「桜散る」の歌を秀歌だとは認めなかった。

ア	イ	ウ	エ	オ

（中央大学　文学部　出題）

20 無名抄

21

軍記物語

太平記《たいへいき》

▼解答解説編124頁

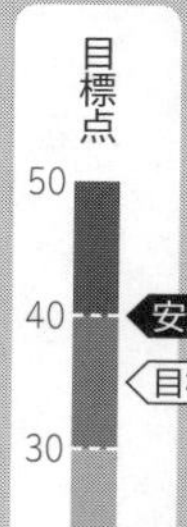

◆次の文章を読み、後の問いに答えなさい。

報光寺・最勝園寺二代の相州《さうしう》に仕へて、引付《ひきつけ》の人数に列なりける青砥《あをと》左衛門といふ者有り。数十箇所の所領を知行して、財宝豊かなりけれども、衣裳には細布の直垂、布の大口、飯の菜には焼きたる塩、干したる魚一つよりほかはせざりけり。出仕の時は、木鞘巻の刀を差し、木太刀を持たせけるが、叙爵の後は、この太刀に弦袋をぞ付けたりける。かやうにわが身のためには、いささかも過差なる事をせずして、公方《くばう》の事には千金・万玉をも惜しまず。また飢ゑたる乞食、疲れたる訴訟人などを見ては、分《ぶん》に従ひ品《しな》によりて、米銭・絹布の類ひを与へければ、仏菩薩の悲願に等しき慈悲にてぞありける。ある時、徳宗領《とくそう》に(1)沙汰出で来て、地下《ぢげ》の公文《くもん》と、相模守と訴陳に番《つが》ふ事あり。理非懸隔して、公文が申すところ道理なりけれども、奉行・頭人・評定衆、皆徳宗領に憚つて、公文を負かしけるを、青砥左衛門ただ一人、権門にも恐れず、ことわりの当たるところをつぶさに申し立てて、つひに相模守をぞ負かしける。公文不慮に得利《とくり》して、所帯に安堵したりけるが、その恩を報ぜんとや思ひaけん、銭を三百貫俵につつみて、後の山よりひそかに青砥左衛門が坪の内へぞ入れたりける。青砥左衛門これを見て大いに怒り、「沙汰の理非を申しつるは相模殿を思ひ奉るゆゑなり。全く地下の公文を引くにあらず。もし引出物を取るべくは、A上の御悪名を申し留めぬれば、相模殿よりこそ喜びをばしたまふべけれ。沙汰に勝ちたる公文が引出物をすべき様《やう》なし」とて、一銭をもつひに用ひず、はるかに遠き田舎まで持ち送らせてぞ返しける。

またある時、この青砥左衛門夜に入りて出仕しけるに、いつも燧《ひうち》袋に入れて持ちたる銭を十文取りはづして、滑川《なめりがは》へぞ落し入れたりけるを、少事の物なれば、B よしさてもあれかしとてこそ行き過ぐ b べかりしが、以つてのほかあわてて、その辺の町屋へ人を走らかし、銭五十文を以つて松明を十把買ひて下り、これ燃《とぼ》してつひに十文の銭をぞ求め得たりける。

後日にこれを聞きて、「十文の銭を求めんとて、五十にて松明を買ひて燃したるは小利大損かな」と笑ひければ、青砥左衛門眉をひそめて、「さればこそ御辺《ごへん》たちは愚かにて、世の費えをも知らず、民を恵む心無き人なれ。銭十文はただ今求めずは、滑川の底に沈みて永く失せぬべし。それがしが松明を買はせつる五十の銭は、商人の家に止まつて永く失すべからず。わが損は商人の利なり。かれとわれとなにの差別《しやべつ》かある。かれこれ六十の銭を一つをも失はず、あに C 天下の利にあらずや」と、(2)爪弾《つまはじ》きをして申しければ、難じて笑ひつるかたへの人々、(3)舌を振りてぞ感じける。

問一 **傍線部(1)「沙汰」(2)「爪弾きをして」(3)「舌を振りて」の解釈として最も適切なものを次の中からそれぞれ選びなさい。** (各5点)

(1) 1 道理　2 訴訟　3 評判　4 指令　5 事件

(2) 1 公然と　2 悲観して　3 無愛想に　4 のけ者にして　5 不快そうに

(3) 1 恐れ入って　2 感激して　3 恥じて　4 不満足に　5 興ざめに

(1)	(2)	(3)

21 太平記

問二 傍線部a「けん」b「べかり」の文法上の説明として最も適切なものを次の中からそれぞれ選びなさい。（各5点）

1 現在推量　2 過去推量　3 過去　4 意志
5 当然　6 詠嘆　7 願望　8 断定

a	b

問三 傍線部A「上の御悪名を申し留めぬれ」とは、具体的にどのような意図で何をしたことか。それがよく表されている一文の初めの五文字を記しなさい（読点・記号も一字と数える）。（6点）

問四 傍線部B「よしさてもあれかし」の解釈として最も適切なものを次の中から選びなさい。（5点）

1 まあ、それがいいだろう。　2 よし、これで心配がない。　3 よし、思った通りだ。
4 まあ、それはそれで仕方がない。　5 まあ、よくあることだ。

問五 傍線部C「天下の利」とはどういうことか。次の説明の空欄に入る適切な内容を考え、二十五字以内で記しなさい（読点も一字と数える）。（8点）

青砥左衛門が投じた銭五十文は（　　　）ということ。

問六

青砥左衛門の人物を表すのに最も適切なものを次の中から選びなさい。（6点）

1 勇敢で権門を恐れない。
2 倹約家で経済に精通している。
3 正義を重んじ私心がない。
4 篤実で慈悲心がある。
5 能弁で理論家である。

（法政大学　出題）

22

能楽評論

風姿花伝《ふうしかでん》

▼解答解説編130頁

目標点
50
40 安全
目標
30
20
10
0

◆次の文章は『風姿花伝』の一節で、問答形式で能の稽古修行の心得について説いている箇所である。これを読んで、後の問いに答えなさい。

問《とふ》。能に、得手《えて》得手とて、ことの外に劣りたる為手《して》(注1)も、一向《ひとむき》上手《じやうず》に勝りたる所あり。これを上手のせぬは、かなはぬやらん。また、すまじき事にてせぬやらん。

答《こたふ》。一切の事に、得手得手とて、生得《しやうとく》得たる所あるものなり。位(注2)は勝りたれども、これはかなはぬ事あり。さりながら、1これもただ、よき程の上手の事にての料簡なり。まことに能と工夫との極まりたらん上手は、などかいづれの向きをもせざらん。されば、能と工夫とを極めたる為手、万人《まんにん》が中にも一人《いちにん》もなきゆゑなり。なきとは、工夫はなくて慢心《まんじん》あるゆゑなり。

そもそも、上手にも悪《わろ》き所あり、下手《へた》にもよき所かならずあるものなり。これを見る人もなし。2主も知らず。上手は、名を頼み、達者(注3)に隠されて、悪き所を知らず。下手は、もとより工夫なければ、悪き所をも知らねば、よき所のたまたまあるをもわきまへず。されば、上手も下手も、たがひに人に尋ぬべし。さりながら、能と工夫を極めたらんは、これを知るべし。

いかなるをかしき為手なりとも、よき所ありと見ば、上手もこれを学ぶべし。これ、第一の手立《てだて》なり。もし、よき所を見たりとも、「我より下手をば似すまじき」と思ふ3情識あらば、その心に繋縛《けばく》せられて、我が悪き所をも、いかさま知るまじきなり。これすなはち、[4]極めぬ心なるべし。また、下手も、上手の悪き所もし見えば、「上手だにも悪き所あり。いはんや初心の我なれば、さこそ悪き所［ア］」と思ひて、これを恐れて、人にも尋ね、［イ］をいたさば、いよいよ［ウ］になりて、［エ］は早く上がるべし。もし、さはなくて、「我はあれ体《てい》に悪き所をばすまじきものを」と［オ］あらば、我がよき所をも、真実知らぬ為手なるべし。よき所を知らねば、悪き所をも良しと思ふなり。さるほどに、年は行《ゆ》けども、能は上がらぬなり。これすなはち、下手の心なり。

されば、上手にだにも、上慢《じやうまん》あらば、能は下がるべし。いはんや[5]かなはぬ上慢をや。よくよく公案して思へ。「上手は下手の手本、下手は上手の手本なり」と工夫すべし。［カ］のよき所を取りて、［キ］の物数(注4)に入るる事、無上至極の理《ことわり》なり。人の悪き所を見るだにも、我が手本なり。いはんやよき所をや。「稽古は強かれ、情識はなかれ」とは、これなるべし。

注

1 為手《して》……役者。
2 位……芸の位。芸の力の程度。
3 達者……芸に技術的に熟達していること。
4 物数……自分の演目。

問一

傍線1「これもただ、よき程の上手の事にての料簡なり」の意味として最も適切なものを、次の中から一つ選びなさい。（8点）

A　下手の得意芸に上手が及ばないことがあるということもただ、まことの上手の場合の判断なのである。
B　下手の得意芸に上手が及ばないことがあるということもただ、まずまずの上手の場合の判断なのである。
C　上手が下手の得意芸を学ばないということもただ、まことの上手の場合の判断なのである。
D　上手が下手の得意芸を学ばないということもただ、まずまずの上手の場合の判断なのである。

問二

傍線2「主」の意味として最も適切なものを、次の中から一つ選びなさい。（6点）

A　上手　B　下手　C　当人　D　主人

問三

傍線3「情識」の意味として最も適切なものを、次の中から一つ選びなさい。（4点）

A　常識　B　強情　C　人情　D　知識

問四

傍線4「極めぬ心」とは、何を「極めぬ心」なのか。最も適切なものを、次の中から一つ選びなさい。（4点）

A 得手　B 能と工夫　C よき所　D 第一の手立

問五

空欄アに入る表現として最も適切なものを、次の中から一つ選びなさい。（4点）

A 多からむ　B 多からめり　C 多かるらむ　D 多かるらめ

問六

空欄イ・ウ・エにそれぞれ入る語の組み合わせとして最も適切なものを、次の中から一つ選びなさい。（8点）

A 稽古・工夫・能　B 稽古・能・工夫　C 工夫・稽古・能　D 工夫・能・稽古

問七

空欄オに入る語として最も適切なものを、次の中から一つ選びなさい。（4点）

A 慢心　B 情識　C 初心　D 料簡

問八 傍線5「かなはぬ上慢」の意味として最も適切なものを、次の中から一つ選びなさい。（4点）

A 下手のほどほどの慢心　B 下手の不相応な慢心

C 上手のどうしようもない慢心　D 上手のちょっとした慢心

問九 空欄カ・キにそれぞれ入る語の組み合わせとして最も適切なものを、次の中から一つ選びなさい。（6点）

A 下手・下手　B 下手・上手　C 上手・上手　D 上手・下手

問十 『風姿花伝』の作者として正しいものを、次の中から一つ選びなさい。（2点）

A 観阿弥　B 世阿弥　C 能阿弥　D 善阿弥

（明治大学　出題）

23 歌論

石上私淑言《いそのかみのささめごと》

▼解答解説編136頁

目標点 50 40 30 20 10 0 安全 目標

◆次の文章を読み、後の問いに答えなさい。

問ひて云《い》はく、恋は唐書《からぶみ》にも、『礼記』には「人の大欲」といひ、すべて夫婦の情とて深きことにすめれど、それは己れ己れが妻を恋ひ夫を思ふことなれば、[1]さもありぬべきことなり。しかるに歌の恋は定まりたる夫婦のなからひのみにはあらず、あるは深き窓のうちにかしづきて親も許さぬ女《むすめ》を懸想じ、あるはしたしき閨《ねや》の内に居《す》ゑて人の[2]かたらふ妻に心をかけなど、すべてみだりがはしくよからぬことのみなるに、それをしも[3]いみじきことにいひ思ふはいかに。

答へて云はく、前にもいへるやうに、[4]この色に染む心は人ごとにまぬかれがたきものにて、この筋に乱れ乱れそめては、賢きも愚かなるもおのづから道理にそむけることも多くまじりて、つひには国を失ひ[5]身をいたづらになしなどして、後の名をさへ朽《くた》しはつるためし、昔も今も数知らず。さるは誰も誰も悪しきこととはいとよくわきまへ知ることなれば、道ならぬ懸想などは、ことに心から深く戒めつつしむべきことなれども、人みな聖人ならねば、[6]この思ひのみにもあらず、すべて常になすわざも思ふ心も、よきことばかりはありがたきものにて、とにかくに悪しきことのみ多かる中にも、恋といふものは、あながちに深く思ひかへしてもなほしづめがたく、みづからの心にもしたがはぬわざにしあれば、よからぬこととは知りながらも、[7]なほ忍びあへぬたぐひ世に多し。

まして人知れぬ心の内には、[8]誰かは思ひかけざらん。たとひうはべは賢《さか》しらがりて人をさへいみじく禁《いさ》むるともがらも、心の底をさぐりてみれば、この思ひはなきことかなはず。[9]ことに人の許さぬことを思ひかけたる折などよ、あるま

じきこととみづからおさへ忍ぶにつけては、いよいよ心のうちはいぶせくむすぼほれて、わりなかるべきわざなれば、ことにあはれ深き歌もさる時にこそは出で来べけれ。されば恋の歌には道ならぬみだりがはしきことの常に多かるぞ、もとよりさるべき理《ことわ》りなりける。

問一 傍線部1はどういう意味か、次の中からもっとも適切なものを一つ選びなさい。（2点）

a　そう考えるのがよいだろう　　b　そう考えることができる
c　そうあるのがふさわしいようだ　　d　そうあるのが当然のことだ
e　そう認めざるを得ないのである

問二 傍線部2「かたらふ」とは、この場合どういう意味か、次の中からもっとも適切なものを一つ選びなさい。（3点）

a　結婚する　　b　相談する　　c　懇意にする
d　説得する　　e　話し合う

問三 傍線部3「いみじきこと」とは、この場合どういう意味か、次の中からもっとも適切なものを一つ選びなさい。（4点）

a 大変なこと　b 恐ろしいこと　c すばらしいこと
d わずらわしいこと　e 神聖なこと

問四 傍線部4はどういう意味か、次の中からもっとも適切なものを一つ選びなさい。（2点）

a 相手の習慣になじむ　b 恋愛に惹《ひ》かれる　c 相手の表情に影響される
d 気配を感じる　e 情趣をわきまえる

問五 傍線部5はどういう意味か、次の中からもっとも適切なものを一つ選びなさい。（4点）

a 一生をだいなしにする　b 手持ち無沙汰になる　c 何もかも空しくなる
d 生きがいがなくなる　e むだに死ぬ

問六 傍線部6「この思ひ」とは何か、次の中からもっとも適切なものを一つ選びなさい。（2点）

a 戒めの思い　b 深い感情　c 愚かな思い　d 人間の感情　e 恋の思い

問七

傍線部7「なほ忍びあへぬたぐひ世に多し」とあるが、そのもっとも直接的な理由として適切なものを次の中から一つ選びなさい。（4点）

a　人はみな聖人ではないから

b　『礼記』以来認められた行為だから

c　国家の存亡や名声の浮沈以上に重要な一大事であるから

d　どうしても冷静になれず、自分で制御できない事がらなので

問八

傍線部8はどういう意味か、次の中からもっとも適切なものを一つ選びなさい。（4点）

a　だれも自分の突然の恋など予想できない

b　中には突然の恋を予感できる人もいる

c　恋の思いにとらわれない者はいない

d　だれもが恋の虜《とりこ》になるとは限らない

問九

傍線部9「ことに人の許さぬこと」としてもっとも適切な光源氏の相手を次の中から一つ選びなさい。（5点）

a　藤壺　b　末摘花　c　桐壺院　d　薫　e　紫の上

問十

傍線部10はどういう意味か、次の中からもっとも適切なものを一つ選びなさい。（6点）

a　ますます心の中は鬱々として晴れることなく、理性ではどうにも処理できないことなので
b　次から次へと気がかりなことがからみつき、何とも耐え難いことなので
c　いっそう知りたいことばかりが募って、たまらなくつらいことなので
d　確かに心の中に疑いばかりが生じて、道理に合わないことなので

問十一

不倫の恋の歌が多く詠まれる理由として適切なものを次の中から二つ選びなさい。（各5点）

a　歌は心に感ずるままを詠むものであり、道徳的善悪を逸脱したものであるから
b　道外れた恋は誰もが悪いことだと心得ているので、多くの人々の共感を得やすいから
c　不倫と思えばこそ自分を押さえつけ堪え忍ぶので、秘めている真情が表現されやすいから
d　歌が本来追求すべきものは、常識的価値基準を突破したところにあるので
e　夫婦の情を詠んだ歌は唐書《からぶみ》にも尊ばれるが、ありきたり過ぎておもしろくないから

問十二

次の中から、本居宣長に深くかかわるものを二つ選びなさい。（各2点）

a　『源氏物語玉の小櫛』　b　『万葉代匠記』　c　『うひまなび』
d　「ますらをぶり」　e　「もののあはれ」

23

石上私淑言

（上智大学　出題）

夜《よる》の寝《ね》覚《ざめ》

▼解答解説編142頁

目標点
50
40 安全
目標
30
20
10
0

◆次の文章は、『夜の寝覚』の一節で、中納言が病気の乳母のもとへ見舞いに行った夜の出来事を描いた場面です。これを読んで、後の問いに答えなさい。

その夜たちとまりたまひつるに、夜更けて人静まりぬるほどに、いと近く、吹きかふ風につけて、琴の声、一つに掻《か》き合はせられていとおもしろく聞こゆるに、おどろきたまひて、「(1)あな、おぼえな。誰《た》が住む所ぞ」と、問はせたまへば、御乳母子の少納言行頼ときこゆる、「(注1)法性寺《ほふしやうじ》の僧都の領ずる所には、この(i)六月より、今の但馬守時明《たぢまのかみときあきら》の朝臣の女《むすめ》なむ、渡りて住みさぶらふなり。月明き夜は、かくこそ遊び(あ)さぶらへ」と(い)きこゆれば、「それが女どもは、(2)かかることや好む。思はずのことや」と(う)のたまへば、「かやうに出《い》で居て、ときどき遊ぶ、見たまふるに、いづれも目やすく見たまふるなかにも、源大納言《げんだいなごん》の子の弁少将に契りてかしづきさぶらふ(注2)三にあたるは、すべてまことしく優《いう》げなる気色になむ。式部卿の宮の中将、石山に参りて、ほのかに見て、文などさぶらひけるを、女は返り事などして、それに心寄る気色にさぶらひければ、かの中将の、『忍びてときどき通はむ。親に知られて、あらはれてはあらじ』と、さぶらひければ、親ども(注3)ようながりて、弁少将に契りてさぶらふなり」と申せば、笑ひたまひて、「さては、(3)女は本意ならずや思ふらむ。心ばせあるものなり。中将に心寄すらむ」とのたまひて、竹のもとに歩み寄りたまひて聞きたまへば、琴の声はいとよく掻き合はせられて、なかにも箏《しやう》の琴のときどき掻きまぜたるは、いとすぐれて聞こゆ。

こなたもかなたも竹のみしげり合ひて、隔てつきづきしくも固めず、しどけなきに、行頼押しあけて、「同じくは。これより入らせたまへ」と申せば、「人や見つけむ。軽々し」とはのたまへど、箏の琴は、弾くらむ人(A)ゆかしく心とどまりて、やをら(え)入りたまへれど、こなたも竹多くしげりて、横たはれ広ごりたる松の木の陰にて、人見つくべくもあらず。軒近き(ii)透垣のもとにしげれる荻《をぎ》のもとに伝ひ寄りて見たまへば、池、遣水の流れ、庭の砂子などのをかしげなるに、簾《すだれ》巻き上げて、三十《みそぢ》に今ぞ及ぶらむとおぼゆるほどなる人、高欄のもとにて和琴《わごん》を弾くあり。頭つき、様体ほそやかに、しなしなしく、きよらなるに、髪のいとつややかにゆるゆるとかかりて、目やすき人かな、と見ゆるに、向かひざまにて、(注4)紅《くれなゐ》か二藍《ふたあゐ》かのほど(お)なめり、いと白く透きたる好ましげなる人、すべり下りて、(iii)長押に押しかかりて、外ざまをながめ出でて、琵琶《びは》にいたく傾きかかりて掻き鳴らしたる音、聞くよりも、うちもてなしたる有様、かたち、いと気色ばみ、(B)なつかしくなまめき、こぼれかかれる額髪の絶え間のいと白くをかしげなるほどなど、まことしく優なるものかな、と見ゆるに、箏の琴人は、長押の上にすこし引き入りて、琴は弾きやみて、それに寄りかかりて、西にかたぶくままに曇りなき月をながめたる、この居たる人々ををかしと見るにくらぶれば、むら雲のなかより望月のさやかなる光を見つけたる心地するに、(4)あさましく見おどろきたまひぬ。

注

1 法性寺の僧都……但馬守時明の妻の兄。
2 三……第三女。
3 ようながりて……甲斐《かい》のないことだと思って。
4 紅・二藍……どちらも衣の色合いのことで、紅は鮮明な赤色、二藍は赤みがかった青色。

問一 二重傍線部(A)・(B)の語句の意味として最も適当なものを、次の中からそれぞれ一つずつ選びなさい。（各2点）

(A) **ゆかしく心とどまりて**

① 見過ごしがたくて立ち止まって
② 知りたく思って心が引かれて
③ 奥ゆかしさに心が引かれて
④ かわいくて立ち止まって
⑤ 上手でもっと聞きたくて

(B) **なつかしくなまめき**

① 大人びて色っぽく
② 懐かしく生き生きとして
③ 目新しくあでやかで
④ 親しみ深く優美で
⑤ 風流で若々しく

(A)	(B)

問二 波線部(あ)「さぶらへ」・(い)「きこゆれ」・(う)「のたまへ」の敬語の説明として最も適当なものを、次の中からそれぞれ一つずつ選びなさい。ただし、一つの番号は一回しか使えません。（各2点）

① 尊敬語で、中納言への敬意を表す。
② 尊敬語で、女どもへの敬意を表す。
③ 尊敬語で、行頼への敬意を表す。
④ 謙譲語で、中納言への敬意を表す。
⑤ 謙譲語で、女どもへの敬意を表す。
⑥ 謙譲語で、行頼への敬意を表す。
⑦ 丁寧語で、中納言への敬意を表す。
⑧ 丁寧語で、女どもへの敬意を表す。
⑨ 丁寧語で、行頼への敬意を表す。

(あ)	(い)	(う)

問三 **波線部(え)・(お)の文法的説明として最も適当なものを、次の中からそれぞれ一つずつ選びなさい。**（各3点）

(え) **入りたまへれど**

① ラ行四段活用動詞の連用形＋尊敬の補助動詞の已然形＋完了の助動詞の已然形＋逆接確定条件の接続助詞
② ラ行四段活用動詞の連用形＋謙譲の補助動詞の未然形＋尊敬の助動詞の未然形＋逆接仮定条件の接続助詞
③ ラ行四段活用動詞の連用形＋謙譲の補助動詞の連用形＋自発の助動詞の未然形＋逆接確定条件の接続助詞
④ ラ行上二段活用動詞の連用形＋尊敬の補助動詞の已然形＋尊敬の助動詞の未然形＋逆接仮定条件の接続助詞
⑤ ラ行上二段活用動詞の連用形＋尊敬の補助動詞の連用形＋完了の助動詞の已然形＋逆接確定条件の接続助詞

(お) **なめり**

① 完了の助動詞の未然形＋推定の助動詞の終止形
② 打消の助動詞の未然形＋婉曲の助動詞の終止形
③ 断定の助動詞の連体形の撥音便無表記＋推定の助動詞の終止形
④ ラ行四段活用動詞の連体形の撥音便無表記＋推定の助動詞の終止形
⑤ 伝聞の助動詞の連体形の撥音便無表記＋婉曲の助動詞の終止形

(え)	(お)

問四 **破線部(i)「六月」・(ii)「透垣」・(iii)「長押」の語の、古文での読み方の組み合わせとして最も適当なものを、次の中から一つ選びなさい。**（4点）

① (i) ふづき　(ii) すいがい　(iii) ながおし
② (i) ふづき　(ii) すきがき　(iii) なおし
③ (i) ながつき　(ii) すがい　(iii) なげし
④ (i) みなづき　(ii) すきがき　(iii) なおし
⑤ (i) みなづき　(ii) すいがい　(iii) なげし

問五 **傍線部(1)「あな、おぼえな」の現代語訳として最も適当なものを、次の中から一つ選びなさい。**（5点）

① まあ、この見事な琴の合奏は、どこかで聴いた覚えがあることよ。
② ああ、こんな素晴らしい琴の音が聞こえてくるとは、思いがけないことよ。
③ はて、この琴の音はどこから聞こえてくるのか、わからないことよ。
④ なんと、こんな夜更けに琴の合奏なんて、とんでもないことだなあ。

問六 **傍線部(2)「かかること」の具体的な内容として最も適当なものを、次の中から一つ選びなさい。**（6点）

① 月見の宴　② 歌の贈答　③ 琴の合奏　④ 恋の駆け引き　⑤ 垣間見

問七 **傍線部(3)「女は本意ならずや思ふらむ」とあるが、中納言がこのように考えた理由として最も適当なものを、次の中から一つ選びなさい。**（5点）

① もともと式部卿の宮の中将を遠ざけたいと思っていた親が、女に何の説明もしないまま縁を切って、無理やり弁少将と結婚させるようにしたから。
② ひそかに式部卿の宮の中将と交際していることを親に知られた女が、自分の気持ちを抑えて、嫌々ながら弁少将と婚約することを承諾したから。
③ 親しく交際していた式部卿の宮の中将が、理由も告げないまま急に身を引いてしまったので、女がやむをえず親の決めた弁少将と婚約したから。
④ 女は式部卿の宮の中将に好意を持っていたのに、中将が女との交際を親に隠しておこうとしたので、それを知った親が弁少将と結婚させたから。

問八 **傍線部(4)「あさましく見おどろきたまひぬ」とあるが、この時の中納言の心情を説明したものとして最も適当なものを、次の中から一つ選びなさい。**（5点）

① 琴を弾く美しい三人の女たちに次々と魅せられていく自分の移り気な心に、我ながらあきれている。
② 琴を弾く三人の女たちの身分に似合わない美しさを意外に思って、すっかり心を奪われている。
③ 箏の琴を弾いていた女のほかの女とは比べものにならない美しさに、驚いて呆然としている。
④ 箏の琴を弾いていた女の満月のような美しさに一目で恋してしまったことに、驚き慌てている。

問九

本文の内容に合致するものを、次の中から一つ選びなさい。（5点）

① となりの家の女たちが弾く琴の音色に興味を抱いた中納言は、行頼の手引きで女たちがよく見える所まで近づき女たちの様子をうかがった。

② 行頼に誘われてとなりの家の中をのぞき見た中納言は、三者三様に琴を弾き鳴らしている女たちの姿に、我を忘れるほど心を奪われてしまった。

③ 三人の女たちの中では、三十に近い和琴を弾いている女が最も上手であったが、中納言は箏の琴を弾いている容貌の美しい女に心を引かれた。

④ 三人の女たちの美しさに誘われてとなりの家に忍び入った中納言は、趣のある庭を渡って聞こえて来る優雅な琴の音に心が清められていった。

問十

『夜の寝覚』は、平安時代後期に成立した物語であるが、これとほぼ同時代に成立したと考えられている作品はどれか。最も適当なものを、次の中から一つ選びなさい。（4点）

①『大和物語』　②『狭衣物語』　③『源氏物語』　④『雨月物語』　⑤『平家物語』

（佛教大学　出題）

25 日記

蜻蛉日記《かげろうにっき》

▼解答解説編148頁

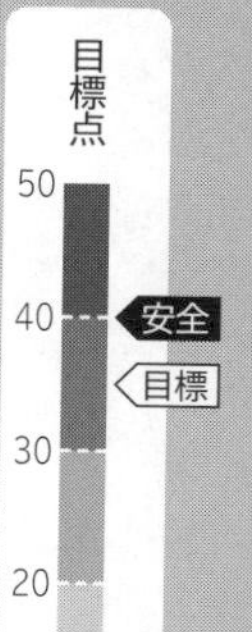

◆次の文章は『蜻蛉日記』下巻の一節である。作者が、夫、藤原兼家の不実に耐えかねて、別れを決意する場面である。これを読んで後の問いに答えなさい。

六月《みなづき》、七月《ふみづき》、おなじほどにありつつはてぬ。

つごもり二十八日に、「(注1)相撲《すまひ》のことにより、内裏《うち》にさぶらひつれど、Aこちものせむとてなむ、急ぎ出でぬる」などて、見えたりしア人、そのままに、八月《はづき》二十余日まで見えず。聞けば、(注2)例のところにしげくなむと聞く。移りにけりと思へば、うつし心もなくてのみあるに、住むところはいよいよ荒れゆくを、イ人少なにもありしかば、ウ人にものして、わが住むところにあらせむといふことを、わが頼むエ人さだめて、今日明日、(注3)広幡中川《ひろはたなかがは》のほどにわたりぬべし。Bさべしとは、さきざきほのめかしたれど、今日などもなくてやはとて、「聞こえさすべきこと」と、ものしたれど、「つつしむことありてなむ」とて、Cつれもなければ、なにかはとて、音もせでわたりぬ。

山近う、河原片かけたるところに、水は心のほしきに入りたれば、Dいとあはれなる住まひとおぼゆ。二三日になりぬれど知りげもなし。五六日ばかり、「さりけるを告げざりける」とばかりあり。返りごとに、「さなむとは告げきこゆとなむ思ひしかど、E便《びん》なきところに、はたかたうおぼえしかばなむ。F見たまひなれにしところにて、いまひとたび聞こゆべくは思ひし」など、絶えたるさまにものしつ。「さもこそはあらめ。G便なかんなればなむ」とて、あとをたちたり。

九月《ながつき》になりて、まだしきに格子《かうし》を上げて見出《みい》だしたれば、内なるにも外なるにも、川霧立ちわたりて、麓も見えぬ山

の見やられたるも、いとものの悲しうて、

流れての床《とこ》と頼みて来《こ》しかども H わがなかがはあせにけらしも

とぞ言はれける。

注

1 相撲……相撲の節会《せちえ》。七月末に宮中に全国から集めた力士に相撲を取らせる行事。

2 例のところ……兼家の妻の一人、近江という女性の住まい。

3 広幡中川……京極大路の東か。作者邸からさほど遠くないところ。中川は京極川。このあたりに作者の父の別邸があった。

問一 傍線部A「こち」と傍線部F「見たまひなれにしところ」は、何を指すか。もっとも適当なものを、次の中からそれぞれ一つ選びなさい。（各4点）

1 兼家の家　2 作者の父の家　3 作者の家　4 近江の家

A	F

問二 傍線部ア～エの「人」はそれぞれ誰を指すか。もっとも適当なものを、次の中からそれぞれ一つ選びなさい。（各2点）

1 兼家　2 作者の父　3 他人　4 従者・侍女

ア	イ	ウ	エ

問三 傍線部B「さべし」と同じ内容の言葉を、文中から十字以内で抜き出しなさい（句読点等を含まない）。（5点）

問四 傍線部C「つれもなければ、なにかはとて、音もせでわたりぬ」を、適切に動作主を補って、現代語訳しなさい。（10点）

問五 傍線部D「いとあはれなる住まひとおぼゆ」の「あはれなる」は、どのような感情か。もっとも適当なものを、次の中から一つ選びなさい。（5点）

1 いとしく思うさま　2 情趣の深いさま　3 気の毒なさま　4 はかなく無常なさま

問六 傍線部E「便なきところに」と作者が手紙を送ったことに対して、兼家は傍線部G「便なかんなればなむ」と返事をしたが、その返事とその後の行動を含め、作者は夫をどのように感じたか。もっとも適当なものを、次の中から一つ選びなさい。（5点）

1 転居のために不憫《ふびん》な状況になってしまったとの作者の訴えに対して、ほんとうに気の毒な事態になったねと答えたものの、結局訪れない夫に失望した。

2 転居の時期を手紙で伝えることができなかったとの作者の言い訳に対して、確かに手紙をくれなかったねと答えて、それ以降手紙もよこさない夫に失望した。

3 今までの家より不便な家に転居したと、作者が謙遜して述べたにもかかわらず、その通り、確かに行きにくいねと答えて、それを理由に訪れない夫に失望した。

4 自分にとってふさわしくない家への転居を余儀なくされたとの作者の訴えに対して、それもどうしようもないことだねと答えて、それ以降手紙もよこさない夫に失望した。

問七 文中の和歌「流れての床と頼みて来しかどもわがなかがははあせにけらしも」には掛詞が四箇所ある。「流れて」に川の「流れる」意と時の「流れる」意を掛け、「床」に「川床」と「寝床」、「あせ」に川水が「浅《あ》せる」意と愛情が「褪《あ》せる」意が掛けられている。(1)残る一つの掛詞を記しなさい。(2)また、その掛詞を踏まえて、傍線部H「わがなかがははあせにけらしも」を現代語訳しなさい。（(1)＝3点、(2)＝6点）

(1)	(2)

（日本女子大学　出題）

26 物語

うつほ物語《ものがたり》

▼解答解説編154頁

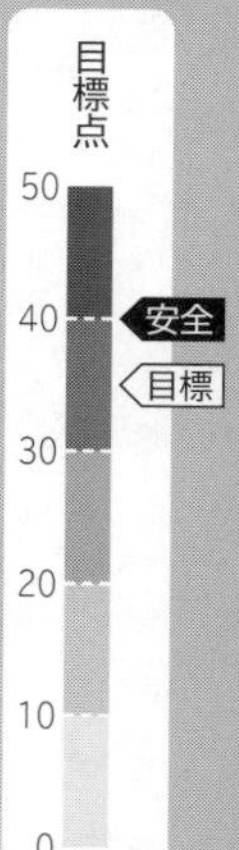

◆次の文章は、女のもとで一夜を過ごした翌朝、男が立ち去ろうとしている場面である。男には自分を大事に思う親がおり、一晩留守にしたことを大変心配しているだろうと考えている。これを読んで、後の問いに答えなさい。

深き契りを、夜ひと夜、心のゆく限りし明かしたまふも、逢ひがたからむことを、今よりいみじうかなしう思さるるほどに、明かくなれば、(1)さてもあるまじう、思しさわぐらむといみじければ、「なほ、いかがすべき。今日ばかりは、なほかうてもと思へど、同じところにてだに、片時(2)お前ならぬところには据ゑたまはず。(3)あからさまの御供にも、はづしたまはず。昨日心地のあしく覚えしかば、参るまじかりしを、せちにのたまひしかば。(4)そもかうここに参り(a)来べかりければこそと、今なむ思ひ知らるる。さらに心にては夢にてもおろかなるまじけれど、参り(b)来むことのわりなかるべきこと」とのたまへば、ア女、

(5)秋風の吹くをも嘆く浅茅生《あさぢふ》にいまはと枯れむをりをこそ思へ

とほのかにいへば、二方《ふたしへ》にいとほしく、あはれなることを思ひ入りて、

「葉末こそ秋をも知ら X (6)根を深みそれ道芝のいつか忘れむ

イあが仏、(7)おろかなるにな思しそ。(8)さりともかくてやむべきにもあらず。ただつつましきほどばかりぞ」とのたまひて、起き出でたまふに、(9)なほいみじうかなしう思さるれば、単衣の袖を顔におしあてて、(10)とばかり泣き入りて、かくのたまふ。

宿思ふわが出づるだにあるものを涙さへなどとまらざるらむ

とのたまへば、女、うち泣きて、

ウ見る人も名残ありげもみえぬ世を何としのぶる涙なるらむ

といふさまも、いと心苦しけれど、エ殿のこともいとほしければ、かへすがへす契りおきて出でたまふに、(11)殿のうちをだに人あまたしてこそ歩きたまへ、ただひとところ帰りたまふに、いづれの道とも知りたまはぬうちに、オあはれなる人を見捨てつるに、(12)あれか人にもあらぬ心地して、見めぐらして辻に立ちたまへり。

問一 **傍線部(1)(3)(6)(7)(10)(11)(12)の現代語訳として最も適当なものをそれぞれ一つずつ選びなさい。**（各3点）

(1) **さてもあるまじう**

1 今後も女をかわいそうに思い
2 いつまでも女のところにいられず
3 まだまだ女とともにいるべきなのに
4 再び女と逢うことが困難だと思い
5 夜明けまではいられそうにないので

(3) **あからさまの**

1 ひっそりとした　2 はっきりとした　3 めったにない
4 はなやかな　5 ちょっとした

(6) **根を深み**

1 根が深くなければ　2 根を深く掘り　3 根を深くすれば
4 根が深いだろう　5 根が深いので

(7) **おろかなるにな思しそ**

1 私をいい加減なものと思ってくださいますな
2 私はあなたのことを軽くは考えていません
3 ご自分を粗末になさってはいけません
4 二人の将来を真剣に考えましょうよ
5 あなたは私のことを薄情な男とお思いなのですか

(10) **とばかり**

1 大声で　2 しばらくの間　3 形だけ　4 人目を避けて　5 しみじみと

(11) **殿のうちをだに人あまたしてこそ歩きたまへ**

1 屋敷の中でさえ人を大勢連れてお歩きになるので
2 屋敷の中までも人を大勢連れてお歩きになれば
3 せめて屋敷の中だけでも人を大勢連れてお歩きにならなければ
4 屋敷の中でさえ人を大勢連れてお歩きになるのに
5 せめて屋敷の中だけでも人を大勢連れてお歩きください

(12) **あれか人にもあらぬ心地**

1 茫然自失の心境　2 傍若無人の心境　3 泰然自若の心境
4 独立自尊の心境　5 荒唐無稽の心境

(1)
(3)
(6)
(7)
(10)
(11)
(12)

問二

傍線部(2)「お前」とは誰の前か。次の1～5が示す人物の中から一つ選びなさい。(4点)

1 ア「女」　2 イ「あが仏」　3 ウ「見る人」　4 エ「殿」　5 オ「あはれなる人」

問三

傍線部(4)「そもかうここに参り来べかりければこそと、今なむ思ひ知らるる」とは、どういうことか。最も適当なものを、次の中から一つ選びなさい。(4点)

1 昨日親が無理やり自分を連れ出したのは、実はあなたとお会いする運命によるものだったのだと、今わかりました。
2 昨日自分が親のもとを抜け出してきたのは、あなたにお会いするためだったのだと、おわかりいただけましたか。
3 昨日親が自分を家から追い出したのは、実はあなたに会わせたかったからだと、おわかりいただけましたか。
4 昨日親に対して気分がすぐれないと嘘をついたのは、実はあなたのところに忍んで来るためだったのだと、今わかりました。
5 昨日親のところに出かけていったが、本当はあなたのところに来るべきだったと、今わかりました。

問四

傍線部(5)の和歌の説明として最も適当なものを、次の中から一つ選びなさい。(4点)

1 上三句に序詞を用いて、男に捨てられるかもしれないという不安を詠んでいる。
2 「枯れ」に「離れ」を掛けて、男の足が遠のいていくことを嘆く心情を詠んでいる。
3 「秋」に「飽き」を掛けて、男への愛情が冷めつつあることを詠んでいる。
4 「浅茅生」「枯れ」という縁語を用いて、どこか寂しげな男の様子を詠んでいる。
5 特別の表現技法を用いることなく、男に対する変わらぬ愛情を率直に詠んでいる。

問五 傍線部(8)「さりともかくてやむべきにもあらず」を、「さりとも」の内容を明らかにしながら、三十五字程度で現代語訳しなさい。（7点）

／35

問六 傍線部(9)「なほいみじうかなしう思さるれば」から読み取れる心情として、最も適当なものを、次の中から一つ選びなさい。（4点）

1 後悔　2 懐疑　3 未練　4 同情　5 嫉妬

問七 波線部(a)・(b)の「来」の読みとして正しいものはどれか。次の中からそれぞれ一つ選びなさい。（各1点）

1 こ　2 き　3 く　4 くる　5 くれ

(a)　(b)

問八 空欄 X に入れるのに最も適当なものを、次の中から一つ選びなさい。（2点）

1 め　2 ね　3 ず　4 れ　5 す

問九　『うつほ物語』は平安時代の作品である。平安時代の作品を次の中から一つ選びなさい。（2点）

1　曾根崎心中　2　風姿花伝　3　古事記　4　和漢朗詠集　5　十六夜日記

（成蹊大学　出題）

狭衣物語《さごろものがたり》

▼解答解説編160頁

目標点
50
40 安全
目標
30
20
10
0

◆次の文章は『狭衣物語』の一節である。狭衣は、実の兄妹のように育てられた従妹の源氏の宮を思慕している。ある明け方、帰宅した狭衣は勤行《ごんぎょう》していたが、源氏の宮の様子を垣間見る。この文章を読んで、後の問いに答えなさい。

源氏の宮の御方にも、常よりもとく起きたるけはひにて、夜もすがら降りつもりたる雪見るなるべし。その渡殿より見たまへば、若きさぶらひども五、六人、きたなげなき姿どもにて雪まろばし(注1)するを見るとて、①宿直姿なる童べ、若き人々などの出でゐたる、また寝くたれのかたちども、いづれとなくとりどりにをかしげにて、「踏ままく(注2)惜しきものかな」と言へば、御簾の中なる人々もこぼれ出でて、「A同じうは、富士の山にこそ作らめ」と言へば、「越の白山にこそあめれ」なども言ふめり。

「御前には起きさせたまひてや」とゆかしければ、隅の間の障子のほのかなるより、Bやをら見たまへば、母屋の際なる御几帳どももみな押しやられて、その柱のつらに、脇息に押しかかりて見居させたまへり。皇太后宮の御形見(注3)の色にやつれさせたまひて、このごろの枯野の色なる御衣ども、濃き薄きなるに、同じ色のうちたる、われもかうの織物重なりたるなども、人の着たらばすさまじかりぬべきを、春の花、秋の紅葉よりもなかなかなまめかしう見ゆる、人がらなめりかし。ひきもつくろはせたまはぬ寝くたれ、御髪のこぼれかかりたる肩のわたりなど、Cなほなほさまことに見えさせたまふ。人々の、山作り騒ぐを御覧じて、うち笑ひうちとけさせたまへる愛敬、雪の光にもてはやされて、まことにあなめでたと見えさせたまへり。

「いでや、いはけなかりしより見たてまつり染みにしかばにや(D)、なほ、いとかばかりなる人は世にあらじかし。かかればこそ、人をも身をもいたづらになしつるぞかし」逢はぬ嘆きにもののみ心細し。

富士の山作り出でて、煙たてたるを御覧じやりて、

(E)いつまでか消えずもあらん淡雪の煙は富士の山と見ゆとも

とのたまはすれば、御前なる人々も心々に言ふことどもなるべし。

つくづくと見たてまつるも心のみ騒ぎまさりて、いと(F)かくしも作りきこえけんむすぶの神(注4)もつらければ、たちのきて、

燃えわたる我が身ぞ富士の山よただ雪にも消えず煙たちつつ

など思ひ続くるに、行ひも懈怠《けだい》して、(注5)「我見灯明仏《がけんとうみやうぶつ》」とおぼすも心憂くて、(注6)「南無平等大慧法花経《なむびやうどうだいえほけきやう》」としのびやかにのたまひつるも、なべてならず尊く聞こゆるに、人々見やりて、「この渡殿の障子こそ少し開きたれば、御覧じやしつらん、あさましき朝顔を」などわびあひたり。おとなしき人々は、「よろづにめでたき御ありさまかな。聞くことにも見たてまつるにもめづらしうのみありて」など、めで聞こゆ。

注

1 雪まろばし……雪を転がしながら、だんだんと大きな塊にしていく遊び。
2 踏ままく惜しき……「待つ人の今も来たらばいかがせむ踏まま く惜しき庭の雪かな」(『和泉式部集』)
3 御形見の色……「御形見の衣の色」の略。
4 むすぶの神……天地、万物を生み出す神秘な霊力を持った神。
5 我見灯明仏……仏徳や仏法をたたえる詩の一節。
6 南無平等大慧法花経……法花(華)経をたたえる言葉。

問一 傍線部①の漢字の読みをひらがな（現代仮名遣い）で記しなさい。（5点）

問二 傍線部A「同じうは」の意味として最も適切なものを次の中から一つ選びなさい。（5点）

1 かえって　2 ふつうに　3 かわりなく　4 どうせなら　5 いつものように

問三 傍線部B「やをら」の意味として最も適切なものを次の中から一つ選びなさい。（5点）

1 さらに　2 急いで　3 そっと　4 よくよく　5 何となく

問四 傍線部C「なほなほさまことに見えさせたまふ」を口語訳しなさい。（10点）

問五 傍線部D「見たてまつり染みにしかばにや」とあるが、誰が誰を「見たてまつり染みにしかばにや」なのか。最も適切なものを次の中から一つ選びなさい。（6点）

1 狭衣が皇太后宮を　2 狭衣が源氏の宮を　3 源氏の宮が狭衣を

4 源氏の宮が皇太后宮を　5 皇太后宮が源氏の宮を

問六 傍線部Eは誰が詠んだ歌か。最も適切なものを次の中から一つ選びなさい。（6点）

1 狭衣　2 源氏の宮　3 皇太后宮　4 若い女房　5 年配の女房

問七 傍線部F「かく」の内容として最も適切なものを次の中から一つ選びなさい。（6点）

1 このように源氏の宮を美しく　2 このように狭衣を慎重に　3 このように源氏の宮を物見高く

4 このように狭衣を信心深く　5 このように源氏の宮を寂しそうに

問八 本文の内容に合致しないものを次の中から一つ選びなさい。（7点）

1 源氏の宮のお住まいでも、女房などがいつもより早く起きた様子だ。
2 源氏の宮は、皇太后宮の思い出のよすがとなる地味な服装をしている。
3 狭衣は源氏の宮の光るような美しさを見たので、「我見灯明仏」と思うのもつらい。
4 年配の女房たちは狭衣のことを、声を聞いても姿を見てもすばらしいとほめている。
5 女房たちは、寒さにしおれた花を狭衣に見られたのではないかと当惑している。

（明治大学　商学部　出題）

28

日記

更級日記《さらしなにっき》

▼解答解説編166頁

目標点
50
40 安全
目標
30
20
10
0

◆次の文章は『更級日記』の一節で、秋七月（旧暦）、作者の父が常陸の国司となって東国へ赴任する場面から、その年の冬に至るまでを、回想して記した部分です。読んで、後の問いに答えなさい。

七月十三日に下る。（略）その日は立ち騒ぎて、時なりぬれば、今はとて簾《すだれ》を引き上げて、うち見あはせて涙をほろほろと落として、aやがて出でぬるを見送る心地、目もくれまどひて臥《ふ》されぬるに、とまるをのこの、送りして帰るに、懐《ふところ》紙《がみ》に、

思ふこと心にかなふ身なりせばI秋の別れを深く知らまし

とばかり書かァれたるをも、え見やらィれず。ことよろしきときこそ(注1)腰折《を》れかかりたることも思ひ続けけれ、ともかくも言ふ①べきかたもおぼえぬままに、

かけてこそ思はざりしかこの世にてしばしも君にわかる②べしとは

とや書かゥれにけむ。

IIいとど人目も見えず、さびしく心細くうちながめつつ、いづこばかりと、明け暮れ思ひやる。III道のほども知りにしかば、はるかに恋しく心細きこと限りなし。明くるより暮るるまで、東の山ぎはをながめて過ぐす。

八月ばかりに(注2)太秦《うづまさ》にこもるに、一条より詣《まう》づる道に、男車、二つばかり引き立てて、ものへ行《ゆ》くに、もろともに来③べき人待つなる④べし。過ぎて行《ゆ》くに、(注3)随身《ずいじん》だつ者をおこせて、

花見に行《ゆ》くと君を見るかな

と言はせたれば、Ⅳかかるほどのことは、いらへぬもb便《びん》なしなどあれば、

千種《ちぐさ》なるⅤ心ならひに秋の野の

とばかり言はせて行き過ぎぬ。七日さぶらふほども、ただあづま路《ぢ》のみ思ひやらエれて、よしなし事からうじて離れて、「平《たひ》らかに会ひ見せたまへ」と申すは、仏もあはれと聞き入れさせたまひけむかし。

冬になりて、日ぐらし雨降りくらしたる夜、雲かへる風はげしううち吹きて、空晴れて月いみじう明《あか》うなりて、軒近き(注4)荻《をぎ》のいみじく風に吹かれて、砕けまどふがいとあはれにて、

Ⅵ秋をいかに思ひ出づらむ冬深み嵐《あらし》にまどふ荻《をぎ》の枯葉は

注

1 腰折れ……和歌の第三句を「腰句」といい、「腰折れ」は第三句から第四句への接続が意味上、不自然で拙劣な歌をいう。ここでは広く稚拙な歌をいう。
2 太秦《うづまさ》……京都市右京区にある広隆寺をさす。
3 随身……貴人の外出時に武装して警護した近衛府の舎人《とねり》。
4 荻……秋に大きな花穂を出すイネ科の多年草。

問一 傍線部a・bの本文中の意味としてもっとも適切なものを、次の中からそれぞれ一つ選びなさい。（各4点）

a　やがて
1　すぐに　2　そして　3　ややあって　4　知らぬうちに

b　便なし
1　不便である　2　無粋である　3　縁起が悪くなる　4　御利益が無くなる

a	b

問二 傍線部Ⅰの「秋の別れを深く知らまし」の意味としてもっとも適切なものを、次の中から一つ選びなさい。（5点）

1　人と別れるあわれを深く味わい知ることになるでしょう。
2　人と別れるあわれを深く味わい知ることになっていたでしょう。
3　人と別れるあわれを深く味わい知ることができるでしょうが、今はそれもできません。
4　人と別れるあわれを味わい知らないでしょうか、いえ深く味わい知ることになりました。

問三 傍線部Ⅱ〜Ⅳについて、本文中の意味としてもっとも適切なものを、次の中からそれぞれ一つ選びなさい。（各5点）

Ⅱ「いとど人目も見えず」
1　父の赴任前も、訪問する客はめったになかったが、赴任後はいっそう訪問客も少なくなり
2　父の赴任前も、来客にはめったに顔を見せなかった自分だが、赴任後はいっそう人にも会わず
3　父の赴任前も、家にいる使用人は少なかったが、赴任後は使用人もすっかりいなくなってしまって
4　父の赴任前も、寂しくて人に会う気になれなかったが、赴任後はまったく誰《だれ》にも会いたくなくて

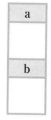

Ⅲ 「道のほども知りにしかば」

1 父の下向の日程はあらかじめ知っていたので
2 父の下向の様子は戻ってきた下僕から聞いていたので
3 父の下向の道程はかつて自分も通ったから知っていたので
4 父の下向の道順は届けられた手紙でだいたい推定できたので

Ⅳ 「かかるほど」

1 花見の誘いの場合
2 寺社への参詣《さんけい》の場合
3 花見と誤解された場合
4 歌を詠みかけられた場合

Ⅱ
Ⅲ
Ⅳ

問四 **傍線部Ⅴの「心ならひ」はここではどのようなことを表していますか。その説明としてもっとも適切なものを、次の中から一つ選びなさい。**（5点）

1 女に声をかける男のいつもの浮気心
2 太秦へ物詣でする者としての心構え
3 慣例通り返歌する者のさりげない気遣い
4 女性だけで出かけている私たちへの心配り

問五

傍線部Ⅵの和歌に使われている語句「秋」「冬」「嵐」「荻」に込められた意味の説明としてもっとも適切なものを、次の中から一つ選びなさい。（5点）

1 「秋」に、父がまだ都にいた楽しい時を込めている。
2 「冬」に、父が赴任している東国の厳しい気候を込めている。
3 「嵐」に、やっと任国を得た父の不遇な境遇を込めている。
4 「荻」に、父の転勤に翻弄される我が身の労苦を込めている。

問六

二重傍線部について、次の問いに答えなさい。

(1) 二重傍線部ア～エの「れ」のうち、意味上、同じものはどれとどれですか。二つ選びなさい。ただし、一つのみ、あるいは、三つ以上選んだ場合は0点とします。（各3点）

ア 「書かれたるをも」　イ 「見やられず」　ウ 「書かれにけむ」　エ 「思ひやられて」

(2) 二重傍線部①～④の「べし」のうち、意味上、次の例文の「べし」と同じものを、一つ選びなさい。（3点）

例文 「人の歌の返し、疾くすべきを、え詠み得ぬほども、心もとなし。」（『枕草子』）

① 「ともかくも言ふべきかたも」　② 「君にわかるべしとは」
③ 「もろともに来べき人」　④ 「待つなるべし」

問七　次の文学作品の成立順として正しいものを、次の中から一つ選びなさい。（3点）

1　『蜻蛉日記』――『土佐日記』――『十六夜日記』――『更級日記』
2　『土佐日記』――『蜻蛉日記』――『更級日記』――『十六夜日記』
3　『更級日記』――『土佐日記』――『十六夜日記』――『蜻蛉日記』
4　『土佐日記』――『更級日記』――『蜻蛉日記』――『十六夜日記』

（学習院大学　出題）

源氏物語《げんじものがたり》

▼解答解説編172頁

目標点 50 40 30 20 10 0　安全　目標

◆次の文章は、『源氏物語』「若紫」の巻の一節である。これを読んで、後の問いに答えなさい。

光源氏は、偶然垣間見た少女・紫《むらさき》の上《うえ》（本文では「若君」「君」）に惹《ひ》かれ、彼女を理想通りに育ててみたいと考えていた。そこで紫の上が唯一の家族であった祖母を亡くすと、ある晩、紫の上とその乳母《めのと》の少納言《しょうなごん》を強引に連れ出し、自らの邸の「西の対《たい》」という建物に二人を住まわせることにした。

こなたは住みたまは[a]ぬ対《たい》(注1)なれば、御帳《みちやう》(注2)などもなかりけり。惟光《これみつ》(注3)召して、御帳、御屛風《びやうぶ》(注2)など、あたりあたりしたて[b]させたまふ。御几帳《みきちやう》(注2)の帷子《かたびら》引き下ろし、御座《おまし》(注2)などただひきつくろふばかりにてあれば、東の対《たい》に御宿直物《とのゐもの》(注4)召しに遣《つか》はして大殿籠《おほとのごも》りぬ。若君は、いとむくつけう、いかにすることならむと震《ふる》は[c]れたまへど、[A]さすがに声たててもえ泣きたまはず、「少納言がもとに寝む」とのたまふ声いと若し。「今は、さは(1)大殿籠るまじきぞよ」と教へきこえたまへば、[X]いとわびしくて泣き臥《ふ》したまへり。乳母《めのと》はうちも臥されず、ものもおぼえず起きゐたり。

明けゆくままに見わたせば、御殿《おとど》の造りざま、しつらひざまさらにもいはず、庭の砂子《すなご》も玉を重ねたらむやうに見えて、輝《かかや》く心地するに、[Y]はしたなく思ひゐたれど、こなたには女などもさぶらはざりけり。うとき客人《まらうと》などの参るをりふしの方《かた》なりければ、男どもぞ御簾《みす》の外にありける。かく人迎へたまへり、とほの聞く人は、「誰ならむ。[B]おぼろけにはあらじ」とささめく。

御手水《てうず》、御粥《かゆ》などこなたにまゐる。日高う寝起きたまひて、「[C]人なくてあしかんめるを、さるべき人々、夕づけてこそは迎へさせたまはめ」とのたまひて、対《たい》に童《わらは》べ(2)召しに遣《つか》はす。「小さきかぎり、ことさらに(3)参れ」とありければ、いとをかしげにて四人参りたり。君は御衣《ぞ》にまとはれて臥したまへるを、せめて起こして、「かう心憂《こころう》くなおはせそ。すずろなる人は、かうはありdなむや。女は、心やはらかなるeなむよき」など今より教へきこえたまふ。御容貌《かたち》は、さし離れて見しよりも、いみじう清《きよ》らにて、なつかしううち語らひつつ、をかしき絵、遊び物ども取りに遣はして見せたてまつり、御心につくことどもをしたまふ。やうやう起きゐて見たまふに、(注5)鈍色《にびいろ》のこまやかなるがうち萎《な》えたるどもを着て、何心なくうち笑《ゑ》みなどしてゐたまへるがいとうつくしきに、Z我もうち笑まれて見たまふ。

注

1 対……寝殿造において、中心の建物である寝殿の周囲に置かれた別棟の建物。
2 御帳・御屏風・御几帳・御座……当時の室内に置かれた調度品。御帳・御屏風・御几帳は室内を仕切るための道具。御座は敷物。
3 惟光……光源氏の家来。
4 御宿直物……寝具。
5 鈍色……当時、喪服に用いたねずみ色。紫の上は祖母の喪に服している。

問一 ――部A「さすがに声たててもえ泣きたまはず」・B「おぼろけにはあらじ」・C「人なくてあしかんめるを」の現代語訳として最も適切なものを、それぞれ次の中から一つずつ選びなさい。（各3点）

A　**さすがに声たててもえ泣きたまはず**

①　そうはいっても声を上げてお泣きにもなれず
②　却《かえ》って声を上げてお泣きになることもできず
③　思った通り声を上げてお泣きにもなりそうで
④　偉いもので声を上げてお泣きにもならなくて
⑤　やはり声を上げてお泣きになることもなくて

B　**おぼろけにはあらじ**

①　ありきたりの人に違いない
②　はっきり見ることはできまい
③　並大抵のお方ではあるまい
④　覚えている人はいないだろう
⑤　高貴なお方ではないだろう

C　**人なくてあしかんめるを**

①　人がいないのか確かめようと思うので
②　人がいないとしたら不足に違いないので
③　人がいないと後ろめたくお思いだから
④　人がいなくて不自由なように見えるので
⑤　人がいなかったら寂しく思われるから

A	B	C

問二 ――部a～cの助動詞の意味として適切なものを、それぞれ次の中から一つずつ選びなさい。ただし、同じ選択肢を二回以上用いてはならない。（各2点）

①　推量　②　受身　③　可能　④　打消　⑤　自発　⑥　尊敬　⑦　完了　⑧　使役

a	b	c

問三 ═══部d・e「なむ」の文法的説明として適切なものを、それぞれ次の中から一つずつ選びなさい。(各2点)

① 他への希望の終助詞「なむ」　② 完了の助動詞「ぬ」＋推量の助動詞「む」
③ ナ変動詞の活用語尾＋推量の助動詞「む」　④ 強意の係助詞「なむ」　⑤ マ行四段活用動詞「なむ」

d	e

問四 〰〰部(1)「大殿籠る」・(2)「召し」・(3)「参れ」は誰の動作を指しているか。適切なものをそれぞれ次の中から一つずつ選びなさい。(各3点)

① 光源氏　② 紫の上　③ 少納言　④ 惟光　⑤ 童べ

(1)	(2)	(3)

問五 ----部X「いとわびしくて泣き臥《ふ》したまへり」の解釈として最も適切なものを、次の中から一つ選びなさい。(4点)

① 紫の上は、少納言から引き離されたことで不安な気持ちになった。
② 紫の上は、光源氏に諭されたことでみじめで恥ずかしく思った。
③ 紫の上は、調度品が整わない室内にみすぼらしい気分になった。
④ 少納言は、紫の上と一緒に眠ることができずに悲しく思った。
⑤ 少納言は、紫の上のみじめな境遇を思うとかわいそうになった。

問六

----部Y「はしたなく思ひゐたれど」の解釈として最も適切なものを、次の中から一つ選びなさい。（4点）

① 少納言は、心配のあまり美しい庭の様子も目に入らないでいる。
② 少納言は、あまりにも立派な邸の様子に気が引ける思いでいる。
③ 紫の上は、今後自分がどのように扱われるか不安に思っている。
④ 光源氏は、男どもがどう思っているか決まりが悪く感じている。
⑤ 光源氏は、紫の上が起きないので、手持ち無沙汰に思っている。

問七

----部Z「我もうち笑まれて見たまふ」とあるが、誰の、どのような気持ちが込められているか。わかりやすく説明しなさい。（7点）

問八

本文の内容に合致するものを、次の中から一つ選びなさい。（4点）

① 西の対には見事な調度品が揃えられ、女房たちが控えていた。
② 紫の上は、即座に光源氏邸の素晴らしい様子に心を奪われた。
③ 紫の上は、自分と同じ年頃の童たちが来たことで安心をした。
④ 光源氏は、紫の上の機嫌をとるために、早朝から起き出した。

⑤ 光源氏は、突然の事態に不安がる紫の上を様々に教え諭した。

問九 『源氏物語』より後の時代に成立した作品の組み合わせとして正しいものを、次の中から一つ選びなさい。（3点）

① 蜻蛉日記・新古今和歌集　② 日本霊異記・徒然草　③ うつほ物語・風土記
④ 狭衣物語・平中物語　⑤ 宇治拾遺物語・雨月物語

（聖心女子大学　出題）

30

歴史物語

栄花物語《えいがものがたり》

◆次の文章は『栄花物語』の一節である。一行目の「殿」は藤原道長であり、「高松殿」はその妻で「二郎君」の母親にあたる。これを読んで、後の問いに答えなさい。

▼解答解説編178頁

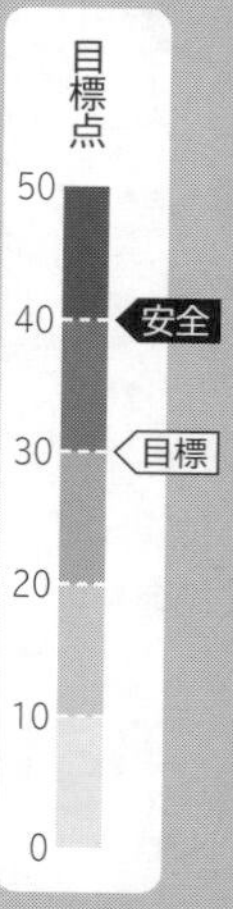

かかる程に、殿の高松殿の二郎君、右馬頭《むまのかみ》にておはしつる、十七八ばかりにやとぞ、いかにおぼしけるにか、夜中ばかりに、(注)皮の聖のもとにおはして、「われ法師になし給へ。年頃の本意《ほい》なり」とのたまひければ、聖、「[1]大殿のいと貴きものにせさせ給ふに、必ず勘当侍りなん」と申して聞かざりければ、「いと心ぎたなき聖の心なりけり。殿、びんなしとのたまはせんにも、かばかりの身にては苦しうや[2]覚えん。悪《わろ》くもありけるかな。ここになさずとも、かばかり思ひ立ちてとまるべきならず」とのたまはせければ、「理《ことわり》なり」とうち泣きて、なし奉りにけり。聖の衣《ころも》、取り着させ給ひて、直衣、指貫、さるべき御衣《ぞ》など、皆、聖に脱ぎ[a]賜はせて、綿の御衣一つばかり[3]奉りて、山に無動寺といふ所に、夜のうちにおはしにけり。皮の聖、あやしき法師一人をぞそへ[b]奉りける。それを御供にて登り給ひぬ。この大徳などや言ひ散らしけん、日の出づるほどに、この殿うせ給へりとて、大殿より多くの人を分《あ》かちて求め奉らせ給ふに、皮の聖のもとにて出家し給へるといふ事を[c]聞こしめして、いみじとおぼしめして、皮の聖を召しに遣はしたるに、かしこまりて、[A]参らず。「いとあるまじき事なり。参れ参れ」とたびたび召されて、[d]参りたれば、殿の御前、泣く泣く有様問はせ給へば、聖の申しやう、「のたまはせしさま、かうかう。いとふびんなる事を仕まつりて、かしこまり申し侍る」と申せば、「[4]などてかともかくも思はん。聖なさずとも、さばかり思ひたちては止まるべき事ならず。いと若き心地に、

ここらの中を捨てて、人知れず思ひたちける、あはれなりける事なりや。我が心にも勝りてありけるかな」とて、山へ急ぎ登らせ給ふ。高松殿の上は、すべてものもおぼえ給はず。

殿おはしませば、幾その人々か競《きほ》ひ登り給ふ。[B] おはしまし着きて、見奉らせ給へば、例の僧達は、額のほど、けぢめ見えでこそあれ、これはさもなくて、あはれにうつくしう尊げにておはす。なほ見奉り給ふに、御涙とどめさせ給はず。そこらの殿ばら、いみじうあはれに見奉らせ給ふ。殿の御前、「さてもいかに思ひ立ちし事ぞ。何事の憂かりしぞ。我をつらしと思ふ事やありし。官爵《つかさかうぶり》の心もとなくおぼえしか。又いかでかと思ひかけたりし女の事やありし。異事《ことごと》は知らず、5世にあらん限りは、何事をか見捨ててはあらんと思ふに、心憂く。かく母をも我をも思はで、かかる事」とのたまひ続けて泣かせ給へば、いと心あはただしげにおぼして、我もうち泣き給ひて、「さらに何事をか思うe給へむ。ただ幼くf侍りし折より、いかでと思ひ侍りしに、さやうにもおぼしめしかけぬ事を、かくと申さんもいと恥づかしう侍りし程に、かうまでしなさせ給ひにしかば、我にもあらでありき侍りしなり。誰にも誰にも、[C] かくてこそ、仕うまつる心ざしも侍らめ」と申し給ふ。さて [D] そこにおはしますべき御心おきて、あるべき事ども、のたまはす。

注 皮の聖……行願寺の行円上人。

問一

傍線部1の内容としてもっとも適当なものを次の中から選びなさい。（5点）

イ　道長が大事に思っているのに勝手に出家したら、二郎君が道長からとがめをうけるだろうということ。

ロ　道長が大事に思っている二郎君を勝手に出家させたら、皮の聖が道長からとがめをうけるだろうということ。

ハ　道長は二郎君を大事にさせてきたのだから、二郎君が勝手に出家したら、家来たちが道長からとがめをうけるだろうということ。

ニ　道長は二郎君を大事にしているということだったが、二郎君が勝手に出家しようとしているのは道長からとがめをうけたためだろうということ。

問二

傍線部2の主体はだれか、もっとも適当なものを次の中から選びなさい。（3点）

イ　二郎君　ロ　道長　ハ　高松殿　ニ　皮の聖　ホ　二郎君の家来

問三

敬語をそのはたらきによって尊敬語、謙譲語、丁寧語に分類したとき、傍線部3と同じはたらきのものを文中の波線部a〜fの中から二つ選びなさい。（各3点）

問四 空欄 A ～ D に入るもっとも適当な語を、それぞれ次の中から選びなさい（同じ記号を二度以上用いないこと）。（各3点）

イ いつしか　ロ おもむろに　ハ とみにも　ニ なかなか　ホ やがて　ヘ やをら

A	B	C	D

問五 傍線部4の内容としてもっとも適当なものを次の中から選びなさい。（5点）

イ 聖が出家を止めても、二郎君は聞き入れなかっただろうということ。
ロ 二郎君の出家に対して、思慮をめぐらして止めてほしかったということ。
ハ 二郎君を出家させたことについて、聖は後悔しなくてもいいということ。
ニ 二郎君を出家させたことについて、聖を非難する気持ちはないということ。
ホ 二郎君の出家の理由をどのように考えればいいのか、わからないということ。

問六 傍線部5の内容としてもっとも適当なものを次の中から選びなさい。（5点）

イ 道長が健在である限りは、二郎君に対してどのような庇護《ひご》でも与えるつもりであったということ。
ロ 道長が生きている限りは、二郎君が出家するようなことがあるわけはないと考えていたということ。
ハ 二郎君が出家せずにいる限りは、二郎君に対してどのような庇護でも与えるつもりであったということ。
ニ 二郎君が生きている限りは、出家して家族を捨てるようなことがあるわけはないと考えていたということ。

30 栄花物語

問七 次の中から本文の内容に合致するものを一つ選びなさい。(5点)

イ 二郎君は夜中に右馬頭のもとを抜け出して、皮の聖を訪ねた。

ロ 道長のもとに呼び出された皮の聖は、二郎君の様子が気の毒だったので出家の願いをかなえてやったのだと言った。

ハ 道長は、まだ年若い二郎君が出家をこころざしたことをかわいそうだと考えた。

ニ 二郎君は、幼いころから出家を望んでいたが、それが道長には全く思いもよらないことであるために、言い出しかねていた。

ホ 道長の嘆きのことばを聞いた二郎君は、無我夢中のうちに出家してしまったことを後悔した。

問八 『栄花物語』よりも前に成立した作品を次の中から三つ選びなさい。(各3点)

イ 伊勢物語　**ロ** 宇津保物語　**ハ** 新古今和歌集　**ニ** 土佐日記　**ホ** とはずがたり　**へ** 方丈記

(早稲田大学　文学部　出題)